SOCIOLOGIA DO DIREITO

ALBERTO FEBBRAJO

SOCIOLOGIA DO DIREITO

CONCEITOS E PROBLEMAS: DE EHRLICH A LUHMANN

TRADUÇÃO DE FERNANDO RISTER DE SOUSA LIMA
E SAMANTHA BENEDETTI

wmf **martinsfontes**

Esta obra foi publicada originalmente em italiano com o título
SOCIOLOGIA DEL DIRITTO por Società Editrice il Mulino.
© 2009, Società Editrice Il Mulino, Bologna. *Segunda edição 2013*
© 2022, Editora WMF Martins Fontes Ltda., São Paulo, *para a presente edição.*

Todos os direitos reservados. Este livro não pode ser reproduzido, no todo ou em parte, armazenado em sistemas eletrônicos recuperáveis nem transmitido por nenhuma forma ou meio eletrônico, mecânico ou outros, sem a prévia autorização por escrito do editor.

1ª edição 2022

Tradução *Fernando Rister de Sousa Lima e Samantha Gabrielle Benedetti*
Revisão de tradução *Milena Libralon Kosaki Ponchio*
Acompanhamento editorial *Márcia Leme*
Preparação de texto *Maria Luiza Favret*
Revisões *Ana Maria Barbosa e Adriana Bairrada*
Edição de arte *Gisleine Scandiuzzi*
Produção gráfica *Geraldo Alves*
Paginação *Renato Carbone*
Capa *Katia Harumi Terasaka*

Dados Internacionais de Catalogação na Publicação (CIP)
(Câmara Brasileira do Livro, SP, Brasil)

Febbrajo, Alberto
   Sociologia do direito : conceitos e problemas : de Ehrlich a Luhmann / Alberto Febbrajo ; tradução Fernando Rister de Sousa Lima e Samantha Gabrielle Benedetti. - São Paulo : Editora WMF Martins Fontes, 2022. - (Biblioteca jurídica WMF)

   Título original: Sociologia del diritto : concetti e problemi
   Bibliografia.
   ISBN 978-85-469-0401-3

   1. Sociologia jurídica I. Título. II. Série.

22-119984   CDU-34.301

Índice para catálogo sistemático:
1. Sociologia jurídica 34.301

Cibele Maria Dias - Bibliotecária - CRB-8/9427

Todos os direitos desta edição reservados à
Editora WMF Martins Fontes Ltda.
Rua Prof. Laerte Ramos de Carvalho, 133 01325.030 São Paulo SP Brasil
Tel. (11) 3293.8150 e-mail: info@wmfmartinsfontes.com.br
http://www.wmfmartinsfontes.com.br

SUMÁRIO

Prefácio, VII

Introdução: O objeto da sociologia do direito, 1

PRIMEIRA PARTE · CONCEITOS

1. O CONCEITO DE DIREITO, 31
    1.1. A controvérsia entre Kelsen e Ehrlich, 34
    1.2. O conceito de direito vivo, 43
    1.3. Direito como instituição, 54

2. O CONCEITO DE CULTURA JURÍDICA, 63
    2.1. Definição, 64
    2.2. As premissas do modelo de Weber, 74
    2.3. As aplicações do modelo de Weber, 82
    2.4. Implicações e desenvolvimento, 97

3. ALGUMAS CONVERGÊNCIAS, 105
    3.1. Três conceitos de direito, 105
    3.2. Funções do direito, 110

SEGUNDA PARTE · PROBLEMAS

4. O PROBLEMA DA EFICÁCIA, 121

4.1. Ordem social e ordem jurídica, 124
4.2. Norma e sanção, 132
4.3. A institucionalização das sanções, 142
4.4. Cálculo obrigatório e segurança jurídica, 148
4.5. Sanção e memória coletiva, 154
4.6. Comportamento e percepções do direito, 160
4.7. As raízes da eficácia, 168

5. O PROBLEMA DA EVOLUÇÃO, 189
5.1. As razões da evolução, 193
5.2. As ferramentas evolutivas, 205
5.3. Os filtros da evolução, 213
5.4. Algumas implicações da abordagem sistêmica, 222
5.5. Constituição e evolução, 242

6. CONCLUSÃO, 265
6.1. Os "novos" problemas, 269
6.2. Endereços de pesquisas emergentes, 276
6.3. Para uma sociologia do direito crítica, 285

Referências bibliográficas, 295

PREFÁCIO

Esta introdução à sociologia do direito, originalmente concebida para o público italiano, centra-se em questões teóricas, comuns aos diversos ordenamentos jurídicos nacionais, que têm sido enfrentadas sobretudo por autores hoje considerados clássicos. Deve, portanto, também poder falar com leitores que possuem diferentes experiências jurídicas.

Importa ainda referir que, sobretudo na Europa, as ligações transnacionais entre os vários ordenamentos jurídicos foram reforçadas para além das fronteiras ainda indeterminadas da União Europeia e que, em geral, tornaram cada vez mais fluidas as rígidas distinções usadas para tipificar a preestabelecida superioridade da realidade jurídica e política concentrada sobretudo na Europa e nos Estados Unidos. Em geral, atenuou-se no plano constitucional o tradicional contraste entre um Centro e uma Periferia do mundo, entre um Norte capaz de concretizar os valores da igualdade jurídica e um Sul manifestamente caracterizado por desigualdades sociais crônicas, entre os problemas das democracias ocidentais, que são também historicamente consideradas maduras, ainda que substancialmente frágeis, e os problemas de outras democracias que precisam ser constantemente defendidas.

Mais especificamente, é apenas o caso de recordar que, fora da União Europeia, laços complexos se desenvolveram nas últimas décadas entre Itália e Brasil, facilitados não somente pelo estreito parentesco linguístico, mas também pelas influências recíprocas entre escolas científicas que fomentaram importantes paralelos culturais em vários setores do ordenamento jurídico dos dois países. Uma influência significativa, por exemplo, foi exercida pela escola fundada em São Paulo por Tullio Ascarelli, orientada sobretudo para o direito comercial, bem como pela Escola de Enrico Tullio Liebman, que inspirou relevantes estudos históricos e comparativos sobre um momento essencial da vida do direito: o processo[1]. Não é por acaso que, nos anos 1960, o estudo do processo e da administração da justiça tornou-se o tema central sobre o qual se baseou a nascente pesquisa sociológico-jurídica italiana. Sublinharam-se, então, problemas comuns a vários Estados, como a defesa dos seus interesses de classe pelos magistrados, e anteciparam-se também problemas específicos, hoje cada vez mais atuais na Itália, como a tendência do Judiciário a articular-se em diversas correntes ideológico-políticas[2].

No mais, para além das distinções entre os Estados, a sociologia do direito também tende a identificar distinções transversais, capazes de contrastar várias "culturas jurídicas", mais ou menos próximas da cultura jurídica oficial, concebidas como representações que mostram a realidade do direito de forma dife-

---

[1] Entre os mais recentes expoentes da escola de Liebman, devo lembrar Michele Taruffo, com quem realizei atividades de pesquisa nos anos 1960 na Universidade de Pavia, onde nós dois nos formamos. Taruffo, que faleceu recentemente, exerceu influência significativa na Itália e no Brasil.

[2] TREVES, R. *Giustizia e giudici nella società italiana*. Bari: Laterza, 1972. Entre as pesquisas mais interessantes realizadas no âmbito desse projeto, também organizado com o apoio de Vittorio Denti, mestre de Taruffo e estritamente ligado a Liebman, ver MORIONDO, E. *L'ideologia della magistratura italiana*. Bari: Laterza, 1967.

rente e que podem se influenciar reciprocamente no quadro da circularidade essencial de todo discurso sobre o direito[3].

O vínculo entre a pesquisa sociológica e o mundo dos juristas sempre foi muito estreito e tem contribuído para o desenvolvimento da sociologia do direito. Muitos dos principais sociólogos que influenciaram, direta ou indiretamente, a disciplina, como Marx e Weber, receberam treinamento jurídico, o que fez com que desenvolvessem grande interesse pela filosofia e pela história, para melhor lidar com a complexidade dos problemas enfrentados.

Tal processo cultural pode ser em parte explicado por coincidências biográficas aleatórias, mas sem dúvida tem razões profundas, como a convergência natural do direito e da sociologia em relação a um tema central para a teoria sociológica: a ordem social. De fato, o tipo de milagre que vemos acontecer diariamente em diferentes sociedades, embora em grande parte imperfeito, o de uma coesão substancial que envolve de modo direto ou indireto milhões e milhões de indivíduos, sempre foi um tema de extrema importância tanto para a reflexão sociológica quanto para a jurídica, pois abarca, de modo claro, a dupla face das regras sociais e das normas jurídicas. A sociologia do direito busca combinar os dois pontos de vista, tratando não apenas dos instrumentos formais de que o direito dispõe para controlar a sociedade, mas também das ferramentas informais com as quais ela consegue se organizar. Isso significa que o direito, para o sociólogo do direito, abrange muito mais e ao mesmo tempo muito menos do que o direito escrito. Muito mais porque o direito escrito na legislação oficial pode ser considerado simplesmente a

---

[3] Assim também se falou de uma cultura de revistas jurídicas (Grossi, 1984). Sobre os vários modelos de cultura jurídica, ver FEBBRAJO, A. (ed.). *Law Legal Culture and Society. Mirrored Identities of the Legal Order*. London-New York: Routledge, 2018.

ponta de um *iceberg* apoiado por uma massa invisível de outras regras que são cruciais para lhe dar a estabilidade e a duração de que precisa, mas também muito menos porque grande parte das normas do direito escrito tem relevância limitada, ou quase nula, para a conduta real dos eventos sociais.

Saindo dessa área de pesquisa, que compreende, além do direito escrito, as regras sociais e os aparelhos que ajudam a produzi-la e aplicá-la, a sociologia do direito, em cerca de um século, tem experimentado desenvolvimentos significativos e uma crescente afirmação internacional. Deve-se ressaltar também que na Europa, como em muitos outros países, a partir da Segunda Guerra Mundial, a sociologia do direito recuperou o impulso, tornando-se testemunho de uma profunda necessidade de renovação percebida pelo mundo do direito, bem como de demandas generalizadas por um direito melhor vindo da sociedade. Portanto, sobretudo a partir da década de 1970, a sociologia do direito vem se concentrando em cursos que promovem estudos que foram simultaneamente estabelecidos em vários países, sem deixar de recuperar o enorme legado dessa sociologia "clássica" que, já no início do século passado, contribuiu de modo decisivo para seu nascimento. Com o crescente sucesso da disciplina, aumentou consideravelmente tanto o número de sociólogos do direito quanto o de juristas dispostos a usar, de modo explícito ou implícito, ferramentas sociológicas para realizar melhor o seu trabalho. Isso tem ajudado a transformar a sociologia do direito de observadora para produtora de cultura jurídica, sinalizando a circularidade essencial de qualquer discurso sobre o direito, destinado a fazer parte de seu objeto no momento em que é recebido dentro da cultura jurídica oficial. Tudo isso, embora sem dúvida tenha enriquecido o contexto dos estudos sociológicos e jurídicos, também produziu uma considerável fragmentação e uma falta de sistemática que, no momento atual, parece muito difícil, e talvez até prematuro, tentar solucionar.

Para superar essas dificuldades de enquadramento, passamos a falar não de uma sociologia do direito, mas de mais de uma sociologia do direito, distinguindo-se, em particular, aquela dos sociólogos, mais atenta ao papel social do direito como um todo, e aquela dos juristas, mais atenta às implicações sociais das normas individuais que se enquadram na sua área específica de competência. No lugar do nome tradicional "sociologia do direito" às vezes foram usadas outras denominações, ainda mais gerais e imprecisas ("direito e sociedade", "*law and society*", "*droit et société*", "*derecho y sociedad*"). Isso ajudou a apontar a circularidade essencial de todo discurso sobre o direito, destinado a fazer parte de seu objeto de observação ao ser incorporado à cultura jurídica oficial.

Deve-se notar, no entanto, que, embora heterogêneos, os estudos sociológico-jurídicos desde a sua origem têm compartilhado alguns objetos de pesquisa comuns e buscado explicá-los, de modo que se compreenda a relação real que existe entre direito e sociedade, além de uma intenção pragmática, movidos pelo desejo de interpretá-los com vista a melhorá-los. Tudo isso parece ter uma consequência importante: o lugar em que o ensino da sociologia do direito mostra-se mais apropriadamente institucionalizado são as faculdades de direito e, em particular, os cursos nos quais os futuros profissionais da área jurídica são preparados para atuar. Essa consequência, no entanto, não parece totalmente óbvia. A rápida disseminação da sociologia do direito foi resultado do crescente interesse de um círculo diversificado de possíveis usuários com diferentes orientações.

As expectativas sobre as tarefas da sociologia do direito são múltiplas. Aqueles que a veem sobretudo como resultado da diferenciação e especialização do conhecimento sociológico têm apoiado sua inclusão nos cursos preparatórios dos futuros sociólogos, mas aqueles que a percebem como uma forma de estudar os complexos instrumentos de controle da política na sociedade, ou os processos de aprendizagem e internalização de normas, em especial normas jurídicas, têm contemplado sua inclusão também em outros cursos.

Para identificar um quadro unitário de referência, este livro centrará a atenção em alguns dos principais conceitos e questões da disciplina, considerando que, mesmo diante da pluralidade de diferentes variantes, nesse nível geral é possível reconhecer na sociologia do direito uma identidade fundamental e destacar significativas convergências entre as suas diferentes orientações. Em particular, com relação aos conceitos fundamentais, a primeira parte do livro tratará a definição da precondição essencial de qualquer pesquisa sociojurídica, ou seja, o conceito sociológico de "direito". Além disso, será feita uma tentativa de ampliar o discurso para o que parece ser a pedra angular insubstituível das inúmeras relações entre direito e sociedade: o conceito de "cultura jurídica", fundamentalmente compreendido como o conjunto de lentes por meio das quais os diferentes atores sociais veem o direito e os operadores jurídicos se veem.

No capítulo 3, após apontar algumas convergências entre as diversas propostas conceituais discutidas, será feita uma tentativa de estabelecer uma ponte entre a primeira e a segunda parte do livro, a partir do conceito sociológico de "função", que, aplicado ao direito, pode incluir uma ampla gama de significados úteis para a identificação dos principais problemas da sociologia do direito. O foco serão questões essenciais, independentemente das diferentes abordagens escolhidas: a da eficácia do direito, questionando como ele pode se impor sobre o comportamento dos atores sociais; e a da evolução do direito, questionando como a sociedade pode influenciá-lo e mudar suas estruturas e seus conteúdos. A primeira pergunta mostra-se de particular interesse para o lado normativo da disciplina e das técnicas de controle social; a segunda, sobretudo para o aspecto cognitivo e os fatores que podem explicar as mudanças no direito.

No capítulo final, será feita uma tentativa de identificar o que muda no que diz respeito a revisitar o conjunto de conceitos a serem utilizados e os problemas a serem abordados, a fim de caracterizar a sociologia do direito contemporânea.

Nesse contexto, um lugar particular será reservado à obra de Luhmann, cujo amplo projeto de pesquisa terminou pouco antes de sua morte e ainda está aberto a novos desenvolvimentos. A sua teoria, que em um olhar mais atento sugere sobretudo um diferente "modo de pensar", propõe-se a evitar a rígida distinção sujeito/objeto que pode levar a julgar apenas o externo da sociedade e, em vez disso, tenta estudar também o interno de estruturas com várias articulações funcionais desde o enfrentamento de riscos, as improváveis conexões e as redundantes alternativas de um sistema social como a que o direito dispõe em suas relações com o ambiente[4].

---

[4] Já no final dos anos 1960 começaram a se delinear os elementos fundamentais de sua abordagem teórica, partindo não apenas de temas da sociologia do direito, mas também da sociologia política e da administração (sobre esses primeiros trabalhos, ver FEBBRAJO, A. *Funzionalismo strutturale e sociologia del diritto nell'opera di Niklas Luhmann*. Milano: Giuffrè, 1975). Ainda assim, Luhmann era um verdadeiro mestre para jovens pesquisadores, um precioso ponto de referência para discussões e pesquisas. Acompanhei, então, sua produção tentando introduzir na Itália algumas de suas inúmeras obras (*Sociologia del diritto*. Bari: Laterza, 1977; *Sistema giuridico e dogmática giuridica*. Bologna: Il Mulino, 1978; *Stato di diritto e sistema sociale*. Napoli, Guida de 1978; *Sistemi sociali*. Bologna: Il Mulino, 1990; *Procesimenti giuridici e legittimazione sociale*. Milano: Giuffrè, 1995).

A influência exercida pela obra desse autor tanto na Itália quanto no Brasil parece constituir um importante ponto de contato para a sociologia do direito dos dois países[5].

No decorrer do livro, serão contempladas abordagens históricas diferentes daquelas que compreendem diferentes aspectos, do comportamental ao antropológico. Da mesma forma, o dimensionamento dos contrastes e o surgimento de posições intermediárias mais diversas e compostas serão levados em conta nas escolhas teóricas. A seleção dos autores foi forçosamente muito seletiva, partindo do princípio de que é preferível centrar mais em alguns deles, em vez de dizer pouco sobre muitos. Em vez de enfatizar as diferenças entre as ideias dos autores, tentamos ressaltar as conexões entre eles e as dívidas que assumiram mutuamente para trazer um quadro comum.

Este livro está voltado sobretudo para estudantes de sociologia do direito interessados no desenvolvimento de uma teoria sociológica do direito.

É dedicado à memória de Renato Treves, que, depois de ter estendido seus interesses filosóficos jurídicos aos estudos sociológicos nos anos de exílio na América Latina, teve o grande mérito de ter difundido a sociologia do direito na Itália (Treves, 1968 e 1988).

---

[5] Entre os estudiosos italianos mais envolvidos na difusão do pensamento de Luhmann no Brasil está Raffaele de Giorgi. Entre as contribuições brasileiras para o estudo da obra de Luhmann ver CAMPILONGO, C. F.; AMATO, L. F.; BARROS, M. A. L. L. (rev.). *Luhmann and Socio-Legal Research. An Empiral Agenda for Social Systems Theory*. London; New York: Routledge, 2021; GONÇALVES, G. L.; VILLAS BÔAS FILHO, O. *Teoria dos sistemas sociais*: direito e sociedade na obra de Niklas Luhmann. São Paulo: Saraiva, 2013; LIMA, F. R. *Sociologia do direito*: o direito e o processo à luz da teoria dos sistemas de Niklas Luhmann. Curitiba: Juruá, 2012; SEVERO, R. L.; KING, M.; SCHWARTZ, G. *A verdade sobre a autopoiese no direito*. Porto Alegre: Livraria do Advogado, 2009.

INTRODUÇÃO

O OBJETO DA SOCIOLOGIA DO DIREITO

Uma introdução à sociologia do direito requer, antes de tudo, que seja delimitado, pelo menos ao mínimo possível, o objeto do qual se ocupa[1]. Tal objeto em geral é definido por uma fórmula que pode parecer quase tautológica: o estudo das relações entre direito e sociedade. Essa definição, aparentemente simples e intuitiva, exige algumas especificações.

Em primeiro lugar, a definição por si só não se restringe de modo exclusivo à sociologia do direito, pois o sociólogo do direito não é o único que se ocupa deste para se referir diretamente à sociedade. O historiador, por exemplo, busca integrar e interpretar os documentos jurídicos de outras épocas, enquadrando-os em seu contexto social; o filósofo busca descobrir, dentro ou acima das normas, valores largamente compartilhados e radicados nas razões de uma convivência pacífica; mesmo o juiz tenta aplicar a determinados indivíduos as normas gerais e abstratas. Ou seja, são todos sujeitos empenhados em reconstruir as relações entre direito e sociedade, ao menos na medida em que se revelam essenciais para o seu trabalho.

---

[1] Para uma exposição dos diversos temas de estudo que a disciplina enfrenta em âmbito internacional, ver BANAKAR, R.; TRAVERS, M. (rev.). *Law and Social Theory*. Oxford; Portland: Hart, 2013.

A sociologia jurídica caracteriza-se como ciência não porque se ocupe de modo meramente instrumental ou ocasional das relações entre direito e sociedade, mas sim porque a toma como objeto específico da própria pesquisa, o que não ocorre com as disciplinas antes mencionadas.

Com efeito, direito e sociedade são distintos, mas complementares. A sociedade pode ser representada não só como a soma de indivíduos, mas como as relações que acontecem entre eles e, em um nível logicamente superior, as relações entre tais relações. O direito pode ser, por sua vez, visto como o instrumento mais sofisticado que, apropriado a tais níveis suplementares, regula as relações interindividuais. Sociedade e direito não se exaurem, então, nos seus aspectos imediatamente visíveis. Considerar o direito como um somatório de textos escritos significa não reconhecer a sua essência, assim como considerar a sociedade como mera pluralidade de indivíduos significa não compreender a sua humanidade.

Para o sociólogo do direito, o que move os homens são relações interindividuais reguladas para orientações difusas a uma ideia mais ou menos vaga de normatividade. Um exemplo pode servir para ilustrar esse aspecto: imaginemos um grupo de pedestres parado em um semáforo, à espera de que se acenda a luz verde para que atravessem uma via pública. Esses indivíduos, provenientes de várias partes da cidade, provavelmente com diferentes destinos, nada têm em comum senão aquela breve parada. Eles constituem, portanto, uma simples plateia causal, pouco relevante para um sociólogo. O único aspecto que os aproxima é que param e se movem obedecendo aos sinais de um semáforo, seguindo fielmente uma norma que regula os ritmos dos seus movimentos e, de modo homogêneo, as relações entre eles, que são puramente anônimas e casuais. É fácil, então, também para um observador externo, concluir que os pedestres são ligados entre si não por uma relação simples, mas por relações reguladas por uma norma que todos, ao menos de maneira implícita, reconhecem, mesmo aqueles que, com pressa, e diante de condições de tráfego e da falta de guardas de trânsito, eventualmente atravessam a rua antes dos outros.

Para a sociologia do direito, contudo, a relação entre sociedade e direito não é uma relação puramente simétrica. Essa ciência pressupõe que a sociedade, não o direito, é o elemento mais importante. As relações entre direito e sociedade não podem ser vistas simplesmente como os relacionamentos entre quem comanda e quem obedece, pois, na verdade, é a sociedade que, de maneira simultânea, é a causa primeira e a destinatária das ações reguladoras das normas. Em outros termos, a sociedade pode ser comparada ao lançador de bumerangue destinado a ser golpeado pelo mesmo objeto que lançou, mas haveria sempre a possibilidade de fazê-lo cair no vazio. Isso significa que as relações entre sociedade e direito não são de contraposição frontal nem de exclusão recíproca, mas sim caracterizadas por um constante intercâmbio pelo qual o direito tem com a sociedade estreitas e orgânicas relações, e a sociedade é concebida de modo que reconheça como idôneos os espaços do próprio direito, embora mantendo com ele uma posição de proeminência.

As relações entre direito e sociedade não são simétricas, mas circulares. Direito e sociedade obedecem às lógicas convergentes, de modo que o direito contribui para a sobrevivência de tudo o que é inteiro e, ainda, é a razão da existência da parte. Como se diz: *Ubi societas ibi ius*; a recíproca também pode ser dita: *Ubi ius ibi societas* (Romano, 1918, pp. 25-6). Portanto, os relacionamentos entre direito e sociedade não representam um conjunto com soma zero, de modo que uma expansão da área do direito não implica necessariamente uma correspondente redução do âmbito da autonomia da sociedade. A multiplicação das normas jurídicas, longe de potencializar a capacidade reguladora do direito, pode ser um sinal da sua debilidade e da sua insuficiente incisividade e, por conseguinte, não comporta obrigatoriamente uma compressão dos espaços de manobra dos destinatários.

Para individualizar o que permite que a sociedade mantenha uma relativa independência nos confrontos do direito, e o direito mantenha uma relativa independência nos confrontos com a sociedade, é preciso supor que estão disponíveis filtros específicos, com capacidade de selecionar o grau de suas intensas e constantes interações, impedindo que qualquer um dos polos da relação acabe por se mesclar ou se confundir com o outro. Ademais, as relações entre direito e sociedade, além de não serem rigidamente bipolares, são sempre submetidas às ações de conjuntos de variáveis diferentes que podem influenciá-las externamente de vários modos.

O direito tem diferentes relacionamentos com quase todos os âmbitos do social, e os condicionamentos que partem da sociedade seguem percursos mais ou menos indiretos, que podem ir da política à economia e desta à religião antes de atingir o direito, eventualmente enriquecendo-se ou enfraquecendo-se durante esse longo trajeto. A sociologia do direito deve, por isso, reconstruir essas complexas relações entre fatores sociais, direta ou indiretamente relevantes para o direito, de modo amplo e diversificado o suficiente, de acordo com seu âmbito específico (político, econômico, religioso e outros).

Movendo-se sob tais premissas, a sociologia do direito tem desenvolvido um aparato conceitual e teórico que lhe permitiu assumir pontos de vista abstratos o suficiente para representar os incontáveis condicionamentos recíprocos do direito e da sociedade. Desse modo, foram individualizados conceitos e enfrentados problemas relevantes, seja sociológica ou judicialmente, a fim de superar os horizontes limitados dos operadores individuais do direito ou dos destinatários comuns das normas jurídicas. Como toda pesquisa sociológica, a sociologia do direito se justifica, em suma, pelo fato de oferecer aos indivíduos que atuam na sociedade uma espécie de grande espelho no qual podem ver a si mesmos, permitindo-lhes perceber e decifrar as relações que os conectam aos outros indivíduos e ao restante da sociedade, de modo que tenha mais consciência do sentido das suas ações, em uma perspectiva, em termos temporais e espaciais, mais ampla do que permitiriam os horizontes individuais.

Deve também ser lembrado que a elaboração de uma abordagem sociológica para o estudo do direito foi o resultado de um longo processo que, passo a passo, levou a sociologia do direito a definir a própria posição no âmbito da cultura jurídica oficial. Na base desse percurso está a aspiração originária da sociologia de encarnar um ideal de ciência da "realidade" social metodologicamente assimilável às ciências da natureza, superando, com isso, a ciência jurídica tradicional. No caso da sociologia do direito, essa aspiração é baseada numa contraposição fundamental entre fatos sociais e normas jurídicas, pressupondo que somente uma ciência sociológica relativa aos fatos sociais seria considerada uma verdadeira ciência. Esse pressuposto alimentou um longo debate sobre a possibilidade da existência de uma ciência empírica do direito, debate que influenciou, como se verá, as várias definições do conceito de direito propostas pelos fundadores da sociologia do direito.

Sociologia do direito e modelos de ciência

No início do século passado, debatia-se vigorosamente a falta de um estudo normativo do direito, a ponto de ele ser colocado no centro das atenções do mundo dos juristas. O debate acontecido no início do século XIX entre Anton Friedrich Justus Thibaut e Friedrich Carl von Savigny continua, ainda hoje, rico em pontos de reflexão. Enquanto o primeiro defendia a necessidade de um novo Código Civil, o outro sustentava a ideia romântica de um direito criado não a partir das leis, mas da cultura de um povo, acreditando que o direito não é nem pode se tornar o produto arbitrário da vontade individual, mas deve permanecer fruto de um processo anônimo e coletivo que se prolonga no tempo, fazendo que mais gerações de juristas assumissem o papel de intérpretes das forças e dos movimentos sociais que, por si só, seriam mais importantes do que as próprias leis (Thibaut, 1814; sobre esse debate, ver Hattenhauer, 1973).

Essas posições opostas provavelmente seriam mantidas fechadas no interior dos diversos endereços da cultura jurídica oficial se, na segunda metade do século XIX, graças à obra de Auguste Comte, não fosse imposta uma atenção especial a um novo modelo de ciência: a sociologia, baseada na possibilidade de introduzir nas ciências humanas níveis de previsibilidade comparáveis aos das ciências naturais.

A nova lente promissora da sociologia, que, sob o impulso de uma crescente fé no desenvolvimento científico, utilizava o experimentado marco do positivismo, poderia, com efeito, consentir com o sucesso da pesquisa de um novo objeto de estudo, baseado na sociedade, e não limitado às normas da ciência jurídica dogmática. Portanto, como acontece com frequência, se essa nova lente acabou condicionando a pesquisa do novo objeto, as exigências deste também não faltaram, ao impor qualquer adaptação à lente, que deveria utilizar um foco mais nítido (Tiemeyer,

1969). Assim, uma ciência geral da sociedade poderia, de qualquer modo, tentar oferecer uma alternativa à difusa desconfiança no valor da ciência jurídica dogmática e se prestar também a um repensar do papel do jurista.

Segundo Comte, os juristas, e também os metafísicos, tinham adquirido poder, ao suceder aos teólogos e aos militares na função de guiar a sociedade, mas estavam destinados a ceder tal poder aos cientistas e técnicos, que tinham constituído a classe dirigente da futura era positivista e industrial. Com relação aos juristas e aos metafísicos, especialistas na arte da persuasão, os cientistas e técnicos seriam capazes, na verdade, de decifrar melhor a sociedade, porque eram especialistas nos métodos da observação e da experimentação.

Nessa visão da dinâmica social e do futuro da humanidade refletia-se claramente não apenas uma confiança na possibilidade de conhecer as leis reais da sociedade mediante uma física social, denominada sociologia, mas também uma desconfiança nas leis do direito com as quais tinham de lidar os juristas, destinados a se tornar cada vez mais estrangeiros no mundo real (Comte, 1864, v. V, lição LV). Surgiu, percebida sobretudo pelo fundador da sociologia, uma evidente lacuna entre o senso comum e a concepção técnico-jurista, que tem conhecido momentos de maior ou de menor importância, mas possui origens muito antigas para poder voltar à afirmação de um direito escrito sobre o direito oral.

Ao se tornar reconhecível, com a escritura, ao menos em princípio, por aqueles que sabiam ler (MacCannell e MacCannell, 1982, p. 26), o direito, para evitar o perigo de se expandir excessivamente à área do juridicamente possível, deveria ser protegido, em termos lógicos e terminológicos, por uma barreira de proteção constituída por tecnicismos (todos podem conhecer o direito, mas nem todos podem falar sobre ele) que poderia, dentre outros aspectos, ajudar a afrontar a necessidade dos operadores de se orientar com rapidez em uma massa de dados e de precedentes de outro modo de difícil gestão. Tal fechamento terminológico foi obviamente o favorito, por interesses de classes, assim como pela preocupação em defender, aos olhos dos usuários, a capacidade do direito enquanto tal de resolver os conflitos.

Em suma, os instrumentos sofisticados, dominados por poucos, necessários à aplicação do direito, foram utilizados e, ocasionalmente, refinados, para melhor delimitar um campo de interpretação que se tornaria potencialmente incontrolável caso fosse aberto a muitos não especialistas nesse trabalho (Schiavone, 1976).

Portanto, não é uma coincidência o fato de que, na fantasia popular, a imagem do homem da lei fosse sempre associada aos estereótipos, caracterizados pela excessiva reverência formal nos confrontos das normas e por uma perda praticamente total do contato com o mundo real. Os operadores do direito receberam apelidos como "chicaneiros" ou "impostores", difundidos na linguagem comum e no mundo da literatura. Porém, é verdade que tais formas de sutil marginalização cultural foram, por vezes, acompanhadas e compensadas por relevantes posições de prestígio. Entretanto, também é verdade que se trata de apelidos tão antigos que constituem um preço a pagar por quem se ocupa profissionalmente do direito.

Dessa forma, era compreensível que a emergente sociologia do direito se contrapusesse, em um primeiro momento, àquela ciência jurídica dogmática que, no saber jurídico transmitido na universidade às novas gerações, tinha desempenhado e ainda desempenhava papel predominante[2].

---

[2] Ver Olgiati (2007). Recorde-se aqui que, no início da década de 1950, foi proposto um modelo de ciência jurídica como alternativa a um ensino formalista e codificante do direito, particularmente próximo dos métodos indutivos em vez dos métodos dedutivos da doutrina e, portanto, mais flexível e menos sistemático que o último (Viehweg, 1953; Giuliani, 1957).

Os limites que rendiam discussões à ciência jurídica dogmática (jurisprudência) eram, com efeito, numerosos e de várias naturezas. Von Kirchmann (1848), utilizando uma feliz abstração que enfatizava a contingência das leis, no final do século XIX se perguntou como era possível concentrar toda a atenção do jurista em uma ciência que, frente a três palavras inovadoras do legislador, correria o risco de destruir bibliotecas inteiras.

Kirchmann sugeriu, antes de tudo, entender os limites da ciência jurídica dogmática como defeito da capacidade de corresponder a certo ideal científico, em comparação com outras ciências, capazes de realizarem melhor tal ideal. Os mesmos aspectos das forças da dogmática podiam, em tal contexto, transformar-se em defeitos.

De fato, era difícil sustentar que o conjunto das normas jurídicas vigentes, da qual se ocupava a ciência jurídica dogmática, fosse provido dos requisitos demandados por um modelo positivista de ciência dotado de estabilidade, de conteúdo homogeneamente determinável, eficaz a ponto de ver traduzidas as próprias proposições em realidade. Um direito potencialmente efêmero, pela constante possibilidade de reescrever normas, de conteúdo indeterminado dada a relatividade dos critérios por vezes adotados, e estatisticamente instável pela frequência variável dos comportamentos previstos, poderia ser considerado, sobretudo com a afirmação da nova ciência sociológica, um obstáculo à obtenção de um modelo ideal da cientificidade, embasado na tendência constante ou, pelo menos, na não arbitrariedade do seu próprio objeto.

Com relação ao nível programático, o método dedutivo da ciência jurídica dogmática resultava da mera convicção técnica das argumentações usadas para justificar certa decisão, mas não se ocupava dos resultados efetivamente alcançados (*Fiat iustitia, pereat mundus* – que o mundo pereça, mas faça-se a justiça). Com isso, poderia ser alvo de crítica de parte de quem tinha uma visão orientada mais para o nível substancial do que para aquele formal do direito. Do outro lado, o caráter abstrato dos princípios do normativismo poderia facilitar a frequente variação nos conteúdos das normas positivas (o melhor direito, em tal contexto, não é mais aquele velho, mas aquele novo), o que se tornaria de difícil controle pela mesma dogmática jurídica para a manutenção dos níveis aceitáveis de unidade e coerência[3].

Os "truques" para superar tais limites podem ser encontrados já no interior do ordenamento, elevando ainda mais os níveis de abstração do direito e, consequentemente utilizando, conforme as circunstâncias:

1) referências normativas mais duradouras, como as normas organizacionais que, em um ordenamento diferenciado, regulam a produção de novas normas (normatização de normas);

2) referências valorativas mais amplas, como os conjuntos de valores capazes de legitimar os princípios inspiradores dos ordenamentos inteiros (valoração de valorações);

3) referências sociais mais gerais, como as regularidades típicas que podem canalizar as interações sociais padronizadas de longo percurso (regularidade de regularidades).

Falaremos sobre algumas das diferentes estratégias de estabilização interna do direito, na medida em que possam interessar à sociologia do direito, haverá a oportunidade de voltar ao assunto adiante. Aqui nos limitaremos a observar que a ciência jurídica dispunha do auxílio de um aparato técnico e conceitual cada vez mais complexo e sofisticado, como no caso da ciência do pan-

---

[3] Entre os autores italianos que enfrentaram o problema da cientificidade da ciência jurídica dogmática, ver Leoni (1940) e Capograssi (1937; 1962). Opocher (1991) destaca temas do pensamento de Capograssi que se aproximam particularmente da perspectiva sociológico-jurídica.

dectismo, capaz de realizar sínteses inspiradas no direito romano que ainda hoje admiramos (Cappellini, 1984-1985).

Todavia, permaneceu o perigo de que, de tal maneira, se acabasse por encerrar a maioria dos operadores jurídicos dentro de gaiolas conceituais distantes de um exame realista das condições em que o direito opera na sociedade. Inversamente, o novo modelo cientificista que seria proposto pela sociologia colocava o enfoque sobre a realidade social e comportava uma percepção diferente não apenas da sociedade, da parte dos juristas, mas também dos juristas, da parte da sociedade (Dux, 1978; Röhl, 1987).

De qualquer modo, isso era inevitável. Qualquer um que pretende estudar o produto de uma atividade cultural plurimilenar como o direito deve concentrar a atenção também nos métodos desenvolvidos pelos seus adeptos, para poder voltá-lo para a vida prática. Do mesmo modo, quem tem a intenção de falar em termos sociológicos de religião não pode deixar de considerar a influência que teólogos e sacerdotes exercem no interior da vida da Igreja a que pertencem.

A convicção de que, no seu trabalho de sistematização, a ciência jurídica dogmática deveria ampliar o próprio horizonte e sair das próprias muralhas deparava com as posteriores argumentações relativas à delimitação e à gestão coerente daquelas normas jurídicas de diferentes naturezas (substanciais, mas também organizadoras e interpretativas) que normalmente são colocadas dentro do grande recipiente normativo chamado "ordenamento". As várias disciplinas jurídicas a que a ciência jurídica dogmática aparece articulada (do direito privado ao penal, do direito público ao comercial) devem, na verdade, contemplar as necessidades não apenas relativas a aspectos formais abstratos, mas também aos âmbitos do agir humano, de modo que, ao longo do tempo, possam modificar-se e receber novas classificações e novos limites.

Diante dessas dificuldades, é lícito perguntar: é realmente possível sustentar que exista uma ciência do direito capaz de realizar todas as tarefas requeridas pela gestão do direito na sociedade? Não seria mais oportuno, em vez de eleger um modelo comum de ciência para todas as ciências jurídicas, adotar modelos distintos de ciência para as diferentes exigências que o ordenamento jurídico, no seu conjunto, é chamado a satisfazer?

Se for, será afirmada a tese sustentada por Kantorowicz (1962, pp. 69-81), de que seria necessário institucionalizar modelos diferentes de ciência para as diversas possibilidades de ciência do direito. Tal tese, embora não seja nova, parece ainda predominante (Bobbio, 1958; Rehbinder, 1993; Rottleuthner, 1981, 1987; Raiser, 1973, 2007). Desse modo, o direito pode ser visto como algo além da norma, também como valor e fato. Essa "tríplice dimensão" justifica uma articulação correspondente à ciência jurídica, que, desse modo, é entendida ou como ciência dos valores jurídicos (filosofia do direito), ou como ciência das normas jurídicas (dogmática jurídica) ou, ainda, como ciência dos fatos jurídicos (sociologia do direito).

Com efeito, os três modelos de referência mencionados não excluem um ao outro. Por vezes, eles parecem destinados a sustentar um ao outro, e o ponto de referência que os caracteriza de tempos em tempos em relação à ação (a orientação às normas, aos valores, aos fatos) não pode ser exclusivo. Em particular, a mesma pesquisa sociológico-jurídica que, desde as suas origens, foi inspirada em um modelo positivista de ciência (emprestado das ciências naturais) é predominantemente (mas não exclusivamente) orientada aos fatos. Deveria estudar as relações entre direito e sociedade, mas, antes de tudo, cabe-lhe identificar os fatos relevantes em termos jurídicos (algo que os fatos não podem fazer sozinhos). O sociólogo do direito também deve mover-se por um critério de juridicidade do direito. Em suma, a abordagem normativista pode ser superada pela sociologia do direito, mas não ignorada.

Também por essa razão, o normativismo permaneceu por muito tempo orientado predominantemente para a formação do jurista, e não apenas na Itália. Tal abordagem, na versão elaborada por Hans Kelsen, apega-se a um modelo de direito baseado em alguns dos seus pressupostos fundamentais: o ordenamento jurídico positivo, posto pelo Estado, deve ser capaz de impor-se nos confrontos de normativização provenientes dos setores da sociedade externos a ela; essa autonomia deve assegurar a atuação dos operadores, a confiança nas decisões, a coerência dos métodos e a legitimidade do conteúdo, vale dizer, todos aqueles requisitos que parecem essenciais ao funcionamento do ordenamento jurídico; a ciência deve ser capaz de reproduzir uma figura de jurista que consiga satisfazer não mais a solicitações específicas e pontuais, mas à solicitação, geralmente compartilhada, de servir de terceiro confiável na solução dos conflitos.

Nessa perspectiva, a abordagem do estudo dogmático do direito parece tornar natural aquilo que é normativo. O verdadeiro eixo da preparação dos juristas resulta, desse modo, no direito vigente posto pelo Estado, num quadro que confia às matérias históricas e filosóficas um papel predominantemente cultural e de enquadramento, que não subverte a abordagem dogmática básica dos estudos jurídicos (Roselli, 2007; Palazzo & Roselli, 2007). A grande separação entre o mundo das normas e o dos fatos poderia ser vista, portanto, como um instrumento capaz de proteger contra possíveis degradações, uma práxis jurídica preocupada em defender a própria autonomia.

Eis então o sucesso alcançado por uma abordagem ao estudo do direito, inspirada pelo normativismo de Hans Kelsen, que enfatizava a orientação do mundo das normas positivas a uma concepção hierárquica das fontes e do direito estatal. O fechamento do ordenamento jurídico e o seu rigor metodológico eram, com efeito, garantidos via conexão formal entre as diferentes normas e os níveis hierárquicos em que o mesmo ordenamento era articulado. A construção em graus do ordenamento jurídico exigiu a introdução da hipótese de uma norma fundamental (*Grundnorm*), ou seja, de uma norma pressuposta, e não posta, capaz de romper o recurso, que em princípio poderia prosseguir ao infinito, de uma norma válida a outra norma válida, subordinada à precedente, e, ainda, posta por uma norma superior (Kelsen, 1911, 1960, 1962; sobre a abordagem de Kelsen e suas relações com a realidade social, cf. Losano, 1981).

Tais princípios organizadores, que garantiam ao sistema jurídico não apenas uma coerente dinâmica interna, mas também limites seguros ao externo, buscavam resgatar a ciência jurídica de forma pura ou, como se diz na atualidade, "autorreferencial", contribuindo para reservar ao jurista a tarefa crucial de intérprete das normas, de "boca da lei". Era esperado, portanto, que fosse feita referência à variável normativa da "validade", mais do que àquela empírica da "eficácia". Isso impunha ao operador e ao estudioso do direito concentrar a atenção na proveniência das regras e na transmissão da validade das normas superiores àquelas subordinadas. Assim, eles se voltavam para as fontes das normas, dando as costas aos seus efeitos na sociedade.

Para o modelo de normatividade rigorosa, a sociologia do direito não podia limitar-se a se contrapor a um modelo de rigorosa factualidade. Ambos os modelos representam polarizações heuristicamente úteis, mas não permitem, sozinhos, que se examine o tema da relação entre direito e sociedade de modo satisfatório. Dessa forma, a sociologia do direito estava, no curso da sua história, sempre ciente. Os diferentes percursos que seguiu podem ser percebidos não como resultado de meras incertezas, mas como espiões das numerosas dificuldades que a sociologia do direito, metodologicamente crítica, buscou superar na abordagem sociológica do estudo do direito.

Na verdade, o sociólogo do direito, ao desenvolver o seu trabalho, não tem usado uma mesma língua para falar do mesmo objeto. As variantes até agora testadas de tempos em tempos mostram-se distintas da segunda colocação que, próxima aos fatos, foi reservada para as normas e os valores. Em consequência, passou-se dos estudos dos comportamentos sociais, relevantes em termos jurídicos, àqueles majoritariamente dispostos a reconhecer o inegável papel que as diferentes posturas valorativas assumiram na realidade social e até mesmo àquelas que, colocando-se em um nível macrossociológico, tentam estabilizar as relações intercorrentes entre determinados ordenamentos jurídicos e determinados sistemas sociais vistos na sua globalidade.

Essa pluralidade de propostas não poderia deixar de refletir nas definições que a sociologia do direito era capaz de formular sobre a finalidade do seu próprio trabalho. Deve-se dar atenção a esse aspecto porque isso é importante pela própria definição do objeto da disciplina.

Os objetivos da sociologia do direito

Como já foi apontado, a sociologia do direito não buscou apenas descrições, nem foi estimulada apenas por interesses explicativos, mas esteve estritamente ligada a movimentos importantes que buscavam ampliar, em âmbito interno, a sensibilidade sociológica dos operadores do direito.

Duas correntes de pensamento autoritárias, orientadas, de vários modos, a intentos pragmáticos, exerceram ampla influência sobre a cultura jurídica oficial no mesmo período em que, no início do século passado, surgiam as primeiras contribuições de uma fundação à sociologia do direito. Antes de mais nada, vale mencionar a jurisprudência dos interesses, a *Interessenjurisprudenz* (Heck, 1912).

Contrapondo-se às abordagens mais formalistas da jurisprudência dos conceitos, a *Begriffsjurisprudenz* foi articulada de vários modos. De um lado, utilizava uma abordagem orgânica, que considerava a lei como resultado de uma mediação entre interesses em competição. A lei aparecia retratada como a diagonal de um paralelogramo no qual os lados correspondiam às diversas forças sociais envolvidas. De outro lado, utilizava uma abordagem "operacional" que, movendo-se pelo conteúdo de certa lei, atribuía aos intérpretes a tarefa de solucionar as lacunas e eliminar as ambiguidades inevitavelmente presentes no nível normativo, através de uma ponderação acurada dos interesses em jogo. Em segundo lugar, deve-se lembrar a Escola do Direito Livre, a *Freirechtsschule* (Ehrlich, 1903; Fuchs, 1912; Kantorowicz, 1958), que, em uma variante decisionista, confiava explicitamente a solução concreta dos casos jurisprudenciais ao filtro da personalidade de um juiz, considerado capaz de levar em conta o contexto social da própria decisão, enquanto no caso da variante descritiva confiava tais soluções a averiguações pontuais e à recepção das regras de diversa natureza e origem observadas em determinado contexto.

Tanto a jurisprudência dos conceitos como a Escola do Direito Livre conseguiram atrair a atenção de muitos estudiosos e juristas com interesses sociológicos. A sociologia do direito, por sua vez, não ignorava, mas buscava reconhecer ou mesmo receber internamente esses encaminhamentos de doutrina. Por essa razão falou-se de uma sociologia do direito dos sociólogos, compreendida como uma ciência voltada a determinar as relações entre direito e sociedade com um escopo exclusivamente cognitivo, e de uma sociologia do direito dos juristas, com um escopo exclusivamente prático, voltado a fornecer ao operador conhecimentos úteis para torná-lo ciente das consequências de seu trabalho[4]. Esses dois modelos de sociologia do direito podem ser considerados os extremos idealizados de um *continuum* interno no qual se encontram várias linhas de pesquisa, caracterizadas por uma maior ou menor consideração pelos ideais cognitivos ou pelas exigências da prática jurídica.

Como disciplina integrada pela atividade prática do operador jurídico, a sociologia do direito não se preocupa apenas em ampliar os aparatos do conhecimento à disposição do jurista, mas busca também renovar a cultura jurídica na qual se move. Ela tentou fazer com que os juristas tivessem maior consciência das restrições internas com as quais costumam se orientar no seu trabalho. Primeiro, ainda que o direito possa ser encontrado nos livros, o sociólogo do direito se ocupou da representação que os operadores têm do direito ou que tentam implicitamente alcançar em certo contexto cultural. Para alcançar esse ambicioso objetivo, os sociólogos do direito têm buscado não apenas recolher dados sociológicos relacionados às questões jurídicas concretas, mas utilizá-los para fazer com que os juristas tenham uma consciência diversa das questões a serem examinadas.

No terreno de uma crítica interna da cultura jurídica dos operadores, existem na época atual dois setores de pesquisa, ecléticos na fundamentação teórica e ambiciosos nos objetivos práticos: aquele dos estudos críticos do direito, *Critical Legal Studies*[5], que se desenvolveu principalmente nos anos de 1970 e

---

[4] Na República Federal da Alemanha essa distinção já estava institucionalizada no início dos anos 1970 em distinções subdisciplinares correspondentes (Lautmann, 1971; Rottleuthner, 1973; Opp, 1973).

[5] Ver Unger (1976), Kennedy (1992), Klausa *et al.* (1980), Arnaud (1981) e Santos de Sousa (2009). Na Itália, uma intenção crítica semelhante é amplamente desenvolvida por Barcellona (1973), Donati (1980) e Baratta (1982).

1980, e aquele dos estudos sobre as profissões jurídicas, *Legal Professions* (uma referência essencial para essa linha de estudos é Abel & Lewis, 1988). Enquanto os teóricos dos estudos críticos do direito têm concentrado sua atenção nos aparatos destinados ao controle social e nas variáveis culturais capazes de influenciar as estratégias de tratamento dos comportamentos desviantes (que podem resultar em práticas distintas, dependendo da percepção cultural do crime e do réu), os estudos sobre as profissões jurídicas concentraram sua atenção nas modalidades de exercício da advocacia e da administração da justiça em diferentes países. Dessa maneira, os teóricos destacaram os fatores ideológicos, entendidos como defesa dissimulada dos interesses de classe, que acompanharam, nos vários contextos, os processos de institucionalização e de autonomização das diferentes ordens profissionais, com frequência contando com organizações autônomas e ocupando posições de prestígio elevado.

Ambos os campos de pesquisa, mesmo com ênfases diferentes e sem aspirar a uma colocação disciplinar bem definida, enfrentam temas que a sociologia do direito não pode ignorar. O direito, com seus aparatos, está a serviço da sociedade ou apenas de uma parte dela? Os operadores são imunes à suspeita de que a sua alegada imparcialidade, nos fatos, é muito mais limitada do que se quer admitir? A atividade deles está voltada mais para interesses particulares do que para interesses comuns?

Registrar criticamente as diferentes representações internas do direito pode contribuir para tornar explícitos os humores e as tendências da cultura jurídica oficial e averiguar os condicionamentos aos quais, às vezes de modo inadvertido, ela é submetida por parte dos paradigmas culturais difundidos na sociedade. Dessa forma, também podem ser superados modelos formalísticos demasiadamente simplificados no papel que o direito, e em particular os operadores jurídicos, desenvolvem na sociedade.

Na República Federal alemã do início dos anos 1970, antecipando em poucos anos o que mais tarde viria a se tornar a Itália, Ernst E. Hirsch (1966) e o seu discípulo Manfred Rehbinder (1993) tentaram combinar a relevância prática de uma pesquisa sociojurídica realizada pelos operadores do direito com as suas ambições científicas. Para Hirsch (1966, p. 45), a sociologia do direito, por ter a capacidade de se servir de instrumentos especificamente sociológicos, deveria poder tornar-se um instrumento útil para integrar a bagagem técnico-jurídica de que os operadores do direito dispõem. Em particular, a sociologia do direito deveria tentar ajudá-los na tarefa de selecionar de maneira científica as diferentes alternativas de normas relacionadas à base de um conhecimento das possibilidades operativas efetivas que, em situações sociais de fato, se constituem sob a aparência dos comportamentos, dos interesses e dos valores difundidos (Hirsch, 1966, p. 37). Movendo-se por posições metodológicas análogas, Manfred Rehbinder agrega seu conhecimento a duas grandes áreas da jurisprudência sociológica e da sociologia do direito, que, sob perspectivas diferentes, buscam desenvolver uma maior sensibilidade empírica no tratamento do direito, isto é, outro setor de pesquisa, aquele sobre o estudo dos fatos do direito (*Rechtstatsachenforschung*, "pesquisa factual legal"). (Nussbaum, 1968; Rehbinder, 1970; Röhl, 1974; Hartwieg, 1975)

Enquanto a sociologia do direito, entendida no sentido estrito, emprega os próprios instrumentos, empíricos ou teóricos, para fins predominantemente cognitivos, a jurisprudência sociológica busca utilizar conhecimentos sociológicos com o objetivo de melhorar as suas várias fases: a provisão legal, a aplicação e a execução das normas jurídicas. O estudo dos fatos do direito insere-se em uma posição intermediária, localizada no ponto de intersecção entre uma sociologia do direito pragmática e uma jurisprudência sociológica que persegue objetivos teóricos e também se move pela perspectiva dos operadores do direito.

Em relação às considerações dos fatos do direito guiados pelas valorações normativas (próprias da jurisprudência sociológica) e pelo conjunto dos conhecimentos teóricos e empíricos (próprios da sociologia do direito em sentido estrito), o estudo dos fatos do direito funcionaria como um lugar de confronto e ao mesmo tempo de integração, seja das indicações normativas da jurisprudência sociológica, seja das indicações teóricas da sociologia do direito. Isso se constituiria, em suma, no componente científico de uma jurisprudência sociológica situada no âmbito da dogmática jurídica, não rigorosamente neutra. Além disso, a parte empírica de uma sociologia do direito teórica estaria situada no âmbito das ciências sociais.

As propostas de Hirsch e Rehbinder remetem a um cenário metodológico geral em que a pesquisa da sociologia jurídica seja capaz de contribuir para melhorar o trabalho dos operadores do direito sem que, para isso, renuncie a uma postura de neutralidade científica. Em uma posição intermediária entre sociologia do direito e jurisprudência sociológica, pode ser colocada uma direção complementar, denominada engenharia social (*social engineering*), que estuda as partes de integração social nas quais as relações humanas vêm sendo organizadas por meio das decisões jurídicas, com o fim de melhorar o conhecimento sobre os efeitos de tais decisões e contribuir para uma dinâmica social mais eficiente (Podgórecki, Alexander & Shields, 1996).

Tais campos de estudo, que se fundam sobre uma concepção instrumental do direito, encontraram no início do século passado uma teorização da obra de Roscoe Pound (1910, 1912, 1942). Ele se propôs enfrentar os problemas conexos à mensuração do impacto das normas sobre o comportamento social, para que este funcionasse como um instrumento de reforço da coesão social e da redução dos conflitos, num uso objetivado. Em conexão com a proposta de uma engenharia social da parte de Pound, desenvolveu-se nos mesmos anos, nos Estados Unidos, a corrente do realismo jurídico (cf. Tarello, 1962), que se propunha registrar empiricamente a realidade do direito, sobretudo no momento do processo. Parte-se do pressuposto de que nem todas as regras de um ordenamento podem ser encontradas em textos escritos (*law in the books*), assim como nem todas as normas jurídicas efetivamente aplicadas (*law in action*) seriam, sozinhas, capazes de dar conta da realidade inteira do direito.

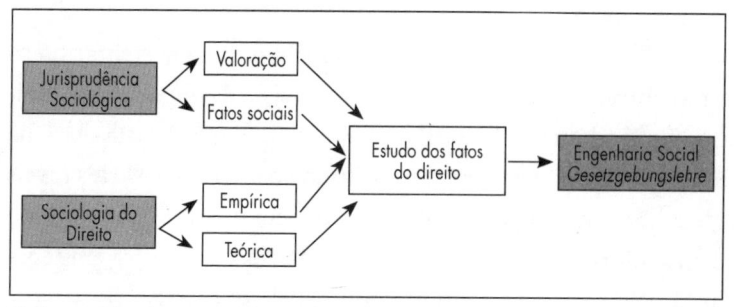

Figura 1. Abordagem sociológica dos estudos do direito.
Fonte: Rehbinder, 1993.

O direito válido, mas não aplicado, resulta em um direito simples de papel (*paper rule*), enquanto o direito aplicado, embora não eficaz, seria simplesmente um direito inútil. Nesse contexto, deve ser por fim mencionado, como um modo aparentemente mais técnico de modificar o interior da cultura jurídica, aquele representado pela teoria da legislação (*Gesetzgebungslehre*). Aqui se propõe melhorar a comunicação entre destinatários e autores das normas jurídicas através de uma prática de escrita menos voltada às exigências dos adeptos aos trabalhos, mais dispostos a levar em conta, em nome da transparência das normas jurídicas, as exigências e as expectativas comunicativas de seus destinatários (Noll, 1973).

Esses modos diferentes de estudo das relações entre direito e sociedade podem ser representados no esquema resumido na Figura 1. Também na Itália, sobretudo a partir dos anos 1970, as duas vertentes fundamentais, a cognitiva e a prática, foram explicitamente reconhecidas pela sociologia do direito, e ambas foram incluídas entre os seus objetivos. Desse modo, a sociologia do direito italiana não é apresentada como portadora de uma anticultura dos confrontos do normativismo, mas simplesmente de uma cultura que pode contribuir para relativizar e integrar essa abordagem.

Na Itália, o autor que mais contribuiu para sustentar o ensino universitário com o modelo positivista de imposição de Kelsen foi Norberto Bobbio (1958, 1960, 1981). Em sua vasta obra, na qual mostra, não obstante, respeito ao positivismo e vários níveis de adesão, não ideológicos, mas problemáticos, Bobbio buscou construir as concepções normativas da ciência jurídica em reparo a dois perigosos contrapontos: aquele que deriva próximo à falácia naturalista, entendida como o erro lógico do qual se busca extrair normas dos fatos apenas porque resultam constantemente repetidas (do fato reiterado de que os peixes grandes comem os pequenos não é possível deduzir que os peixes grandes devam comer os pequenos; sobre o tema, ver Carcaterra, 1969); e aquele que a tentação jusnaturalista poderia constituir uma ameaça à manutenção da neutralidade do intérprete, introduzindo valores não inseridos nas normas do ordenamento (Bobbio, 1965; Scarpelli, 1965).

De um ponto de vista rigorosamente positivista, apontar esses dois riscos poderia equivaler a refutar em aceitar uma forma qualquer de contaminação dos fatos e valores no mundo das normas. Levando em conta a exigência de evitar um potencial fechamento e, por conseguinte, de descrever e representar o direito nas suas conexões com a vida social, a sociologia do direito italiana começou enfrentando um vasto espectro de temas. Entre esses temas foi reservado lugar central às modalidades efetivas de organização da administração da justiça.

O conjunto orgânico das pesquisas então conduzidas para enfrentar tal complexidade temática representa, todavia, dada a vastidão dos objetivos e a amplitude dos interesses interdisciplinares, um ponto de referência essencial para a pesquisa sociológico-jurídica, que pode ser utilizada como um caso de escola, a fim de exemplificar as perspectivas que podem ser movidas para analisar as relações entre direito e sociedade. O programa de pesquisa definido por Treves, em linhas gerais, já no fim dos anos 1960, propunha estudar a complexa máquina da administração da justiça e, em particular, o processo entendido como o principal momento de contato entre o ordenamento jurídico e a sociedade[6].

Da encosta da ideologia interna da magistratura foram estudadas as modalidades de autorrepresentação dos magistrados, por meio do exame dos jornais da categoria que, com circulação restrita e limitada ao âmbito dos especialistas, preocupavam-se sobretudo com temas relacionados aos deveres e ao *status* dos magistrados, em geral não explicitados e significativos apenas para o estudo do processo de consolidação de um senso comum de filiação. Dessa pesquisa sobre os instrumentos de comunicação interna emergiria o valor estratégico a eles atribuído pelos magistrados, de tal modo que fosse possível associá-la, ainda em seu estado nascente, diante da necessidade de modificar a ordem normativa vigente e melhorar a qualidade da prestação do sistema judiciário como um todo (Moriondo, 1967).

---

[6] Treves (1972). Sobre o tema, uma literatura significativa já havia surgido, em especial em países de *common law*. Ver Kirchheimer (1961), Schubert (1963; 1964), Nagel (1969), Grossman & Tanenhaus (1969), Schubert & Danelski (1969).

Uma pesquisa posterior focalizou os problemas organizacionais da magistratura e se baseava em uma investigação estrutural e em uma série de entrevistas com o objetivo de registrar as orientações predominantes no Judiciário, levando em conta os diferentes momentos da carreira dos magistrados (Di Federico, 1969). Os resultados alcançados colocavam em evidência a importância que argumentos como a tutela de autonomia, entendida como imparcialidade, mas também como independência em relação ao poder político e como defesa nos confrontos de estruturas internas excessivamente hierárquicas, assumiram nas autorrepresentações destinadas a influenciar o núcleo identitário que estava se formando no interior da magistratura. Vinha também indagando o lado operativo da administração da justiça. Nesse contexto, tentava-se verificar se, diante de temas de forte impacto social e em presença de margens relevantes de discricionariedade interpretativa, o trabalho da magistratura seria capaz de fazer emergir valores socioculturais compartilhados (Odorisio *et al.*, 1970).

Os inúmeros temas pré-selecionados nesse contexto, envolvendo as relações Estado-cidadãos no que tange ao trabalho, à ética familiar e aos bons costumes, revelaram, por meio de uma análise conduzida pela magistratura sobre materiais jurisprudenciais substanciais, uma série de posturas bastante diferentes entre eles e a presença de divergências significativas não tanto em relação à deslocação geográfica das sedes, mas aos diversos níveis hierárquicos da magistratura inferior à Corte de Cassação, um tribunal comparável ao Tribunal de Justiça brasileiro.

Foi estudada ainda a vertente funcional da administração da justiça. Em tal contexto, foi realizado um estudo sistemático dos níveis de eficiência da máquina da justiça, que, alcançando resultados particularmente decepcionantes, esclarecia as dramáticas disfunções atuais, como a longa duração dos processos e a consequente elevação dos custos sociais da justiça. À luz de uma análise das operações desenvolvidas junto à Procuradoria-Geral e à Corte de Cassação* (acerca da discussão dos recursos, da extensão das sentenças e das respectivas maximizações), não só foram constatados escassos níveis de eficiência, dificilmente superáveis, mediante episódios interventivos e não coordenados, mas se trazia à luz também uma tendência de autodefesa da parte da instituição que, fora de uma programação geral, buscava completar de modo autônomo a lacuna existente entre uma demanda em rápida expansão e uma oferta incapaz de organizar-se de modo adequado, ou ao menos de realizar as mínimas correções para organizar-se, como uma melhor distribuição de pessoal (Castellano *et al.*, 1968; Forte & Bondonio, 1970).

Além disso, foi confrontado o tema da postura do público em relação à justiça (Tomeo, 1973; Leonardi, 1968). Nesse âmbito, colocou-se em evidência que as várias disfunções apontadas influenciavam negativamente o juízo relativo ao aparato judiciário, mas isso não refletiu sobre o prestígio social do juiz enquanto tal, que, em vez disso, permanecia bem mais elevado do que aquele do advogado. O estudo da figura do magistrado representada na mídia e, em particular, na filmografia italiana daqueles anos manifestava uma predileção difusa no confronto de figuras nem um pouco burocráticas, capazes de corrigir os equívocos recorrendo à coragem pessoal e sem poder se valer de um suporte adequado da parte da organização.

Esse conjunto de pesquisas[7] teve o mérito de coagular competências diversas em um único projeto cognitivo que buscava

---

* Semelhante ao Tribunal de Justiça, no Brasil. [N. do T.]
[7] Entre as outras pesquisas incluídas no mesmo projeto, vale mencionar Di Federico (1968), Neppi Modona (1969) e Governatori (1970). A essas pesquisas precisamos acrescentar, um pouco sucessiva, a de Resta (1977).

recorrer, por tais razões, à administração da justiça, sendo dotada de uma juridicidade própria e específica, não assimilável às outras organizações públicas, sendo que a classe dos magistrados não mantinha com os órgãos do Estado relacionamentos similares àqueles das classes profissionais.

O funcionamento da Justiça continua, com efeito, a apresentar uma série de problemas de organização e de eficiência, não imputáveis apenas a razões internas, que têm consequências sobre o nível geral de confiança das instituições jurídicas. Não obstante o tempo decorrido, os problemas apontados pelas pesquisas pioneiras do início dos anos 1970 ocuparam o centro das atenções dos operadores e do público: a demora dos processos; a dificuldade de individualizar dentro da máquina organizativa da Justiça os pontos críticos para a reforma sem prejudicar a autonomia garantida pela Constituição (Guastini, 1995); a lacuna entre as diferentes propostas que vinham sendo recorrentemente apresentadas sobre o assunto; os conteúdos de uma cultura jurídica interna dos adeptos ao trabalho que, de um lado, deve concentrar-se sobre o atendimento de alguns pedidos, mas, de outro, deve evitar, tanto quanto possível, que o enfraquecimento da legitimidade social da legislação reflita negativamente sobre a mesma legitimação que as leis devem aplicar (Ferrarese, 1984; Pappalardo, 1987; Raiteri, 1990; Rebuffa, 1993a; Morisi, 1999; Guarnieri & Pederzoli, 2002; Quassoli & Stefanizzi, 2002; Clark, 2003; Sarzotti, 2006; Di Federico, 2008; Luminati, 2007).

Em geral, as pesquisas empíricas que a sociologia do direito conduz sucessivamente, utilizando instrumentos de vários ramos da sociologia – sociologia das profissões, das organizações, econômica, da comunicação –, receberam a crítica de esquecer a juridicidade essencial que caracteriza o seu objeto.

Tal questão, que protege aquela, mais ampla, da possibilidade de uma sociologia do direito exclusivamente orientada para a sociedade, parece que não contempla direitos, merece alguns esclarecimentos. É preciso, antes de tudo, distinguir a relevância de uma pesquisa em certo campo de estudo da sua associação a tal campo de estudo. É óbvio que os resultados de uma pesquisa, na medida em que são relevantes para outro campo de estudo, devem ser aceitos por este. Todo campo de estudo deveria, antes, abrir-se a escopos convencionalmente separados a partir dele, já que isso permitiria a melhor compreensão dos temas tratados, como mostram os elevados níveis de inovação dos estudos interdisciplinares ou de fronteira.

Os vários modos de interpretar as tarefas da sociologia do direito, seja aquelas que permanecem em seu interior ou as que se utilizam de instrumentos comuns de campos limítrofes, ou, ainda, aquelas que se colocam em um terreno intermediário, têm tido o indubitável mérito de se individualizar e buscar superar algumas distorções unilaterais que os desenvolvimentos mais recentes da disciplina fizeram perceber como nenhum outro remotamente. De um lado, a excessiva "sociologização" do saber sociológico-jurídico, que perderia de vista os aspectos técnico-jurídicos dos temas examinados, não permitindo discernir os condicionamentos sociais das decisões jurídicas individuais dos condicionamentos atribuíveis ao modo de argumentar e operar dos juristas. De outro lado, a excessiva juridicidade que impulsiona o sociólogo a assumir de maneira implícita o mesmo horizonte do jurista, o que faz que negligencie aquelas conexões importantes entre o direito e seu ambiente social, que podem fugir também a um bom jurista quando não contempladas de modo explícito na norma.

Uma pesquisa, para poder ser considerada enquanto tal no quadro das pesquisas sociológico-jurídicas, deverá em todo caso adotar, ao menos de maneira implícita, um conceito sociológico de direito que não esteja totalmente afastado dos fatos. Para delimitar o campo de estudo da sociologia do direito, resulta essencial a questão: "De qual direito pode ser a sociologia do direito?". A resposta a tal indagação mostra-se tanto mais crucial enquanto baseada no quanto é dito; ela deverá consentir para além de um estudo factualmente verificável das normas, mas também o estudo normativamente consciente dos fatos.

No próximo capítulo, com o objetivo de colher as razões históricas que têm acompanhado o surgimento de um conceito de direito capaz de satisfazer tais requisitos, será analisada a definição proposta pelo fundador da sociologia do direito, Eugen Ehrlich, e a sua explícita contraposição a uma abordagem rigidamente normativista. O discurso abarcará um conceito de direito não apenas factualmente verificado, mas também normativamente consciente, levando em conta, no capítulo que se segue, o conceito de direito proposto por Max Weber, que se refere, de modo maduro, em termos metodológicos, a um conceito-chave a ele intimamente relacionado: aquele da cultura jurídica.

PRIMEIRA PARTE

CONCEITOS

CAPÍTULO 1

O CONCEITO DE DIREITO

Para isolar os elementos que possam caracterizar uma definição sociológica do conceito de direito, parte-se de uma definição genérica, que considera o direito como uma estrutura normativa específica mais complexa do que as demais por estes motivos:

- é dotada de um aparato sancionatório próprio;
- é capaz de predeterminar procedimentos por meio dos quais reage aos estímulos provenientes da sociedade;
- é capaz de manter aceitáveis os níveis de coesão social;
- é aplicável, em princípio, a todos os campos da vida social.

Percebe-se que os elementos que compõem essa definição apontam um conceito de direito que inclui normas voltadas aos consorciados, com o objetivo de guiar os seus comportamentos e consentir expectativas recíprocas nos vários âmbitos da sociedade. Além disso, esse conceito também inclui normas internas, voltadas aos operadores, para definir critérios e princípios da sua intervenção.

O direito precisa ser uma estrutura normativa capaz de regulamentar a si mesma antes de regulamentar a sociedade. O pressuposto lógico, aparentemente indiscutível, é que apenas um conjunto de normas ordenadas de modo coerente com o seu interior pode ser capaz de ordenar de modo coerente qualquer objeto posto externamente a ele. Isso, entretanto, não significa que a decisão de um único operador constitua mera aplicação da ordem já estabelecida pelas normas e que a ordem social possa ser considerada o espelho fiel de tais ordens. A decisão jurídica individual pode não se limitar a aplicar com rigor a ordem estabelecida pelas normas, e o direito escrito pode não ser o reflexo fiel da realidade. Pode-se, porém, questionar: em que medida o conceito sociológico do direito, que leva em conta o direito em ação, e não o direito em papel, pode se dissociar do conceito normativo do direito?

Para iniciar uma reflexão sobre o assunto, é possível fazer referência, antes de tudo, aos motivos que, a partir do século passado, justificaram o surgimento e o embasamento de um estudo sociológico do direito, mencionados no capítulo anterior. Será, portanto, necessário remeter ao conceito de direito daquele que é comumente considerado o fundador da sociologia do direito: Eugen Ehrlich. Na visão de Kelsen, Ehrlich contrapõe uma concessão do direito voltada a privilegiar o estudo de fenômenos sociais elementares que, pouco a pouco, conseguem estabelecer um fundamento normativo sólido e duradouro a partir do qual possa desenvolver-se o direito positivo posto pelo Estado. As concepções de Kelsen e de Ehrlich estão ligadas a duas visões de orientação distintas acerca da normatividade do direito: uma baseada em normas jurídicas formalmente produzidas pelo Estado e a outra baseada em fatos sociais que no curso do tempo produzem a consolidação e a institucionalização das estruturas normativas; uma baseada em normas entendidas como resultado de um processo condicionado por variáveis exclusivamente internas ao ordenamento jurídico-positivo e a outra baseada em normas entendidas como resultado de um processo condicionado por variáveis históricas e sociológicas externas a tal ordenamento.

A descontinuidade fisiológica, não apenas terminológica, mas substancial, entre o mundo dos fatos e o mundo do direito não exclui o pressuposto que os dois mundos se assumem. Todavia, o direito positivo de Kelsen, filho legítimo das decisões do legislador, e o direito espontâneo elementar de Ehrlich, filho natural da sociedade e de seu gradual desenvolvimento, são o resultado de várias diretrizes básicas: técnicas, no caso da primeira, voltadas a render possíveis futuras decisões previsíveis; históricas, no caso da segunda, voltadas a retornar às origens do direito nas sociedades humanas. Em suma, para Kelsen não há direito sem normas formais, enquanto para Ehrlich não há direito sem regularidade factual.

O local ideal para compreender essas distinções, de grande importância para conhecer um conceito sociológico de direito, é o debate entre Kelsen e Ehrlich, que se desenvolve na ocasião da publicação, em 1913, da mais notável obra de Ehrlich: *Grundlegung der Soziologie des Rechts*. O trabalho foi objeto de uma revisão crítica de Kelsen e alimentou uma extensa polêmica marcada por pontuações, contradições e retificações (Febbrajo, 2010, pp. 3-85).

Entretanto, deve-se observar que os dois estudiosos, também em razão de suas diferentes biografias, pareciam destinados a trabalhar diversas reconstruções do conceito de direito. Kelsen, expoente máximo do normativismo, era professor em Viena, então capital do grande Império Austro-Húngaro; Ehrlich era professor em Czernowitch, a principal cidade de Bucovina na época, uma região mais tarde anexada primeiro pela Romênia, depois pela Ucrânia, e que, localizada nos arredores do império, era um ponto de encontro natural de diferentes etnias.

1.1 A controvérsia entre Kelsen e Ehrlich

Kelsen, em sua crítica a Ehrlich, parte das posições de uma doutrina pura do direito, segundo a qual, em relação ao mundo das normas e dos fatos, é fundamental evitar qualquer possível ambiguidade e levar em conta que, na ausência de uma qualificação normativa, não se pode individualizar os fatos que seria relevante que fossem estudados para compreender a norma somente do ponto de vista sociológico.

Kelsen pode, assim, censurar Ehrlich de confundir logicamente, ao colocar em evidência as raízes factuais dos ordenamentos normativos e as fronteiras entre um discurso relativo ao mundo das normas e um discurso relativo ao mundo dos fatos. Ehrlich, por sua vez, delineia a prioridade temporal e social, em relação ao direito posto pelo Estado, do direito que nasce espontaneamente das relações sociais e justamente por isso é capaz de regulá-las de modo autônomo, apenas em pequena medida, para que seja consolidado como um direito positivo.

Com base nesses pressupostos, as principais críticas de Kelsen a Ehrlich dizem respeito às modalidades de delimitação do conceito de direito, à definição de uma teoria das fontes (e dos fatos do direito), aos argumentos que sustentam abordagens declaradamente antiestatais e às ambições cognitivas da nova disciplina sociológico-jurídica da qual Ehrlich pretende estabelecer os fundamentos.

A primeira crítica de Kelsen refere-se à inconsistência do critério proposto por Ehrlich para separar o direito dos outros conjuntos de regras do agir. Para Ehrlich, o direito é um conjunto de regras nas quais as funções consistem em estabelecer as tarefas específicas e a posição relativa de cada membro do grupo (a sua supraordenação ou subordinação). Ao cumprir essas funções, ele depara com conjuntos de normas não jurídicas, equivalentes em número, como as normas da moral, da religião, dos costumes, da honra, da convivência, da descrição, da etiqueta, da moda. Nesse conjunto restrito de normas, o direito viria a distinguir-se não pela origem, que reside, em cada caso, na estrutura normativa dos grupos sociais, nem pelos conteúdos (a proposição "honre o pai e a mãe" pode ser considerada um preceito do direito, da moral, da religião, do costume, da justiça, da conveniência, da etiqueta e da moda). Para Ehrlich, o direito caracteriza-se por recorrer à diferente intensidade de sentimentos que tais normas despertam e às diversas emoções na reação quando são transgredidas. Portanto, ele distingue o sentimento de revolta, que se segue à violação do direito, da indignação provocada pela inobservância de uma lei moral, do ressentimento suscitado por um comportamento injusto, da desaprovação por um ato inconveniente, da zombaria e do sorriso de deboche que seguem as infrações das regras de etiqueta e do desdenho crítico que os campeões da moda reservam a quem não esteja ao seu nível.

Segundo Kelsen, tal definição, proposta em termos psicológicos, seria baseada em elementos objetivamente evasivos e constituiria "o vértice da curiosidade entre as não poucas tentativas de determinar a essência do direito". Para ressaltar a inconsistência do critério proposto, observa ele, bastaria desafiar Ehrlich a apontar concretamente qual o sentimento de revolta que se segue à violação do direito, se ele se distingue dos sentimentos de indignação, de ressentimento, de desaprovação com os quais reage à violação das outras normas sociais.

A essa crítica Ehrlich rebate observando que a definição por ele proposta não é definitiva, ao contrário; pode ser ainda mais refinada, e não é de todo isolada, colocando-se na esteira do modelo definidor da "teoria do reconhecimento" (*Anerkennungstheorie*). Desse modo, Kelsen, limitando-se a criticar os elementos psicológicos presentes na definição que contesta, que por si só poderiam reentrar em um diferente e mais flexível modelo de cientificidade em relação àquele que propôs, se limitaria a adotar critérios excessivamente restritivos, sobretudo quando comparados com aqueles que costumam ser utilizados pelas ciências humanas.

A segunda crítica de Kelsen refere-se à distinção que Ehrlich faz entre "proposições jurídicas" (*Rechtssätze*) e "normas jurídicas" (*Rechtsnormen*). De acordo com essa distinção, a proposição jurídica é "a formulação contingente, em geral obrigatória, de uma prescrição jurídica contida em uma lei ou em um texto de direito", enquanto a norma jurídica é "o comando jurídico praticamente implementado", que pode dominar "a vida de certo grupo, eventualmente de dimensões limitadíssimas, mesmo sem possuir qualquer formulação verbal".

Ao sair dessa distinção, o direito não parece ser composto exclusivamente de proposições jurídicas, mas sobretudo de normas jurídicas que, embora mudas, seriam relevantes para a ação concreta dos consorciados, não apenas nos estágios primitivos de desenvolvimento, como reconhece a própria ciência jurídica oficial, mas também naqueles mais avançados. Para Ehrlich, dessa forma, seria errado fazer coincidir o surgimento e o desenvolvimento do direito com o surgimento e o desenvolvimento das proposições jurídicas, uma vez que estas parecem ser produto, relativamente tardio e nunca exaustivo, da atividade desenvolvida pelos juristas sobre as normas individuais de decisões produzidas pelos tribunais e sobre as normas jurídicas produzidas pelos grupos sociais.

Kelsen critica essa posição, ressaltando que enfatizar a prioridade das normas jurídicas como regularidade de ações significa trocar uma relação temporal por uma lógica. As proposições jurídicas devem preceder as normas jurídicas de um ponto de vista lógico, uma vez que uma proposição jurídica deve ser assumida para se poder atribuir relevância jurídica a um caso concreto. Ehrlich, por outro lado, reitera que um direito não pode se exaurir em uma síntese de proposições jurídicas verbalmente formuladas, já que em todas as fases do seu desenvolvimento são numerosas as normas ou as regularidades de comportamento que não são formalizadas. De outro modo, as mesmas proposições jurídicas muitas vezes referem-se a normas extrajudiciais (boa-fé, usos comerciais) que as sustentam e fortalecem.

É a sociedade, com as suas relações de poder, as suas concepções de interesse geral, as suas diretrizes na interpretação da justiça, que dita ao jurista o que ele deve generalizar, unificar, defender. De fato, "as forças da sociedade são forças elementares contra as quais a vontade do homem não pode prevalecer, ou ao menos não pode prevalecer no longo prazo". A sociedade acolhe "o que lhe convém" e repele "o que não lhe convém". Trata-se, portanto, dos fatos do direito, e não "das proposições jurídicas com base nas quais os tribunais decidem ou os órgãos administrativos procedem, que influenciam direta e decisivamente o ordenamento jurídico da sociedade".

Em sua terceira crítica, Kelsen remete à inconsistência da articulação dos vários "fatos do direito" (relações de dominação, posse, declarações de vontade, costumes), que para Ehrlich constituem o núcleo fundamental do direito como o conhecemos. Kelsen não acredita que o costume possa fazer parte de tais fatos, pois simplesmente indicaria "o caminho pelo qual certos fatos se tornam juridicamente relevantes, ou seja, tornam-se fatos do direito".

Ehrlich rebate declarando que ele mesmo atribui ao costume um lugar próprio entre os vários fatos do direito. O costume, ao contrário do direito consuetudinário, é uma simples regularidade factual que representa a base da organização dos primeiros grupos sociais. É, portanto, entre os fatos do direito, "o único originário", e a sua importância nunca diminui por completo, pois, por meio do costume, mesmo os grupos sociais mais complexos continuam a ser organizados nas várias fases do seu desenvolvimento.

Quanto aos outros fatos do direito, estes, do ponto de vista de Ehrlich, são inter-relacionados. O domínio, baseado no excesso de ordenamento dos membros individuais do grupo, por si só é compatível com a unidade do grupo, enquanto os dominados normalmente obtêm, em troca de sua sujeição, a proteção e as contrapartes materiais de que necessitam, numa perspectiva que pode ser contratualista. A posse, entendida como o domínio do homem sobre a coisa, é igualmente ligada ao ordenamento da vida econômica e não envolve apenas a disponibilidade de determinado bem, mas também a defesa contra eventuais perturbações, o que assegura um nível mínimo de certeza ao tráfico de mercadorias. Por fim, a declaração de vontade, nas formas relativamente tardias do contrato e do testamento, guarda também uma estreita relação com o ordenamento social de posse e com os propósitos essencialmente econômicos. Ehrlich, então, observa que os fatos do direito representam um conjunto homogêneo que assegura um vínculo estável entre o ordenamento jurídico e a ordem econômica, uma vez que "o entendimento da ordem econômica é a base para a compreensão das outras partes da ordem social e, em particular, do ordenamento jurídico da sociedade".

Uma quarta crítica de Kelsen refere-se à clara distinção que Ehrlich estabelece entre direito e Estado. Essa distinção não é justificável, pois "o Estado é uma forma de unidade social, não apenas conteúdo", e, em consequência, "no conceito de Estado, não apenas algumas, ou a maior parte das figuras historicamente conhecidas do Estado, mas de todos os estados possíveis e concebíveis, devem encontrar um lugar".

Ehrlich, no entanto, considera que o Estado, em particular quando se trata de direito, é "um simples órgão da sociedade" e deve, portanto, ser descrito segundo o seu conteúdo e os propósitos que persegue. Isso significa que os vários instrumentos utilizados pelo Estado para desempenhar a função de "alavancar o desenvolvimento social" têm eficácia reduzida, e "o incontestável fato histórico de que o direito estatal está ganhando terreno" atesta não um desenvolvimento geral para a estatização de toda a sociedade, mas a crescente demanda por "uma base jurídica unificada para todos os grupos sociais independentes". Tal base teria sido formada mesmo sem a intervenção do Estado, por meio da mera intensificação das relações entre os diversos grupos. Tal como "a arte de regular os rios consiste não em escavar um novo leito para eles, da nascente à foz, mas em direcionar sua corrente para que eles próprios criem o novo leito", as leis entendidas como barragens estabelecidas pelo Estado "só alcançam seu objetivo quando são observadas, pelo menos pela grande maioria das pessoas, de forma espontânea".

Uma quinta crítica de Kelsen diz respeito à postura de superioridade científica que a sociologia do direito ehrlichiana assume em relação à ciência jurídica prática. Segundo Kelsen, a abordagem de Ehrlich se baseia na ingênua convicção de que todas as ciências procedem de modo indutivo, ignorando a possibilidade de outros tipos de conhecimentos científicos baseados em um método dedutivo. Com a sua aversão às abstrações "incorpóreas" da dogmática, Ehrlich mostraria, portanto, desconsiderar que nenhum conhecimento pode renunciar a conceitos que necessariamente devem aparecer "incorporados" aos fenômenos concretos individuais e, dessa forma, redimensionaria de modo drástico o valor científico de uma ciência jurídica que, mesmo que não se preocupe em compreender o significado dos comportamentos sociais concretos, possui uma essencial função prática no âmbito do ordenamento. Ehrlich sustenta, por outro lado, que uma discussão teórica do direito requer uma ciência sociológica do direito não limitada por considerações práticas, mas capaz de remeter, em conjunto, às partes isoladas do tecido social, assumindo como ponto de referência os grupos sociais e seus ordenamentos espontâneos (família, comunidade, entidades coletivas etc.).

A sociologia do direito não é, de fato, resultado da ligação dos limites da validade dos ordenamentos jurídicos individuais. Ela pode, de outro modo, tentar coletar características comuns aos diversos ordenamentos, delineando, com a ajuda dos historiadores do direito, uma "morfologia" das formações jurídicas da vida social que permita desmistificar a estreita visão do jurista prático e integrá-la do ponto de vista teórico e empírico. Isso significa que o constante progresso da sociologia não ameaçará a ciência jurídica prática, mas permitirá, como outros campos da cultura humana (por exemplo, a medicina e a engenharia), indicar sempre o melhor dos operadores, isto é, o juiz e o legislador, se seus trabalhos produzem resultado ou se, contrariando as leis do desenvolvimento social, "desperdiçam em vão as forças da sociedade".

Isso leva à acusação fundamental, a da confusão entre as duas esferas do ser e do dever ser, da normatividade e da espontaneidade do agir social, da dogmática jurídica e da sociologia. Ehrlich, segundo Kelsen, faria tal confusão ao longo de sua obra, mas de forma particularmente evidente no lugar em que afirma que "é óbvio que uma regra do agir social é uma regra segundo a qual não apenas se age, mas também se deve agir".

Ehrlich rebate essa acusação afirmando que não pretende fornecer um aparato conceitual seguro, nem estabelecer distinções definitivas ou limites intransitáveis, mas que é precisamente o contínuo processo de enriquecimento do conteúdo das normas, sofrido no curso dos milênios, que faz que se tornem genéricas e abstratas. Ele observa: "Os artigos de uma lei e os textos jurídicos são como esboço de uma pintura à qual somente a experiência e a observação da riqueza da vida podem dar forma e cor". Além disso, "a linha de demarcação entre a doutrina das normas [*Normenlehre*] e as normas que são ensinadas [*Lehrnormen*] é claramente tão tênue que deve ser negligenciada por uma realidade que de modo contínuo transforma a doutrina em normas, ocultando tal processo aos olhos daqueles que colaboram e participam dela.

Portanto, é justo perguntar: "Como é possível ensinar o que é a norma sem que o conteúdo desses ensinamentos não se torne, por sua vez, uma norma?". A resposta, para Ehrlich, poderia ser: apenas levando em conta a contínua conexão das normas com as necessidades da vida social e, portanto, interpretando não tanto as normas, mas a sociedade. No mesmo sentido, é possível compreender o tão citado prefácio ao *Grundlegung*, segundo o qual o centro de gravidade do desenvolvimento do direito não se encontra na legislação, nem na ciência jurídica, nem na jurisprudência, mas na própria sociedade.

O debate se encerra diante de uma incompreensão recíproca e insuperável, sem perdedores nem vencedores. Afinal, a mesma história equilibrou as razões de ambos os competidores. Os motivos que, em um estágio inicial de confiança predominante na legislação, poderiam fazer que os argumentos do normativista Kelsen fossem mais bem compreendidos, em um momento posterior foram redimensionados pela progressiva abertura da cultura jurídica também nos países da Europa continental, uma sensibilidade histórica e evolutiva que, referindo-se aos processos de formação do direito próprio do direito romano, há muito se consolidou nos países de *common law*, tradicionalmente refratários a aceitar os mitos da codificação e a considerar a lei como um ponto de referência exaustivo das decisões do juiz.

O mérito de Kelsen, no entanto, foi ter representado as razões de uma visão centralista do direito, que há muito tempo vem sendo considerada a mais adequada às exigências da ciência jurídica dogmática, sem negar, em princípio, a legitimidade da escolha do campo de Ehrlich, mas se limitando a apontar suas ambiguidades e oscilações terminológicas. Além disso, o próprio modelo de direito de Kelsen apresenta-se, em uma análise mais aprofundada do seu tempo, como normativo e descritivo. É claramente "normativo" no que diz respeito ao conteúdo, na medida em que identifica na norma o seu elemento principal, mas é também "descritivo" na medida em que se limita a apresentar o direito efetivamente percebido pela cultura jurídica dos operadores que o tratam em termos profissionais.

Na verdade, se fosse feita uma investigação empírica sobre qual termo está preferencialmente relacionado ao direito pelo juiz, pelo policial, pelo advogado, pelo carcerário (e por outros sujeitos direta ou indiretamente envolvidos na vida do ordenamento), é provável que "norma" seria, de longe, o termo mais citado. Isso não exclui, porém, que mesmo uma definição da norma, que é descritiva, simplesmente por reconhecer o uso prevalecente, pode se tornar normativa em relação ao método empregado, como tende a fazer Kelsen, purificando-a de toda infiltração proveniente de fora do ordenamento jurídico.

Embora se reconheça o indubitável fascínio que as duas concepções podem exercer, é evidente que, uma vez deixados de lado os pressupostos de cada uma, suas forças, como mencionado, podem com facilidade transformar-se em fraquezas. Para um sociólogo, a abordagem técnica de Kelsen não permite abordar os problemas que apontam para variáveis não jurídicas, em particular para a origem pré-jurídica das normas sociais ou seu impacto na vida real. Por outro lado, a abordagem espontânea e harmônica de Ehrlich não parece se preocupar o suficiente com os problemas relacionados aos eventuais conflitos entre os ordenamentos do direito positivo e do direito vivo.

Ambos os autores, no entanto, aceitam a distinção fundamental de dois mundos: o do dever ser, ou das "normas", e o do ser, ou dos "fatos", com base em pressupostos kantianos abertamente compartilhados. Eles admitem, então, a possibilidade de que se desenvolvam duas ciências jurídicas, uma teórica e factual, a outra pragmática e normativa, limitando, em última instância, o âmbito da sua dissensão às relações recíprocas dessas ciências que, evidentemente, mudarão se a prioridade for a lógica, como gostaria Kelsen, ou a histórica, como defende Ehrlich.

Os dois polos da grande bipartição ser/dever-ser devem, assim, capturar duas dimensões diferentes que, na realidade dos ordenamentos jurídicos, estão destinadas a coexistir até certo ponto.

Para focar tal zona cinzenta e extensa, é necessário um instrumento metodologicamente composto, que não seja nem exclusivamente normativo, nem exclusivamente factual, mas abarque os dois pontos de vista. E é isso que Ehrlich, seguindo a grande lição da história, tenta fazer, ainda que com algumas imprecisões, detectadas por Kelsen, ao concentrar sua atenção na continuidade das combinações entre norma e fato, que funde em torno do conceito de direito vivo.

1.2 O conceito de direito vivo

Para reconstruir o conteúdo do conceito de direito vivo, ao qual Ehrlich confia a tarefa de desenvolver, de forma propositiva, o desafio ao modelo de direito kelseniano, é necessário considerar que o direito, aqui e agora eficaz, não é resultado de uma única decisão, mas de um longo processo intimamente relacionado aos eventos culturais dos grupos sociais dos quais emana. Uma espécie de laboratório para o estudo do campo do direito vivo também se revelou ao próprio Ehrlich na região em que vivia. Ele escreveu, em 1912, na mesma época da elaboração de *Grundlegung*:

> No principado da Bucovina vivem na época atual, em quase perfeita harmonia entre si, nove grupos étnicos: os armênios, os alemães, os hebreus, os romanos, os russos (da Lipovânia), os rutênios e os eslovacos (muitas vezes considerados poloneses), os húngaros e os ciganos. Um jurista de formação tradicional certamente sustentaria que todas essas populações têm um único direito: aquele vigente em todo o Império Austríaco. Todavia, mesmo um olhar rápido seria suficiente para reconhecer que cada um desses grupos étnicos observa regras jurídicas completamente diversas em suas relações jurídicas cotidianas. (Ehrlich, 1912)

Em tal contexto, a codificação poderia ser percebida como fenômeno distante, ou mesmo irrelevante, na medida em que as normas tradicionais, vivenciadas antes de serem escritas, não eram facilmente modificáveis, devido ao peso do seu passado, e continuavam a persistir fora das leis do Estado. Já nas obras metodológicas que culminaram no *Juristiche Logik*, Ehrlich procurou reduzir o papel do direito estatal, atribuindo à elaboração jurisprudencial uma posição comparável àquela ocupada, em suas fases de maior esplendor, pela jurisprudência romana. Como no curso da experiência do direito romano, e apesar do surgimento de teorias estritamente centradas no Estado, a elaboração jurisprudencial continua a ser uma ferramenta indispensável de conhecimento, sobre a qual deve ser concentrada a atenção de um verdadeiro cientista do direito (Ehrlich, 1925).

O estudo dos eventos históricos do processo no direito romano e do papel nele desempenhado pela figura do juiz já havia mostrado a Ehrlich que, apesar de um processo de estatização que buscaria modificar a distribuição da carga decisória, ao concentrá-la nas mãos do legislador, a jurisprudência continuou a desempenhar uma função de "criação" do direito, função que não poderia ser ignorada por aqueles que desejavam determinar não tanto o direito válido em abstrato, mas aquele efetivamente aplicado nas soluções dos casos concretos.

Por mais importante que seja, no entanto, a sentença judicial é apenas um dos indicadores do direito vivo. Ehrlich combateu não apenas a subestimação da sentença, mas também sua superestimação como elemento cognitivo. Em uma passagem que resume seu pensamento sobre esse aspecto, ele afirma:

> Quando, cerca de um quarto de século atrás, comecei a trabalhar em uma obra sobre a declaração tácita de vontade [...], minha intenção era examinar mais de seiscentos volumes de sentenças proferidas pelos tribunais alemães, austríacos e franceses, com o objetivo de compor uma imagem de como a jurisprudência tinha interpretado a declaração tácita de vontade. Logo, porém, minha atenção se concentrou não tanto na decisão judicial, mas nos eventos reais que a sustentavam.

São esses eventos que conseguem dar razão à sentença, e é por esse motivo que a atenção do pesquisador deve procurar prevalentemente descrever o real desenvolvimento das circunstâncias concretas que motivaram a sentença (Ehrlich, 1913, p. 399). Do ponto de vista de Ehrlich, portanto, a sociologia do direito e a história do direito são disciplinas fundamentalmente complementares.

Em geral, a tarefa da história do direito consiste em "fornecer à sociologia do direito o material de que ela necessita" e em mostrar, seguindo as orientações dos fundadores da Escola Histórica, que as proposições e as instituições jurídicas desenvolvem-se a partir de toda a vida de um povo, isto é, do ordenamento social e econômico como um todo.

A adesão de Ehrlich à Escola Histórica, todavia, não aconteceu sem reservas nem com indiferença. Puchta e Savigny, "fundadores" dessa Escola, ao falarem de consciência jurídica, "pensam, pelo menos para a era contemporânea, na consciência jurídica de juristas que possuem o controle do ensinamento e da administração da justiça. Beseler pensa na consciência jurídica do povo que hoje, como há muitos séculos, criou as instituições jurídicas". Por um lado, portanto, Savigny e Puchta consideram que o direito aplicado nos tribunais é especialmente importante; por outro lado, Beseler observa que "o direito regula as relações da vida mesmo sem a intervenção dos tribunais". Para Ehrlich, Beseler vai "muito além de Savigny e Puchta" e não se contenta "em formular teorias sobre o direito do povo e sobre o direito dos juristas", mas vai "em busca de métodos para conseguir, como cientista natural", "por meio da observação", um conhecimento não modificado pelo direito do povo. Em suma, se examinarmos os pressupostos implícitos na posição de Beseler, perceberemos que, para Ehrlich, "quando se fala em direito, não significa remeter a proposições jurídicas, mas, pelo menos em parte, a instituições jurídicas" (*ibid.*, p. 372).

Ao referir-se a essa variante "institucionalista" do pensamento da Escola Histórica, Ehrlich pode, portanto, afirmar que "ainda hoje, assim como na Antiguidade e no período medieval, a história jurídica repousa não tanto no aparecimento ou desaparecimento de proposições jurídicas explícitas e verbalmente formuladas, mas no surgimento de novas instituições e na gradual aceitação de novos conteúdos além daqueles que já existem" (*ibid.*, p. 404).

Tudo isso significa que, mesmo na ciência jurídica, deveria realizar-se esse circuito virtuoso entre teoria e prática que caracteriza as ciências naturais. Nesse sentido, ao fazer a analogia entre ciência jurídica e ciência natural, Ehrlich afirma que, enquanto "o médico e o engenheiro de hoje não somente aprendem mais facilmente as técnicas necessárias para exercer suas profissões, mas também estudam, em primeiro lugar, os fundamentos científicos", na ciência jurídica só agora está sendo feita "uma distinção, ainda não reconhecida pela maioria dos estudiosos, entre a ciência do direito (*Rechtswissenschaft*) e a doutrina prática do direito (*praktische Rechtslehre*) ou ciência jurídica prática (*praktische Jurisprudenz*)". Admitindo que o processo de fundação científica de uma ciência jurídica prática seria lento, Ehrlich afirma que "em um terreno cientificamente seguro" poderiam ser movidos "apenas os legisladores, os juristas e os juízes dos próximos séculos"[1] (*ibid.*, p. 14).

Ehrlich está convencido de que "devemos sempre dar um início aos começos", no entanto, argumenta que é necessário tentar delinear sem demora o conceito de direito vivo. A centralidade desse conceito também é demonstrada pelo fato de que pode ser tanto de origem estatal quanto extraestatal. Enquanto o direito vivo de origem estatal representa somente uma pequena parte do direito posto pelo Estado ("o número de artigos do código civil austríaco que não tiveram influência na vida e que poderiam ser anulados, o que seria irrelevante para a vida social,

---

[1] Não surpreendentemente, lembra Ehrlich, Anton Menger considerava a ciência do direito a mais retrógrada de todas as ciências, "comparável a uma cidade provinciana, onde as modas abandonadas na capital são acolhidas como novidades".

talvez possa ser estimado em um terço de todo o código") (*ibid.*, p. 446), é no direito vivo de origem extraestatal que Ehrlich concentra sua atenção.

Para ressaltar a importância desse último tipo de direito, ele observa:

> Se o jurista tivesse olhos tão treinados para observar seu tempo como os do historiador do direito são treinados para observar os séculos e os milênios passados, ele não poderia escapar do fato de que nosso moderno direito de família é, antes de tudo, um ordenamento que surgiu não pelos preceitos do código, mas pelas necessidades dos indivíduos que vivem na família e, portanto, está destinado a se transformar e se desenvolver de acordo com essas necessidades.

Para ele, enquanto o capítulo do código austríaco que trata de acordos matrimoniais contém "somente quatro escassos artigos" que se ocupam, em geral, da comunhão de bens, qualquer um que tenha tido a oportunidade de ter contato com cidadãos austro-alemães sabe que eles vivem quase exclusivamente em um regime diferente de comunhão de bens. A comunhão de bens entre os cônjuges, que constitui o regime de propriedade escolhido sobretudo pelos cidadãos austro-germanos, não tem nada em comum com a comunhão de bens prevista no código civil austríaco e, desse modo, pode-se afirmar que "as disposições do código civil não são mais aplicáveis". Por outro lado, esse não constitui um caso isolado, e a limitada relevância dos artigos do código não se aplica apenas à família, mas, evidentemente, também "ao Estado, à comunidade, aos grupos de trabalho nas oficinas e nas fábricas, à economia nacional e à economia mundial" (*ibid.*, p. 317).

Com a finalidade de delimitar as funções do direito vivo, Ehrlich retoma a distinção entre as normas de agir, voltadas a regular o comportamento de todos, e as normas de decisão, destinadas a regular o comportamento dos juízes no momento em que decidem as controvérsias apresentadas perante a corte. Ele observa: "O direito é concebido como norma do agir humano pelo historiador", assim como pelo simples "viajante que esteve em um país estrangeiro". Este "contará como, naquele país, ocorre a mudança, a vivência familiar e a celebração de contratos, mas terá pouco a dizer sobre o conteúdo das regras que solucionam as controvérsias jurídicas".

Todavia, o conceito de direito que o jurista adota de forma involuntária ao estudar, com interesse puramente científico, o direito dos povos estrangeiros ou de tempos passados, é abandonado sem justificativa quando ele se volta para o direito vigente no seu país e no seu tempo. De modo totalmente inconsistente, "a regra pela qual os homens agem transforma-se na regra pela qual as ações dos homens devem ser julgadas pelos tribunais ou por outras autoridades", isto é, torna-se uma norma de decisão. A distinção entre norma de agir e norma de decisão deve ser enfatizada mais uma vez, já que é essencial para a determinação do direito vivo como "a regra do agir humano e a regra pela qual os juízes decidem as controvérsias jurídicas, que podem ser completamente diferentes". Na verdade, "os homens nem sempre agem seguindo as regras aplicadas para resolver suas controvérsias" (normas de decisão), mas sim de acordo com as normas que atribuem a eles determinado papel dentro dos seus grupos sociais (normas de agir). É evidente, porém, que, "quando surge uma controvérsia, os grupos sociais normalmente já estão fora do seu ordenamento e, portanto, seria inútil tentar utilizar como base de julgamento normas que, no âmbito do grupo social, já perderam sua força regulatória". Portanto, o juiz, ao não conseguir encontrar as soluções "no ordenamento interno do grupo social, pois se mostrou incapaz de criar tal solução", utilizará "normas particulares de decisão, destinadas não ao relacionamento pacífico, mas à controvérsia jurídica" (*ibid.*, p. 101).

A distinção entre as normas de agir e as normas de decisão não deve, entretanto, ser confundida com aquela entre direito estatal e direito não estatal. Se as normas de agir são predominantemente de origem não estatal e constituem parte significativa do direito vivo, o mesmo pode ser verdade tanto para as normas de decisão quanto para as normas cuja transgressão elas devem sanar. De fato, enquanto "a ciência jurídica entende que a norma transgredida deve ser jurídica, argumentando que não seria tarefa dos tribunais tutelar as normas extrajurídicas", seria suficiente um rápido olhar para perceber que isso é verdadeiro apenas para os órgãos estatais da administração da justiça, e mesmo para estes, apenas se for considerado direito toda norma que os tribunais consideram para tomar suas decisões. Dessa forma, porém, o problema se limita a uma mera questão terminológica, que não pode ocultar o fato de que as normas extrajudiciais também desempenham importante papel nos tribunais estatais (*ibid.*, p. 103).

Neste momento, deve-se perguntar: como é possível encontrar o precioso patrimônio normativo do direito vivo, que muitas vezes tem suas raízes em um passado remoto? Na verdade, apesar do fato irrefutável de que "o presente contém, em qualquer caso, menos mistérios que não são familiares para nós do que o passado" e que "conseguimos entender o passado através do presente, e não o oposto", Ehrlich declara a convicção de que "a capacidade de ler nas entrelinhas do material que nos foi transmitido e de extrair de cada palavra o que ela pressupõe aumentou consideravelmente".

A propósito, deve-se recordar que, no âmbito da heterogeneidade e da mutabilidade dos ordenamentos jurídicos estatais e extraestatais historicamente dados, Ehrlich identifica, nos fatos do direito, estruturas jurídicas essencialmente estáveis no tempo e no espaço. Os "fatos do direito" não são brutos, mas institucionais, não contrastam a factualidade com a normatividade, entretanto superam a instabilidade espaçotemporal das camadas mais superficiais da experiência jurídica, tornando-se suscetíveis ao conhecimento cientificamente sólido. Para conhecer o direito vivo das sociedades humanas, incluindo aquelas de origem extraestatal, é necessário estabelecer "os costumes, as relações de domínio, os contratos, as declarações de vontade, independentemente de já terem encontrado ou de ainda poderem encontrar expressão em uma sentença ou em uma lei". Os "fatos de direito", em síntese, refletem um direito muito mais estável, com profundas raízes na sociedade do mundo abstrato e sempre variável das normas positivas, e, de outro lado, fortalecem e consolidam a cultura de diferentes grupos sociais.

A tendência do Estado de transformar o direito extraestatal em direito estatal e, desta maneira, "assumir cada vez mais a administração da justiça e a criação do direito, que originalmente pertencem apenas aos grupos sociais menores", também pode ser explicada sob uma perspectiva sociológica. Na verdade, "se considerarmos o Estado isolado, completamente fora da sociedade, essa postura será incompreensível; por outro lado, ela se tornará explicável se pensarmos no Estado não como uma instituição suspensa no vácuo, mas como um órgão da sociedade". A explicação, portanto, reside "na crescente consciência de que todos os grupos sociais menores, que em parte se sobrepõem, em parte se interceptam e em parte se justapõem, são sempre e apenas tijolos para construir grupos sociais maiores e toda a sociedade da qual fazem parte" (*ibid.*, p. 120).

Um grupo social absolutamente independente, por exemplo, um grupo parental ou uma família em uma ilha remota ou no deserto, poderia criar seu próprio ordenamento de modo completamente autônomo: o que considera matrimônio é matrimônio, e o que considera propriedade é propriedade. Isso também se verifica nos pequenos grupos que formam a sociedade, em maior medida quando vivem de maneira independente uns dos outros. No entanto, à medida que os grupos se desenvolvem, se reúnem e se tornam membros do todo, a situação muda. Cada grupo da sociedade, e a própria sociedade, tornam-se cada vez mais sensíveis ao que acontece nos grupos que constituem o todo.

A sociedade, ao criar formas rigidamente consolidadas em relação ao casamento e à família, não pode com facilidade alterá-las nem mesmo no que se mostra aparentemente secundário, já que qualquer inovação poderia ameaçar a estabilidade do todo. Ehrlich chega a afirmar que a sociedade elimina com cuidado tudo o que se mostra estranho a uma situação existente, porque "as paredes ciclópicas, que venceram milênios", poderão vacilar "se uma única pedra for removida do seu lugar".

É exatamente isso que explica por que "a sociedade tenta regular de modo unificado e de acordo com suas exigências também o ordenamento jurídico interno aos grupos sociais" (*ibid*, p. 184-185). Esse ordenamento deve ser estudado com particular atenção pelo sociólogo do direito, porém ele não poderá encontrá-lo apenas nas proposições jurídicas. Se existe alguma regularidade nos fenômenos da vida jurídica que cabe à sociologia do direito descobrir e expor, ela só poderá residir na relação de dependência da vida do direito em relação ao ordenamento social e econômico; se houver um desenvolvimento do direito que ocorra de acordo com determinadas leis, ele poderá ser traçado e representado apenas no contexto de todo o desenvolvimento econômico e social. Além disso, afirma Ehrlich, o jurista e o economista, "em todos os lugares, têm que lidar com os mesmos fenômenos sociais: propriedade, dinheiro, cartões, sociedade limitada, crédito, direito sucessório. Dificilmente há um único objeto relevante, em termos econômicos, que também não pertença à ciência do direito". Tanto a fábrica como o banco, tanto o sindicato como a associação dos industriais têm um ordenamento, e "este possui um lado jurídico, assim como a ordem do empreendimento comercial dedicada à regulamentação do código comercial" (*ibid.*, p. 603). Portanto, qualquer mudança na sociedade e na economia envolve uma alteração no direito; por outro lado, é impossível modificar os fundamentos jurídicos sem que aconteça uma mudança na sociedade e na economia (*ibid.*, p. 75).

Para Ehrlich, além dos interesses econômicos, também um papel de liderança pertence às ideias de justiça que se seguiram ao longo da história. Portanto, ele se concentra na tese da alternância de uma ideia coletivista e de uma ideia individualista de justiça, destinadas a prevalecer ciclicamente em um processo em que não ocorre a prevalência definitiva de um sobre o outro, mas que, sem necessariamente resultar em uma iteração de cursos e recursos, faz avançar a espécie humana, "quase seguindo o fio de uma vida" (*ibid.*, p. 193).

O próprio direito vivo, submerso na sociedade e difundido nos diferentes grupos dentro dos quais estabelece as diferentes posições e os papéis sociais dos indivíduos, é apoiado por uma estrutura de interesses na qual o indivíduo, que renuncia a parte da sua liberdade em favor do grupo ou de indivíduos consorciados mais fortes, acaba por proteger sua própria fraqueza. "O homem sempre age de acordo com o seu próprio interesse", e "qualquer um que possa apontar todos os interesses que movem os homens a agir teria resolvido não apenas o problema da coerção das normas, mas praticamente todas as outras questões da ciência social" (*ibid.*, p. 51).

Não surpreende, portanto, que Ehrlich enfatize a importância do reconhecimento espontâneo como um fator que explica o comportamento adequado. "Certamente, não há nada mais falso, do ponto de vista psicológico, do que a visão generalizada de que os homens respeitariam a propriedade alheia apenas porque temem o direito penal, ou pagariam suas dívidas apenas por causa da ameaça de apreensão judicial." Mesmo no caso de "todas as leis penais perderem sua força – como muitas vezes acontece em casos de guerra e às vezes em casos de agitação interna –, é sempre e apenas uma pequena parte da população que comete assassinatos, roubos, saques; em tempos normais, a maior parte dos homens cumpre as obrigações assumidas sem pensar na sua execução forçada" (*ibid.*, p. 50).

Em outras palavras, a sociedade possui sua própria coesão interna, graças a uma ordem social cotidianamente produzida por diferentes costumes. E o direito, não só através dos juízes e juristas, mas também por meio da legislação, pode apenas limitar-se à leitura e à interpretação dessa ordem.

1.3 Direito como instituição

A concepção de Ehrlich, que foi analisada em contraponto ao normativismo de Kelsen, continua uma referência fundamental para a sociologia do direito. Ela pode ser resumida por meio da formulação de algumas teses que retomam os aspectos essenciais da exposição anterior:

- O direito positivo, escrito na forma de códigos ou leis, embora formalmente qualificado como jurídico, em virtude de sua origem estatal, mostra-se "invisível" para o sociólogo

que estuda a realidade social, na medida em que não é reconhecido nos comportamentos efetivos daqueles que devem observá-la.
- Os juristas e juízes desempenham papel essencial na manutenção do direito positivo e na orientação de sua interpretação, mas, ao realizar tais tarefas, também devem, necessariamente, levar em conta uma pluralidade de outros ordenamentos espontâneos que, de maneira independente da ação do Estado, coexistem com o direito positivo, integrando-o ou substituindo-o em determinados âmbitos sociais.
- Além do direito positivo, toda sociedade é estruturada em torno de um direito vivo, que se forma não através do poder e do comando do Estado, mas por meio do trabalho constante do tempo e da lenta consolidação dos costumes.
- O direito vivo está intimamente ligado às necessidades básicas do homem, que contribui não para reprimir, mas para realizar, canalizando-o em costumes socialmente relevantes, a partir das agregações sociais mais simples, como os grupos sociais elementares, até os grupos mais vastos, até o grupo dos grupos, que é o Estado.
- No contexto histórico comparativo, podem ser identificados alguns núcleos genéticos do direito vivo, os chamados "fatos do direito" (além do costume, domínio sobre outros assuntos, posse de coisas e declarações de vontade manifestadas em contratos e testamentos), fatos que, ao se vincularem a núcleos fundamentais de uma convivência humana, representam um conjunto de elementos recorrentes nos diversos ordenamentos jurídicos.
- O direito natural, em tal contexto, não parece um rígido metaordenamento que torna intocáveis determinados con-

teúdos do ordenamento jurídico, mas representa um fator de variabilidade, tendo em vista os grandes cenários que, alternativamente, podem surgir ao longo da história, corrigindo os erros uns dos outros.

A partir dessas teses, a concepção de Ehrlich conduz a um "pluralismo jurídico" que, além do redimensionamento radical do papel do Estado, comporta o reconhecimento de uma série de ordenamentos menores produzidos por agremiações sociais de diferentes importâncias e dimensões e equipados com estruturas normativas próprias, partindo do grupo genético da família. Os pressupostos pluralistas deram a sua contribuição para alimentar as críticas dos defensores de uma visão estadocêntrica do direito, e hoje podem se apresentar como um elemento útil de reflexão sobre as dificuldades que o efetivo desempenho do papel tradicionalmente atribuído ao Estado encontra na sociedade.

Na *Grundlegung* não faltam manifestações explícitas de tal pluralismo. Em um texto esclarecedor, Ehrlich afirma:

> Como uma parte considerável da atividade social encontrou seu ponto focal na legislação, na administração da justiça e na administração pública, as outras formas que operam na sociedade não foram abolidas. A Igreja, a vida econômica, a arte, a ciência, a opinião pública, a família e os grupos pessoais mantiveram, no todo ou em parte, sua independência em relação ao Estado. São vários os centros de desenvolvimento de forças exclusivamente sociais com as quais a legislação, a administração da justiça e a administração pública devem confrontar-se a todo instante [...]. O indivíduo nunca é um "único"; ele é sistematizado, ordenado, enquadrado, inserido em um número tão grande de grupos sociais que a vida fora deles pareceria insuportável e muitas vezes até impossível.

Diante do indivíduo, o Estado se põe como uma entre tantas outras formas de agrupamento social, e seu papel, se não é totalmente negado, é reduzido ao mínimo necessário.

A partir dessa abordagem, conclui-se que o controle social exercido pelo Estado não é um caso particular de alternativas. De fato, "um olhar para a história do direito mostra que, mesmo quando o Estado já havia assumido o controle da legislação, sempre aconteceram importantes inovações jurídicas que não foram produzidas por nenhuma lei". Mas "nem mesmo os autores da doutrina da onipotência do Estado [...] teriam pensado seriamente que ele seria capaz de formular regras para todo o campo da ação humana". De fato, o Estado, "que tantas coisas pode arruinar, que tantas coisas pode tirar de um para dar ao outro, não é [...] capaz de fazer uma única lâmina de grama crescer mais do que é permitido pelos recursos econômicos do povo". A vontade do Estado terá, portanto, que levar em conta "uma realidade autônoma conhecida através de procedimentos científicos e terá que se habituar com a ideia de que certas coisas não podem ser produzidas mediante uma lei e de que, para as consequências de uma lei, as intenções do seu autor são completamente irrelevantes" (*ibid.*, pp. 300 ss.).

O pluralismo jurídico de Ehrlich, baseado em um antiestatismo historicamente fundamentado em uma teoria composta de fontes que também inclui uma versão historicamente variável do direito natural, hoje parece um ponto de referência que encontra amplo eco não apenas na reflexão sociológica do direito, mas também na teoria jurídica mais aberta a temas comparativos.

De fato, numerosas foram as tentativas que, direta ou indiretamente, contemplaram e aprofundaram os principais elementos da sua concepção. Ao mesmo tempo que Ehrlich escreveu a teoria do direito vivo, William G. Sumner (1906), do outro lado do

Atlântico e com espírito análogo, contrastava os costumes populares com os estatais. A estes últimos ele atribuiu menos força inovadora do que aos primeiros que, sendo resultado de uma capacidade normativa espontaneamente difundida entre a população, estavam, portanto, destinados a prevalecer ("os Estados não podem mudar os costumes").

Na mesma linha, também deve ser mencionado o institucionalismo que, a partir de Maurice Hauriou (1967) e Santi Romano (1918), conheceu versões cada vez mais articuladas (Schelsky, 1970a, 1970b; Krawietz, 1984; MacCormick & Weinberger, 1985; Weinberg, 1987). Com Hauriou, que contrasta a majestade formal das normas com a concreta "pressão dos grupos", a teoria da instituição adquire sentido através "do conflito entre o indivíduo e o Estado-sociedade". Ele fala da superação de tal conflito mediante uma análise das fontes sociais do direito, dos caminhos difundidos em toda a sociedade, e não apenas concentrados no Estado, nos quais as relações sociais se consolidam em efetivos ordenamentos jurídicos (Baratta, 1967). O profundo significado do institucionalismo, na variante sustentada por Santi Romano, consiste em ser capaz de abordar o problema da irreprimível sociabilidade do direito, ou a irreprimível juricidade da sociedade. O ordenamento jurídico, portanto, para Santi Romano (1918), "é uma instituição, e toda instituição é um ordenamento jurídico: a equação entre os dois conceitos é necessária e absoluta" (p. 27).

Pode-se acrescentar que uma sutil diferença entre o institucionalismo de Hauriou e o de Santi Romano reside no fato de que, para o institucionalismo do primeiro, a instituição, entendida como uma organização que alcançou "certo grau de desenvolvimento e perfeição", é a fonte do direito, a razão profunda de sua sociabilidade, enquanto para o institucionalismo radical do segundo, a instituição e o ordenamento jurídico são, "unitária e coletivamente considerados", a mesma coisa e, portanto, constituem uma "unidade perfeita" (*ibid.*, pp. 33-4). Antonio Pigliaru, outro ilustre representante do pluralismo jurídico italiano, apresenta as mesmas razões para o institucionalismo, em particular do pensamento de Santi Romano. Em um volume declaradamente influenciado pelo ensinamento de Giuseppe Capograssi, filósofo do direito "ansioso por vincular a filosofia às posições 'imediatas' da vida", Pigliaru (1959) enfrenta com coragem pioneira a tentativa de colocar em prática o projeto de Ehrlich, que o institucionalismo havia retomado apenas no nível teórico, e prossegue para a aplicação concreta mediante a reconstrução pontual de um ordenamento não estatal, mas radicado nos costumes de um povo (Hoebel, 1954; Nader, 1969; Kurczewski, 1974). Pigliaru tem a convicção de que, do ponto de vista da sociedade, um ordenamento fechado merece ao menos a mesma atenção que um ordenamento positivo, porque dotado de fundamentos culturais e antropológicos ainda mais fortes do que o último.

O ordenamento não escrito que Pigliaru se propõe a traduzir em proposições jurídicas é aquele que regula a vingança na Barbagia, uma região da Sardenha particularmente zelosa de seus costumes. Ele redige um verdadeiro código articulado em três partes ("Princípios gerais", "As ofensas", "A medida da vingança"), composto de 23 artigos, todos incluídos numa forma técnico-jurídica que busca reproduzir fielmente o conteúdo e o espírito das normas consuetudinárias observadas na realidade. O primeiro artigo prescreve: "A ofensa deve ser vingada. Não é um homem de honra quem se subtrai ao dever da vingança, salvo no caso em que tenha dado prova de sua própria virilidade, a que tenha renunciado por um motivo moral superior" (Pigliaru, 1959, p. 107). O segundo artigo define o quadro social de referência: "A lei da vingança obriga todos aqueles que vivem e trabalham no âmbito da comunidade, qualquer que seja o motivo." O terceiro artigo identifica os sujeitos titulares da vingança: "O titular do dever de vingança é o sujeito que foi ofendido como indivíduo ou como membro de um grupo", consoante a ofensa seja "intencionalmente dirigida a um único indivíduo enquanto tal ou ao grupo social como um todo". A obra de Pigliaru, enriquecida com um extenso número de notas e uma longa introdução, tem o grande mérito de ser bem-sucedida em dar voz e dignidade a um direito vivo até então silencioso. Para os defensores do pluralismo jurídico, tal direito, testemunha de uma cultura antiga, permite adaptar as próprias regras às situações e exigências do agrupamento social que o criou, seguindo os ditames de uma sabedoria secular, e possui também os requisitos conteudísticos requeridos para uma fiel tradução de uma linguagem jurídica moderna. O ordenamento de tal direito, portanto, poderia vir a integrar, quando fosse compatível, o ordenamento estatal, pelo menos até o momento em que as exigências de autorregulação de situações históricas e "institucionais" que lhe deram origem (Pennisi, 1998) não forem de fato superadas.

Quanto à teoria das fontes, elaborada por Ehrlich, para dispor de uma variedade delas a ser aplicada nas pesquisas histórico-comparativas[2], deve-se observar que encontrou significativas semelhanças na Itália, no pensamento de Paolo Grossi[3], historiador do direito, e de Rodolfo Sacco[4], comparatista. Um pelas razões cronologicamente verticais da história, por assim dizer, e o outro pelas razões horizontais de comparação, desenvolveram

---

[2] A importância dos usos e costumes como fonte do direito foi amplamente discutida por Balossini (1980).

[3] A história do direito continua a compartilhar elementos do pensamento de Ehrlich, como o pluralismo jurídico, a crítica a uma concepção hierárquica das fontes e a revisão do papel do Estado, o que é evidenciado por Grossi (2006) e por outros historiadores da mesma escola (ver Costa, 1986).

[4] A partir das necessidades da pesquisa comparada, Sacco (1989) veio a desenvolver uma teoria dos "formantes" dos diversos ordenamentos jurídicos, que também pode ser útil ao sociólogo do direito e pode ser considerada uma especificação de algumas intuições presentes na obra de Ehrlich.

de fato, na cultura jurídica italiana, uma abordagem que parece adequada para superar barreiras tão rígidas que agora mostram-se excessivamente limitadas pela mesma dogmática jurídica.

Ao pluralismo, que inspira a tentativa de Ehrlich de fundar uma sociologia do direito imune a qualquer superestimação do poder do Estado, pode-se atribuir o mérito de chamar a atenção dos estudiosos para a utilidade de dar às próprias pesquisas uma ampla dimensão temporal e comparativa. Dessa forma, pode-se evitar considerar o direito de nossa sociedade como mais avançado e racional do que o de outras sociedades, com presunçoso etnocentrismo, apenas pelo fato de afirmar o dogma do monopólio do controle e da coerção social por parte do Estado. Além disso, a mesma sociologia do direito de Ehrlich, ao recuperar, dentro do seu campo de pesquisa, o estudo histórico do direito vivo, abre-se para uma relação frutífera com a antropologia jurídica, isto é, com aquela ciência social que, mais do que a outra, manteve-se consciente da sobrevivência e da importância do outro lado não estatal do direito.

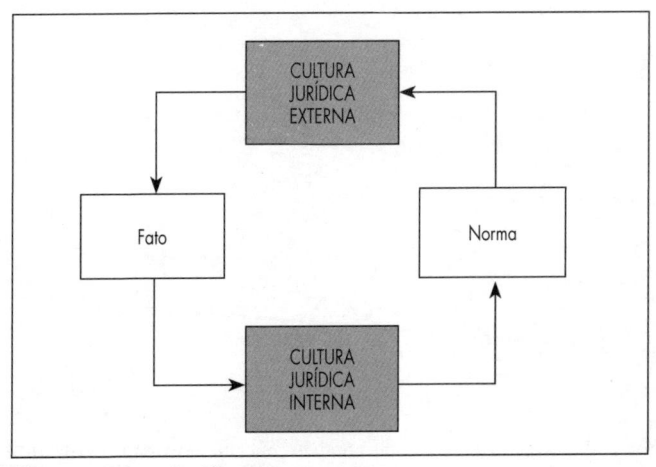

Figura 2. Cultura jurídica interna e externa.

No entanto, pode-se observar que o próprio conceito sociológico de direito vivo sugere, em suas diversas articulações, uma significativa abertura para uma dimensão que pode ser definida como cultural, capaz de filtrar e condicionar, tanto do ponto de vista interno (dos operadores) quanto do ponto de vista externo (do público), possíveis interpretações dos fatos juridicamente relevantes e das normas socialmente eficazes[5].

O relacionamento bipolar fato-norma torna-se, desse modo, uma relação mais complexa, na qual as diversas culturas jurídicas são capazes não só de multiplicar as representações do direito que surgem na sociedade, mas também de mediar os seus condicionamentos, através de um relacionamento circular que pode tornar as relações entre fatos e normas mais flexíveis e, em consequência, facilitar, em vez de dificultar, a ordem social.

Para melhor esclarecer essa conexão, vamos a seguir tratar o conceito-chave de cultura jurídica.

---

[5] Uma avaliação geral da relevância atual do conceito de direito vivo de Ehrlich é encontrada mais recentemente em Hertogh (2009).

CAPÍTULO 2

O CONCEITO DE CULTURA JURÍDICA

Dada a sua centralidade, o conceito de cultura jurídica acaba sendo a questão tratada, de modo explícito ou implícito, por boa parte das propostas metodológicas e teóricas de maior destaque na sociologia do direito. Ao longo da história da disciplina, houve uma tentativa de identificar, a partir de uma perspectiva descritiva, quais imagens das culturas jurídicas do direito eram capazes de se desenvolver em diferentes esferas sociais; de outro lado, foi feita uma tentativa de neutralizar quaisquer equívocos do direito que tal circulação de imagens poderia ajudar a difundir.

De modo geral, as diferentes culturas jurídicas contribuem para esclarecer aspectos importantes da relação entre a sociedade e o direito. Essas culturas são: aquelas dos sujeitos, orientadas, em determinados contextos, para o direito; aquelas dos operadores, que contribuem para sua implementação no âmbito das estruturas jurídicas; e aquela dos observadores que, tentando compreender os comportamentos de ambos, também precisam se deslocar a partir de certos modelos de cultura jurídica.

A referência às culturas jurídicas pode explicar, entre outras coisas, por que, em determinadas circunstâncias, são incorporados ao ordenamento jurídico certos pedidos e não outros provenientes de alguns setores da sociedade, e como algumas visões de Estado ou representações do seu papel são elaboradas pelos operadores.

O conceito de cultura jurídica, portanto, não só desempenha um papel fundamental, podendo ser utilizado como *explanandum* e como *explicans*, como parte do direito, mas também pode contribuir de maneira decisiva para que seja compreendido, tendo em vista tanto os reflexos da sociedade sobre o direito quanto seu condicionamento na sociedade. Usando esse conceito, será possível identificar quais pressupostos normativos inspiram determinados comportamentos ou quais diretrizes sociais permitem explicar determinadas decisões jurídicas.

Embora o conceito de cultura jurídica seja de extrema importância para os estudos sociológico-jurídicos, deve-se ressaltar que, por essa razão, tem sido submetido a uma sobrecarga considerável que não deixou de desgastar a nitidez dos limites de seus possíveis significados, tornando-os genéricos e ambíguos ao extremo, como aconteceu com muitos dos conceitos mais utilizados nas ciências sociais (Nelken, 1997; Nelken & Feest, 2001; Bruinsma & Nelken, 2007; Rebuffa, 1993b). A fim de evitar possíveis confusões de interpretação, tentaremos delinear, de forma esquemática, algumas maneiras, não necessariamente alternativas, mas que tendem a integrar-se umas às outras, de compreender o conceito de cultura jurídica e, dessa maneira, concentrar a atenção na contribuição decisiva de Max Weber, no campo dos estudos sociológico-jurídicos, ao uso desse conceito.

2.1 Definição

O conceito de "cultura", no sentido amplo, pode ser entendido como o conjunto de atitudes, opiniões e convicções que caracterizam determinado grupo social, garantindo-lhe a atribuição de significados compartilhados. De forma específica, no conceito de "cultura jurídica" prevalece a orientação descritiva do direito não como um sistema, mas como uma instituição, significando com isso o conjunto não apenas das normas jurídicas, mas também dos aparelhos que estabelecem e monitoram o seu cumprimento. Portanto, o conceito de cultura jurídica pode ser aqui entendido como o conjunto de atitudes, opiniões e crenças utilizadas por determinados atores em certo grupo social para avaliar, interpretar e selecionar objetos definidos em relação à instituição jurídica em seus diversos aspectos.

Ao mesmo tempo, pode-se levar em consideração o ponto de vista "interno" dos operadores jurídicos, ou o ponto de vista "externo" dos leigos e do chamado "público". No primeiro caso, fala-se de uma cultura de direito própria dos operadores; no segundo caso, de uma cultura de direito própria do usuário comum.

Cada cultura jurídica é capaz de conceber diferentes imagens do direito, o que produz um quadro complexo. Para simplificar, a distinção entre cultura jurídica interna e cultura jurídica externa tem sido usada de forma bastante polarizada, contrastando-se uma cultura jurídica profissionalmente consciente, que coincide com aquela dos juristas, a uma cultura jurídica não tão capaz de compreender as sutilezas técnicas do direito, que em geral coincide com a do público. Também é feita uma distinção entre uma orientação formal à legalidade, que pode ser considerada típica do ponto de vista interno dos juristas, e uma orientação ideológica à legitimidade, que pode ser compreendida como típica do ponto de vista externo do público. As correspondências são mostradas na Tabela 1.

Tabela 1. Culturas jurídicas

	ATORES	COMPONENTES	DIRETRIZES	IMPLICAÇÕES
Cultura do direito	Juristas	Jurídico	Legalidade	Formal
Cultura em direito	Público	Extrajurídico	Legitimidade	Ideológica

Tal estrutura, composta de elementos simetricamente agregados, apresenta inquestionáveis vantagens em termos de orientação, mas também revela uma possível unilateralidade. Por exemplo, considera-se cultura jurídica ideológica aquela que expõe o direito a uma "infiltração" proveniente de culturas não estritamente jurídicas, inversamente técnicas, e não ideológicas, ou seja, uma cultura jurídica que, sendo filtrada pela dogmática jurídica e pela doutrina jurídica, parece capaz de manter níveis mais elevados de consciência e autocontrole. No entanto, partindo de uma abordagem realista, o oposto também pode ser sustentado, ao se considerar como ideológico o maior fechamento da realidade, típico dos operadores (ver, entre outros: Wiethölter, 1968; Cotterrell, 1984).

Além disso, o conceito de ideologia, em vez de mero desvio culturalmente condicionado pela realidade, com frequência é relacionado a um engano consciente, realizado para atender interesses particulares. Nesse sentido, tem sido apontado que os longos e precisos processos de socialização compartilhados pelos profissionais do direito, se constituírem uma barreira suficientemente sólida contra influências de outros contextos sociais, também poderão apresentar-se como um terreno fértil para o desenvolvimento de tendências ideológicas que, provenientes do papel em questão, não possuem um valor apenas técnico, mas visam a defesa de interesses corporativos (Kaupen, 1969; Kaupen & Rasehorn, 1971; Barcelona, Hart & Mückenberger, 1973).

Para evitar o risco de simplificações excessivas, é aconselhável adotar como diretriz a clássica distinção entre cultura jurídica interna e externa, desvinculando-a dos pares simétricos de variáveis vistas anteriormente. Dessa forma, o conceito de cultura jurídica pode ser articulado referindo-se a alguns elementos derivados dos complexos processos de atribuição de significado que a caracterizam, como os papéis sociais, por vezes vistos como portadores dela, a partir do objeto em geral considerado e dos critérios de interpretação utilizados em casos concretos individuais (Febbrajo, La Spina & Raiteri, 2006).

Vamos a seguir explorar essas três variáveis, a fim de estabelecer a conexão entre as culturas jurídicas e o sistema jurídico.

Em geral, o caso extremo de uma cultura que não pode ser considerada jurídica nem pelos papéis, nem pelos conteúdos, nem pelos critérios de interpretação, não se encaixa nos possíveis significados de uma cultura "legal". Por outro lado, a hipótese de uma cultura "jurídica" considerada totalmente interna ao sistema, tanto no que se refere aos objetos pertencentes à área de competência direta do próprio ordenamento quanto aos critérios adotados, exclusivamente técnico-jurídicos, e até às funções (magistrados, advogados, notários ou outros operadores envolvidos profissionalmente no processo de implementação da lei positiva), pode parecer uma espécie de caso-limite de uma cultura totalmente jurídica.

A partir desses casos extremos, é possível medir a distância dos casos concretos individuais e, portanto, a sua maior ou menor juridicidade. Vejamos alguns exemplos simples que, referindo-se em parte a elementos externos e em parte a elementos internos do ordenamento, permitem identificar culturas "parcialmente" jurídicas, como acontece sobretudo na vida cotidiana.

Um caso é o de uma cultura interna (i) no que diz respeito ao papel (R) e ao objeto (O), mas externa (e) no que se refere aos critérios (C) adotados (esquematicamente: Ri, Oi, Ce). Para ilustrar esse caso, vamos usar um exemplo extraído de um episódio frequente na vida cotidiana e, portanto, facilmente interpretável, mesmo do ponto de vista de um observador não jurista.

Em uma estação, alguns trabalhadores ferroviários, conhecedores dos movimentos dos trens, atravessam pelos trilhos em grupos para chegar mais rápido ao escritório. Apesar da sinalização bem visível que avisa ser proibido atravessar pelos trilhos, um homem carregando uma mala, com certeza um viajante, junta-se ao grupo dos trabalhadores ferroviários. Uma pessoa de uniforme que passa naquele momento percebe e impede que faça isso. Após uma breve conversa, o viajante é autorizado a continuar e deixa a estação sem ser incomodado.

Nesse exemplo, a pessoa uniformizada que interrompe e depois libera o viajante é um atendente que desempenha um papel oficial e atento para um comportamento interno ao sistema, pois previsto na legislação vigente. No entanto, nesse caso, ele acaba utilizando critérios que não são estritamente internos ao sistema jurídico, uma vez que a infração cometida pelo viajante que, aproveitando uma situação, imitou o comportamento dos funcionários da ferrovia, seria, do ponto de vista regulatório, claramente punível. Nesse caso, o elemento característico reside no fato de que a aplicação da sanção é confiada a um ator designado para isso, mas que provavelmente se limita a lembrar a regra ao viajante e apenas faz uma advertência genérica para o caso de o fato se repetir. Portanto, interpreta a norma de modo extremamente flexível, indiferente a outras pessoas, como os ferroviários, para os quais também seria importante que a regra fosse observada.

Vamos agora analisar um caso diferente, no qual o elemento externo do nosso esquema não está mais localizado no nível de critérios (C), nem do objeto (O), mas naquele dos papéis (R) (portanto: Re, Oi, Ci). Para exemplificar, basta imaginar que um trem, depois de cruzar uma fronteira estadual, chega a uma estação na fronteira onde, em um idioma diferente, há a mesma sinalização avisando que é proibido atravessar os trilhos. Nessa estação (mesmo neste caso, não há muita diferença em relação aos fatos realmente observados), um viajante carrega várias malas, tão volumosas que ele as mantém unidas com cordões. Ele precisa alcançar rapidamente uma calçada próxima para pegar o trem que está para sair, assim que as costumeiras checagens de fronteira forem concluídas. Observa o entorno para se certificar de que nas proximidades não há ninguém com o uniforme dos trabalhadores ferroviários e carrega depressa um par de suas malas pesadas para a outra calçada, cruzando os trilhos. Ao voltar para pegar outras malas e repetir a operação, é severamente advertido por um transeunte idoso. Ele interrompe o que está fazendo e espera que o transeunte vá embora. Ao perceber que a uma curta distância o transeunte para e continua a observá-lo, o viajante decide fazer o transporte das outras malas usando a passagem subterrânea. Independentemente da eventual relevância do caso para uma comparação de culturas jurídicas "típicas" de diferentes países, deve-se notar que nesse caso o cumprimento da regra é assegurado por um simples "homem da estrada", que assume um papel que outras pessoas, ausentes ou distraídas, não cumprem, talvez tendo em vista que o princípio fundamental de que a norma, caso se aplique a uma das partes, deve ser aplicada indiscriminadamente a todos.

Nesses exemplos, no primeiro caso, aquele que deve fazer cumprir uma regra assume uma atitude conciliatória, e a cultura jurídica dos titulares de papéis "internos" mostra-se mais flexível do que o necessário; no segundo caso, um papel exercido por um agente externo, que por si só não deveria envolver-se, mostra relação direta com uma cultura jurídica tão profundamente internalizada a ponto de motivar uma pessoa a intervir e investir tempo e energia em um tipo de controle horizontal, com o objetivo de garantir que determinada norma seja respeitada também por outros destinatários.

Ao modificar as referências à lei, mais uma vez, podemos agora apresentar um terceiro exemplo, no qual os papéis e critérios adotados são internos, mas o objeto é externo (esquematicamente: Ri, Ci, Oe). Essa situação costuma acontecer quando especialistas atuam no processo judicial. Sabe-se que, no julgamento, os especialistas precisam lidar com fatos empíricos e, em particular, verificá-los e interpretá-los, a fim de que se transformem em casos juridicamente relevantes, com base nos quais o juiz poderá tomar uma decisão.

Não é necessário lembrar as possíveis disfunções com as quais o especialista precisará lidar em sua delicada tarefa. No exemplo apresentado a seguir, a figura do especialista, prevista em lei, utiliza sua cultura profissional para interpretar um fato, incumbência que recebeu de um juiz, e descobre nele conexões psicológicas inesperadas e riscos sociais a serem relatados e avaliados pelo juiz. E é precisamente nessa capacidade de extrair indicações de um fato que vão além do senso comum que a cultura do especialista se manifesta. Vamos nos limitar aqui a quase literalmente transcrever o relatório de um caso concreto, exatamente como descrito (Mellini, 2004).

Um menino está brincando em uma área de lazer de um condomínio e, sem querer, chuta uma bola que cai na varanda de um apartamento. Imaginando, de forma realista, que talvez isso acontecesse muitas vezes, em vez de bater na porta do morador, ele sobe até a varanda e recupera a bola pelos caminhos mais curtos, por assim dizer, e faz isso repetidas vezes, sempre que necessário. O morador do apartamento, entretanto, talvez pelo fato de que o menino repete o comportamento muitas vezes, ou talvez, e mais provavelmente, por conta dos antigos desentendimentos entre os condôminos, não encontra nada melhor a fazer do que entrar com uma ação judicial contra a criança por violação de domicílio. O Juizado da Infância, encarregado do caso, não encontra nada melhor a fazer – escrupulosamente cumprindo a lei e a prática – do que confiar a uma assistente social (ou seja, uma especialista destinada a se tornar a verdadeira protagonista dessa história) uma investigação sobre a personalidade e o ambiente em que a criança vive. A assistente social observa no seu relatório que o menino, órfão de mãe, é filho de um marechal dos Carabinieri, inclinado, dada a sua profissão, a adotar uma educação muito rígida e severa. Subir à varanda do vizinho para pegar a bola, portanto, deve ser considerado uma espécie de fuga, uma fuga libertadora de uma atmosfera opressiva e frustrante, e, portanto, um evento que anuncia formas mais relevantes de transgressão. Proposta feita ao tribunal: o menor deve certamente ser afastado do poder paternal do marechal e confiado a uma instituição que cuida de menores. O Juizado da Infância considera a tese de que uma educação como aquela que o marechal dos Carabinieri adota para seu filho implica a necessidade de "libertá-lo", confiando-o a uma instituição, o que é realmente insustentável. No entanto, nem mesmo ciente de ignorar por completo a opinião do especialista, o Juizado prefere cortar o mal pela metade e condicionar o futuro exercício do poder pátrio ao controle do serviço social – provavelmente sobre o marechal, não sobre o menor, e pela mesma assistente social que havia desempenhado a função de especialista.

Pela situação extrema que envolve, não se pode considerar que o caso apresentado possa comumente se repetir, e poderia até mesmo provocar riscos se não tivesse realmente acontecido. Deve-se notar, no entanto, que a cultura do especialista, nesse caso, não coincide com a de outro ator do sistema jurídico, o juiz, que, por sua vez, está exposto a influências culturais internas e externas ao ordenamento e opta, em qualquer caso relacionado à situação concreta, como vimos, por uma solução que envolve compromisso.

Vamos agora apresentar um quarto e último caso em que a cultura jurídica não se mostra adequada a um único ator, mas a uma pluralidade de atores que, embora situados fora do sistema jurídico, são direcionados a ele para realizar julgamentos e avaliações, obviamente retirados de uma fonte não legal. Esse vasto e complexo campo inclui o interesse central da linha de estudos conhecida internacionalmente como KOL (*Knowledge and Opinion on Law*) (Tomeo, 1974). Esses estudos tratam da maneira como a lei ou os seus elementos são percebidos, observados e avaliados pela população como um todo ou por grupos sociais específicos, levados em consideração de tempos em tempos. Obviamente, esse tipo de cultura, interna apenas em relação ao objeto (de acordo com o esquema adotado: Re, Oi, Ce), pode focar não somente normas ou instituições de direito, mas também aparatos destinados à sua implementação, já que estes, por vezes, estão abertos às opiniões do público. Basta pensar no tribunal de justiça ou no júri anglo-saxão: os jurados são internos ao processo, mas também têm a tarefa essencial de trazer sensibilidade e diretrizes regulatórias a ele, não extraídas de conhecimentos especializados diretamente relacionados ao sistema jurídico, mas desenvolvidas por outras parcelas da sociedade (Moccia, 1978).

Contudo, no exemplo em questão, e ainda que de maneira diferente, também nos outros que o precederam, seria necessário levar em conta outra variável, extremamente difícil de determinar: a "profundidade" das raízes culturais, em parte legal, tratada de tempos em tempos. Parece provável que culturas com raízes menos profundas, e exatamente por este motivo, podem influenciar os comportamentos dos atores de maneira mais imediata e direta, mas ao mesmo tempo elas também podem experimentar mudanças com mais rapidez. No caso das pesquisas da KOL, será necessário verificar sobretudo se as reações entre os entrevistados podem ser consideradas meras respostas, opiniões ou crenças, ou mesmo elementos culturais com raízes mais profundas.

Dado o ritmo acelerado das mudanças que, na época atual, afetam o conteúdo das normas legais, a relação do público com a lei tende a se concentrar nos elementos das estruturas regulatórias que parecem mais fáceis de perceber. Portanto, para a maioria das pessoas que está fora do sistema jurídico, a imagem da lei tenderá tipicamente a se orientar para aquela que é produzida pelas funções dentro da ordem mais próxima (para o usuário comum, sobretudo a partir das funções dos operadores que exercem funções administrativas) e, em particular, para os critérios de aplicação da lei que demonstram, através de seus comportamentos, que desejam observar.

De fato, a cultura jurídica dos operadores, caso se consolide em um conjunto de atitudes previsíveis, dará origem ao que os juristas comparativos chamam de "estilo" do direito (Merryman, 1966-1967). Sua função permite mitigar as repercussões de uma regulamentação às vezes pouco clara, instável ou desfavorável e tranquilizar os usuários, fazendo que o direito se torne mais próximo e, por assim dizer, familiar. Dessa maneira, os operadores, consciente ou inconscientemente, influenciam a cultura jurídica externa, na medida em que acreditam que, qualquer que seja o conteúdo das normas, estas, em certa medida, podem ser interpretadas e absorvidas em seus efeitos pelo seu "estilo" jurídico, e é com eles, portanto, mais do que com as regras, que o público deve se acostumar a lidar.

Os exemplos apresentados até agora mostram, como um todo, um retrato dos diferentes modelos culturais que podem intervir na relação entre "ideias", "imagens" e "representações" da lei, por um lado, e os comportamentos sociais, condicionados por culturas não jurídicas, por outro. Esses exemplos foram escolhidos para identificar culturas bastante difundidas que conflitam entre si diariamente (nos dois primeiros exemplos, a cultura da flexibilidade e a da estrita ausência de exceções; nos outros dois exemplos, a cultura do senso comum, entendida como um conjunto de opiniões difundidas entre os usuários, especialistas e outros operadores).

Levando em conta a definição de Ehrlich do conceito de direito, vista no capítulo anterior, o conceito de cultura jurídica pode ser articulado, conforme os papéis, os critérios e os objetos são orientados para o direito positivo ou direito vivo, ou seja, para o conjunto de regras incluídas nos sistemas jurídicos estatais e não estatais.

Com base nesses breves apontamentos, podemos agora examinar o conceito de cultura jurídica mais detalhadamente.

2.2 As premissas do modelo de Weber

Max Weber é, sem dúvida, o autor clássico que conseguiu, melhor do que nenhum outro, utilizar o conceito extremamente flexível de cultura jurídica de maneira metodologicamente consciente. Em uma de suas obras mais complexas, inspirada nas críticas de um livro de Rudolf Stammler (1906), Weber (1907) aborda a questão da possibilidade de usar as ferramentas de "sociologia compreensiva" para definir o vasto campo de relações entre ações juridicamente relevantes e culturas jurídicas capazes de atribuir significados a essas ações (Febbrajo, 2010, pp. 89-165).

Esse trabalho, sem dúvida escrito de uma só vez, derivou da decepção provocada pela leitura de uma obra que, embora em sua segunda edição, permanecera bastante imprecisa. Weber, portanto, buscou preencher as lacunas do livro de Stammler, e para isso abordou algumas questões que permanecerão centrais na sua obra, como aquelas relacionadas à definição sociológica dos conceitos de regra e direito, definição que consegue contemplar uma visão articulada da dimensão cultural da sociedade. O leitor, portanto, é forçado a passar com rapidez da análise detalhada de algumas partes do volume de Stammler para grandes digressões metodológicas, com a sensação singular de acompanhar ao vivo o desenvolvimento do pensamento do autor.

Weber baseia-se na crítica à afirmação de Stammler em assumir a "regra" da vida social como o caráter "supremo" da sociedade e ressalta que tal pesquisa historicamente deve se afastar de qualquer tentação determinística, tanto eticamente avaliativa quanto empírico-materialista. Ao construir um diálogo imaginário entre um "espiritualista" e um "materialista", tenta mostrar que é impossível chegar a um acordo sobre qual dos dois pontos de vista prevalece de forma definitiva, uma vez que os interlocutores hipotéticos sempre serão capazes de reconstruir as regularidades sujeitas à sua pesquisa, a fim de interromper, em regressão causal, o tipo de causa que cada um deles pretende privilegiar.

Se o observador pode manipular o resultado da pesquisa de tal maneira, o problema passa a ser: Até que ponto a regra, em relação à ação individual ou à sociedade, realmente existe ou é produto da atividade especulativa do observador? Para responder a essa questão, Weber considera necessário introduzir uma série de esclarecimentos relacionados às raízes culturais do conceito de regra.

- A distinção fundamental a partir da qual ele se move se concentra na relação entre "regularidade", no sentido de correspondência a uma regra (*Regelmässigkeit*), e "regulação", no sentido de submissão a uma regra (*Geregeltheit*). Essa distinção refere-se a regularidades puramente estatísticas, que são independentes das diretrizes regulatórias do ator, e a regularidades que exigem diretrizes regulatórias do observador. É claro que, embora distintos, os dois tipos de regularidades podem ser interligados. Para ilustrar esse aspecto, Weber usa o exemplo da digestão, que pode ser natural e inconscientemente regular, ou regulada artificialmente quando alguma perturbação ou irregularidade, no que diz respeito à norma de higiene que estabelece os requisitos para uma boa digestão, requer o uso de meios "coercitivos", ou seja, de medicamentos para restaurar sua regularidade original.

De fato, até mesmo as regularidades fisiológicas do organismo ("leis da natureza"), uma vez que, a partir de um nexo causal empírico, tornam-se absolutas e reconstruídas, entram em certa cultura (em particular na cultura do médico que prescreve medicamentos) e, assim, podem orientar normativamente certos cursos de ação do ator, avaliados de maneira positiva ou negativa por determinados papéis de controle social.

- Uma segunda distinção apontada por Weber diz respeito a regras sociais e regras técnicas que, ao contrário das anteriores, podem ser independentes da vida social. As regras técnicas são baseadas não em restrições regulatórias ou simples iterações factuais, mas em conexões regular e empiricamente fundamentadas que podem ser úteis para certos propósitos (máximos). As regras técnicas distinguem-se do comportamento regular, destinado a evitar as penalidades que podem ser previstas pela violação de determinada regra. Portanto, o ladrão que foge após o roubo não obedece a uma regra técnica, mas regras técnicas são aplicadas por um Robinson que, na solidão de sua ilha, administra os próprios recursos para usá-los de acordo com certos princípios econômicos, derivados de sua própria experiência.

Numa vida social, máximas desse tipo, se forem utilizadas por mais de um de seus parceiros para atingir determinados objetivos, podem originar comportamentos regulares previsíveis, ou mesmo complementares. Nesse caso, os modelos empregados por um observador não são descritivos, mas simplesmente heurísticos, pois apenas tornam absolutas as categorias hipotéticas de orientação para alcançar um propósito, levando em conta que não podem se reproduzir com a mesma completude e constância na realidade cotidiana. Em suma, a regra geral de orientação para a meta por meio de regras técnicas ou máximas empiricamente sólidas resulta de uma abstração cujo papel explicativo pode ser esclarecido, de tempos em tempos, apenas levando em conta as condições históricas em que se busca agir de acordo com um objetivo, e o fato de remeter a um caso limítrofe só pode ser abordado na realidade com alguma aproximação.

- Weber também trata extensivamente uma analogia importante entre regras jurídicas e regras do jogo. Nos jogos, as relações sociais regulamentadas deixam espaço para autorregulações concretas, isto é, os movimentos individuais, que não são derivados apenas da regra abstrata do jogo, mas de fatores culturais que permitem ampla margem para influenciar a escolha de possíveis alternativas feitas por jogadores individuais. Em outras palavras, nos jogos, os modos de comportamento e os critérios predeterminados de vitória são abstratos, mas as estratégias para alcançar o objetivo de vencer o jogo não são. Portanto, as regras do jogo utilizam diferentes níveis de abstração, sendo entendidas como critérios empregados para escolher determinados comportamentos e atribuir-lhes um significado compartilhado dentro das conexões que o definem, ou como critérios usados para avaliar a relevância estratégica de um movimento específico, ou como condições de admissibilidade ou inadmissibilidade, adequação ou inadequação de estratégias específicas de jogo.

Weber, tomando como exemplo o jogo de cartas alemão Skat, ilustra esse ponto, ao identificar várias hipóteses que podem ser consideradas sob inúmeras perspectivas. No nível extremamente geral de um congresso da Skat, pode-se perguntar se é "apropriado" estabelecer certa regra "do ponto de vista dos valores eudemonísticos que o Skat busca", ou se, de um ponto de vista formal, um jogo "deve" ser considerado perdido no evento de supervisão de um jogador. Além disso, no nível dos movimentos individuais, pode-se perguntar se determinado jogador atuou de maneira "justa" (ou seja, de acordo com a norma), ou "bem" (de acordo com o objetivo), ou ainda de maneira "moral" (obviamente, conforme a especificação moral do Skat, que culpa o jogo imprudente, mas considera que o acordo entre dois jogadores contra um terceiro jogador é "espremido" por um acordo mútuo admissível).

Dessa forma, um jogo de Skat e em particular o comportamento dos jogadores são referidos às regras do que se pode chamar de direito do Skat. As "regras do jogo" são, na verdade, uma condição, ou um "pressuposto", da possibilidade e capacidade de pensar nas partidas concretas observadas. Da mesma forma, as regras jurídicas, quando não se limitam ao estabelecimento da natureza obrigatória de certos comportamentos sociais, podem criar "jogos", como ocorre com contratos, dentro dos quais, e somente assim, certos papéis e comportamentos ganham significado. Isso dá às regras do jogo de Skat, e paralelamente às da leis, um papel fundamental não apenas para os atores, mas também para o observador.

Segundo Weber, a regra que compõe o jogo pode contribuir para:

- reconhecer empiricamente o objeto a ser estudado e usar o conhecimento que o observador possui para identificar os dados relevantes, a fim de entender o progresso do jogo;

- delimitar o objeto a ser observado, a fim de separar o que é essencial para o "conceito" do jogo de Skat do meio contingente e dos múltiplos comportamentos irrelevantes para a partida (como fumar um charuto ou se acalorar em discussões entre os jogadores), o que, no entanto, constitui o constante "quadro" de um verdadeiro Skat alemão;
- explicar as ações reais dos jogadores, como esses papéis em geral assumem, nas suas relações recíprocas, o que cada um faz da regra do jogo – a máxima ou o critério de sua própria ação.

Em suma, a referência às regras do jogo serve a Weber para mostrar que, tanto no caso de um jogo de cartas comum quanto no direito, elas são o pré-requisito cultural necessário para definir primeiro qual jogo está sendo jogado, para conhecer as estratégias gerais desse jogo e, por fim, para explicar os movimentos individuais, uma vez escolhidos de tempos em tempos pelos jogadores, em um único jogo.

- Passando das regras do "direito Skat" para as normas jurídicas reais, Weber pode, portanto, observar que, mesmo para estudar determinado fenômeno jurídico, o observador, como o ator, ainda terá de partir de uma "ideia" desse objeto e, para isso, precisará usar culturas de referência. Para ilustrar isso, ele usa um exemplo simples, o de uma "troca", que acontece no centro da África, entre um povo europeu e um povo de uma etnia africana. O exemplo é usado para minimizar qualquer possibilidade de compartilhamento imediato, não apenas no que diz respeito a códigos legais, mas também a elementos culturais entre os sujeitos envolvidos na troca.

De fato, mesmo em uma interação simples, intuitiva e universal como a troca, é grande a possibilidade de os comportamentos dos atores serem mal compreendidos. Um participante da troca pode supor erroneamente que a outra parte também está disposta a observar determinado padrão, ou o observador pode não estar disposto a usar sua "própria" ideia de troca como mera hipótese a ser corrigida com base da situação histórica concreta. Uma interpretação empírica da troca, com o objetivo de estabelecer o que os participantes fazem, na realidade, deve ser estritamente distinta da interpretação dogmática da troca, com o objetivo de indicar qual deve ser o comportamento dos participantes, do ponto de vista de determinada norma jurídica.

Além disso, o significado dogmático pode ajudar a compreender e explicar certos comportamentos de diferentes maneiras, de acordo com as situações em que os atores estão envolvidos ou com os interesses do intérprete. Em particular, a perspectiva dogmática pode desempenhar importante papel, ao buscar compreender o horizonte de ação de uma pessoa que, tendo conhecimento da existência de determinada regra do código, está inclinada, se preciso for, a recorrer a um juiz, mas pode desempenhar um papel de menor importância, por exemplo, de explicar as relações de emprego na indústria têxtil na Baixa Saxônia, que deverão obedecer à lógica não apenas jurídico-formal, mas, em certa medida, dependente do real poder da relação contratual entre as partes; por fim, poderá ter um papel sem nenhuma importância no que diz respeito, por exemplo, às qualidades artísticas da Madonna Sistina de Rafael: de uma perspectiva dogmática, provavelmente seria capaz de esclarecer apenas certos aspectos jurídicos da relação do artista com o cliente. Além disso, as mesmas regras legais podem ser observadas sob múltiplas perspectivas. Assim, um artigo do código pode ser objeto de considerações "dogmáticas" ou normativas, no sentido estrito, que tentam fazer valer seus significados a partir da cultura do próprio jurista; ou de considerações "sociológicas", que se perguntam quais os efeitos de certos conteúdos de um código ou de uma sentença sobre determinados comportamentos; ou mesmo de considerações "políticas", que expressam avaliações relacionadas a certos ideais culturais ou postulados gerais.

Pode-se notar que uma pluralidade de perspectivas emerge do conceito de direito que Weber apresenta em seu grande trabalho *Economia e sociedade*. Ele afirma que o direito é um sistema cuja legitimidade é reconhecida pelos seus destinatários (perspectiva política) e cuja validade repousa na possibilidade (chance) de coerção (perspectiva sociológica) feita por um conjunto de homens dispostos a isso (perspectiva dogmática ou normativa, em sentido estrito). Em uma análise mais aprofundada, essa última definição do conceito de direito é resultado da combinação de diferentes estratégias de definição que se referem a diferentes vertentes teórico-jurídicas. Se o momento da legitimidade é destacado, a definição enquadra-se na tipologia de sistemas legítimos e parece uma emanação da teoria do reconhecimento (*Anerkennungstheorie*). Mas, se quisermos enfatizar as garantias indicadas por Weber quando ele busca distinguir o direito de fenômenos tradicionalmente associados a ele, como costume, uso, tradições, a definição reserva um lugar decisivo para o caráter coercitivo e, portanto, parece uma emanação da teoria da coerção (*Zwangstheorie*).

Essa combinação dos dois elementos, "reconhecimento" e "coerção", na mesma definição do conceito de direito, pode ser entendida não apenas como uma homenagem obediente às diferentes correntes da cultura jurídica da época, mas também como um reflexo da tentativa de Weber de compor, em seu aparato conceitual, duas formas correspondentes de estabelecer a investigação sociológica. A "coerção" com seu aspecto institucional requer, para ser analisada, uma perspectiva que leve em consideração, acima de tudo, o ponto de vista do aparelho que a aplica, enquanto o "reconhecimento", focalizando a atenção no "sentido" da ação, requer uma perspectiva que leve em conta, acima de tudo, o ponto de vista do ator social individual.

O conceito de direito de Weber, portanto, busca classificar as diferentes culturas jurídicas e, em seguida, incorporá-las umas às outras. Mas, para isso, o sociólogo precisa necessariamente recorrer a conceitos abstratos que possam ajudar a entender tanto a cultura interna da sanção quanto a cultura externa do reconhecimento.

Nesse contexto, Weber utiliza um conceito fundamental, o da racionalidade, devidamente modulado é suficientemente amplo para se adaptar a possíveis interpretações do conceito de direito. Agora, mostra-se necessário compreender melhor como ele define, no curso da vasta reconstrução comparativa que delineou em *Economia e sociedade*, as diferentes combinações dos conceitos de cultura jurídica e racionalidade utilizados para tipificar as situações históricas examinadas.

2.3 As aplicações do modelo de Weber

Na análise do conceito de regra, conduzida em meio a críticas a Stammler, surgiram alguns modelos de ação que foram orientados, por vezes, segundo diferentes tipos de regras: gerais e abstratas (racionalidade formal); consuetudinárias, ligadas a necessidades elementares (racionalidade tradicional); técnicas (racionalidade com relação ao objetivo); e de avaliação (racionalidade com relação a valores).

Na obra *Economia e sociedade*, Weber trata historicamente essa polivalência do conceito de racionalidade em relação ao direito, afirmando que uma lei "pode ser racional em um sentido muito diferente, segundo a direção que o pensamento jurídico toma" (Weber, 1956, v. I, p. 506). Ele enfatiza que, quando falamos de "direito", "ordenamento jurídico", "princípio jurídico", é correto separar o ponto de vista jurídico do ponto de vista sociológico, já que o primeiro afirma "o que é idealmente válido como direito, isto é, que significado e, portanto, novamente, que sentido normativo deve ser atribuído, de maneira logicamente correta, a uma formação linguística que se apresenta como norma jurídica". Ao distinguir o ponto de vista sociológico do jurídico, Weber articula os dois por meio de uma série de tipologias que não apenas os enriquecem e relativizam, mas os ligam através de uma ferramenta de vinculação de múltiplos propósitos, como o conceito de cultura jurídica (*ibid.*, v. I, p. 509).

Por essa definição, se por cultura jurídica entendemos o conjunto de diferentes maneiras como percebemos a nós mesmos e nos orientamos para o direito, devemos diferenciar ainda mais o ponto de vista daqueles que observam um direito do qual são simples beneficiários e com relação ao qual podem se comportar de diferentes maneiras sem, contudo, conseguirem modificá-lo formalmente, e o ponto de vista daqueles que, por fazerem parte de uma instituição jurídica, colaboram formal e oficialmente para a sua aplicação e interpretação, ou para a sua produção e mudança.

Weber, portanto, especifica que a racionalização do direito pode consistir em uma "generalização", isto é, um processo que implica uma simplificação e uma "redução das razões relevantes para as decisões do caso concreto a um ou mais princípios", e em uma "sistematização", ou seja, um processo que envolve uma "coordenação dos princípios jurídicos assim obtidos, de modo que se componha um sistema de regras logicamente claro, livre de contradições internas e, acima de tudo, pelo menos em princípio, livre de lacunas" (*ibid.*, v. I, p. 28). Depois de ter "reduzido" e tornado "coerentes" os princípios de decisão dos operadores do direito, um sistema jurídico que atingiu níveis relativamente altos de racionalidade caracteriza-se pelo fato de ser, mais do que outros, capaz de garantir a "previsibilidade" dos usuários, ou seja, os resultados da tomada de decisão.

Apesar da falta de um sentido unívoco, Weber também introduz o parâmetro complementar de "formalidade", destinado a ser combinado com o de racionalidade.

Na definição desse parâmetro, entretanto, fica evidente que, com isso, Weber pretende se referir sobretudo ao nível de abstração técnico-jurídico efetivamente alcançado pelos sistemas jurídicos (que é relativamente elevado no caso do direito racional, "formal", e relativamente baixo no caso, apresentado como antitético, do direito racional, "material"). A dimensão "formal" do direito, portanto, tem ligação direta com a especificidade e a tecnicidade dos instrumentos empregados, ou seja, com a sua filiação à área, historicamente variável, e dos critérios de decisão percebidos como legais. A dimensão racional, por sua vez, é colocada em conexão com a controlabilidade intersubjetiva dos resultados da decisão e, portanto, com a necessidade de previsibilidade com a qual mesmo os usuários tecnicamente desconhecedores do direito podem contar.

Diante dos dois parâmetros fundamentais de racionalidade e formalidade de Weber, parece que uma decisão jurídica pode ser definida como "racional" se também pode ser objeto de previsões por não membros do aparato que a produz, ao passo que pode ser considerada "formal" se deriva diretamente da aplicação de critérios específicos do aparelho que a produz. Os dois critérios podem, mas não precisam, necessariamente, ser congruentes. Em outras palavras, a racionalidade, oposta à irracionalidade, implica uma perspectiva intersubjetiva e, portanto, envolve a capacidade de controle ou controlabilidade não externa dos resultados de determinado processo de tomada de decisão, enquanto a formalidade, oposta à materialidade, envolve a adesão ou não de membros a certo procedimento, em determinado sistema, baseado em uma perspectiva, pelo menos de modo implícito, interna ao ordenamento.

Ao usar conjuntamente os parâmetros de racionalidade/irracionalidade e formalidade/materialidade, é possível ter uma estrutura que permite compreender tanto as culturas jurídicas internas dos especialistas quanto as culturas jurídicas externas dos destinatários das normas. Com essa ferramenta de duas faces, Weber tenta ordenar os diferentes sistemas jurídicos concretos de acordo com a maneira como os dois pares de parâmetros de qualificação das instituições jurídicas (racional-irracional, material-formal) se cruzam. Existem, portanto, quatro hipóteses ideais típicas que aparecem resumidas na Tabela 2. Esse esquema permite tipificar diferentes sistemas jurídicos historicamente conhecidos, levando em consideração que a lei racional formal é capaz de combinar um alto grau de previsibilidade e calculabilidade das decisões com critérios decisórios estritamente internos ao ordenamento jurídico.

Tabela 2. Tipos de racionalidade jurídica

Especificidade dos critérios adotados	Auditoria intersubjetiva de critérios adotados	
	Alto grau de racionalidade	Baixo grau de racionalidade
Alto grau de formalidade	Racionalidade formal (direito estabelecido)	Irracionalidade formal (direito revelado, oráculo)
Baixo grau de formalidade	Racionalidade material (direito identificado com base em ideologias políticas ou religiosas)	Irracionalidade material (direito identificado com base em avaliações de natureza ética ou emocional)

Internamente ao sistema jurídico, um direito revelado ou determinado com base em oráculos pode atingir alto grau de tecnicidade jurídica, mesmo garantindo baixo grau de previsibilidade das decisões; um direito determinado com base em ideologias políticas e religiosas e, portanto, em critérios extrínsecos ao sistema jurídico, pode possuir, justamente pelo conhecimento geral desses critérios, um alto grau de previsibilidade; um direito derivado de avaliações éticas e emocionais, por sua vez, apresenta baixo grau de previsibilidade e critérios de decisão, sobretudo externos ao sistema jurídico.

Pelo que foi dito, fica bastante claro que a racionalidade "formal" não deve ser confundida com a racionalidade em relação ao "objetivo" nem com a racionalidade em relação ao "valor", mas representa uma terceira hipótese que se situa entre esses dois pontos. Concentra-se não em elementos que podem ser determinados conscientemente com base na perspectiva do ator (como a adequação de valores aceitos ou propósitos compartilhados), mas em elementos que também podem ser determinados com base em necessidades lógicas na esfera de ação a que o sujeito se refere (e, portanto, no nosso caso, o campo do direito) (*ibid.*, p. 27). Isso permite distinguir ação racional formal de ação "afetiva", influenciada de maneira decisiva pela situação interna do ator, quanto de ação "tradicional", influenciada por regularidades externas ao ator e percebidas, por esse motivo, como estáticas e imutáveis.

Ao mesmo tempo, é possível usar a dupla atenção à autonomia dos critérios e à controlabilidade interpessoal dos resultados, que contribuem para caracterizar a racionalidade formal típica do direito ocidental, para considerar o princípio metodológico complexo e fundamental da neutralidade (*Wertfreiheit*) da ciência. Esse princípio não deve ser compreendido apenas de modo negativo, como o fechar-se da ciência a outros critérios a não ser o da verdade, mas também de modo positivo, como a abertura da ciência ao controle de qualquer pessoa, independente da sua área cultural de origem. Portanto, parece não se tratar mais do que outro caso de aplicação da categoria geral de racionalidade formal. Nessa perspectiva, esse princípio metodológico não é aplicável apenas àquele ato em particular que é a ação dos teóricos e, portanto, não se destina a ser aceito ou rejeitado apenas nessa área, mas refere-se à hipótese teórica subjacente a todo o trabalho de Weber que apoia a crescente racionalização e automatização dos vários campos da atividade humana, que devem, portanto, ser avaliados com base em critérios internos.

Em resumo, agora podemos apontar os elementos que caracterizam os cinco principais tipos de ações presentes na sociologia de Weber. A Tabela 3 mostra que a interpretação da ação "racional-formal" não pressupõe o conhecimento das perspectivas ideais do ator (ação racional em relação ao valor), nem das prováveis consequências de seu ato (ação racional em relação ao objetivo), nem o que ele sente emocionalmente (ação afetiva), nem o que aconteceu no passado no seu ambiente (ação tradicional), mas pressupõe o conhecimento do aparato ou da instituição que seleciona os critérios intersubjetivos específicos da sua decisão.

Tabela 3. Tipos de ação social

Tipo de ação	Elemento caracterizante
Racional, em relação ao escopo	Consequências da ação
Racional, em relação ao valor	Valor da própria ação em si
Afetivo	Situação interna do ator
Tradicional	Regularidades consolidadas da ação
Racionalidade formal	Critérios intersubjetivos específicos de certa área de ação

Também se pode dizer que a ação racional-formal se refere a uma estrutura que filtra os critérios de decisão concretamente aplicáveis pelo ator, e conhecê-los, portanto, é indispensável para compreender suas ações.

Em um sistema jurídico avançado, a racionalidade formal se torna tão complexa que deve ser especializada e confiada aos juristas e operadores jurídicos, enquanto o legislador, que produz a lei, em geral se orienta por uma racionalidade, com relação ao objetivo, que resulta, do ponto de vista do ordenamento jurídico, complementar à primeira. Obviamente, isso não significa que a mesma racionalidade "formal" não possa ser objeto de julgamento por parte de diferentes racionalidades, como as que dizem respeito ao "objetivo" ou ao "valor", realizado por um observador externo, como o sociólogo. De fato, é possível perguntar qual é a utilidade da racionalidade formal (com relação ao seu propósito) e como deve ser avaliada (com relação ao seu valor).

Nesses casos, no entanto, será necessário desconsiderar os julgamentos reais dos atores individuais, já que estes não são considerados capazes de avaliar melhor do que o observador a utilidade e o valor de uma categoria complexa como a racionalidade formal. É o que o próprio Weber faz em *Economia e sociedade*, quando afirma que a racionalidade "formal", entendida como o cálculo das decisões e a especificidade dos critérios adotados, produz, no contexto jurídico e dentro da organização capitalista, consequências factuais contrastantes e conflitos ideológicos que se contrapõem aos valores de "segurança" e "liberdade".

Um importante exemplo de racionalização formal do direito é, para Weber, o direito probatório que, em sistemas jurídicos complexos, não visa encontrar, sem limitação, a evidência "destinada a demonstrar a 'verdade' ou a 'falsidade' de um fato", mas limita-se a estabelecer onde, de que formas (isto é, com quais instrumentos técnico-jurídicos) e em que termos as evidências que podem contribuir para a solução do caso controverso devem ser produzidas (*ibid.*, v. I, p. 571).

Embora orientado principalmente para uma racionalização de um tipo formal, o direito ocidental apresenta áreas de importância não desprezível nas quais diferentes tipos de racionalidades são afirmados em relação a interesses particulares. Um exemplo é a lei comercial. Nesse direito, estritamente formalista e vinculado aos dados sensíveis exigidos pelo tráfego, interesses não formais de honestidade comercial são entendidos dentro dos limites que a interpretação lógica da vontade das partes ou a "moral comercial" consideram "minimamente éticos". Além disso, ele é até mesmo empurrado em uma direção antiformal por todos esses fatores, como as aspirações da justiça material, que alega tornar a prática jurídica um instrumento de equidade, e não um instrumento para a solução neutra de conflitos de interesses.

De fato, para a mesma classe de operadores, pode parecer indigno assumir "a posição de distribuidor automático de direito" (*ibid.*, p. 720), enquanto Weber observa que, em questões criminais, a justiça "popular" dos jurados exerce em grande medida uma "justiça de cádi" irracional, satisfazendo assim "a sensibilidade dos leigos, sem uma cultura jurídica especializada" (*ibid.*, p. 655).

Nesse contexto, o relacionamento entre um direito, como o racional formal, e outros sistemas sociais, em especial a economia, é de particular interesse. Estes últimos são objeto de ampla reflexão de Weber, que tenta delinear um quadro geral da relação entre direito e economia, identificando alguns elos entre o direito racional formal e a economia capitalista.

Para mostrar, em particular, a reciprocidade das relações entre direito e economia, que não podem ser reconstruídas de modo unilateral, no sentido de uma derivação do direito da economia, Weber estabelece alguns princípios gerais que guardam íntima relação uns com os outros. Em primeiro lugar, ele cita o princípio que pode ser dito da "pluralidade de interesses legalmente passíveis de proteção", segundo o qual "a lei não garante apenas interesses econômicos, mas também interesses diferentes, dos mais elementares, como a proteção da segurança pessoal, e até bens intangíveis ou ideais, tais como a própria honra e a dos poderes divinos". Weber observa, então, que o direito garante

> também posições de autoridade, política, eclesiástica, familiar e outras, e em geral situações sociais de privilégio de todos os tipos, que podem ser economicamente condicionadas e relevantes nos mais diversos relacionamentos, mas que por si só não representam nada de importância econômica, nem mesmo algo necessariamente ou principalmente desejado por razões econômicas (*ibid.*, pp. 745 ss.).

Um segundo princípio, que pode ser dito da "relativa autonomia" da ordem econômica em relação ao sistema jurídico, sublinha que a coerção legal encontra limites significativos na regulação da atividade econômica. Direito e economia são, na verdade, diferentes mecanismos de controle social e utilizam ferramentas específicas que nem sempre conseguem integrar. Por exemplo, no caso de uma lei de economia desenvolvida, mesmo que sejam realizadas intervenções coercitivas maciças, ela encontrará forte resistência na condução dos processos econômicos, como mostra o fracasso geral de medidas destinadas a controlar os preços (*ibid.*, p. 762).

Um terceiro princípio, que pode ser dito da "indiferença mútua" entre os dois sistemas, destaca, por um lado, que um "sistema jurídico", em certas circunstâncias, pode permanecer inalterado mesmo que as relações econômicas mudem de modo radical, e que, por outro lado, a regulamentação jurídica pode variar profundamente, do ponto de vista das categorias do direito, sem que as relações da economia e os efeitos práticos relativos para as partes interessadas sejam afetados de modo significativo (*ibid.*, p. 761).

No entanto, a relativa independência e autonomia que o direito e a economia alcançaram nas sociedades ocidentais avançadas não exclui as profundas relações de condicionamento mútuo existente entre essas áreas. A garantia "estatal" do direito não é, de um ponto de vista puramente teórico, indispensável a qualquer fenômeno econômico. A proteção da posse, por exemplo, pode ser apoiada pelo grupo parental, e a proteção das dívidas somente pode acontecer de maneira ainda mais eficaz se realizada pelas comunidades religiosas e através da ameaça de excomunhão. No entanto, também é verdade que uma ordem econômica "específica" moderna não pode sustentar-se sem uma ordem jurídica dotada de qualidades racionais formais.

Weber destaca ainda as vantagens de uma racionalidade formal ao afirmar que "o poder universal da associação de mercado" e a "velocidade moderna do tráfego" exigem um direito que funcione de maneira oportuna e segura, garantida por um poder coercitivo, "o mais forte possível". Ele observa que a própria economia moderna, ao ajudar a estruturar o direito em um sentido racional, formal, não apenas levou em consideração os interesses do tráfego econômico, mas também acabou favorecendo um processo de "monopolização da força" pelo Estado. Além disso, salienta que a ação econômica também pode ser formalmente racional, na medida em que o "esforço econômico" essencial a qualquer economia racional pode ser expresso em considerações numéricas e, portanto, através de um "cálculo". Um procedimento econômico como o da formação de preços é capaz de garantir, como nos processos de tomada de decisão dos operadores legais, a previsibilidade de seus resultados, e estes podem se tornar objeto de cálculo para diversos sujeitos econômicos; correlativamente, revela-se a impessoalidade dos critérios utilizados para alcançar esse resultado, se escolhidos com base em considerações especificamente econômicas (*ibid.*, p. 716).

Tudo isso mostra que, na perspectiva de Weber, tanto o direito moderno quanto a economia, através de ajustes em suas respectivas culturas, pertencem às mesmas categorias interpretativas de racionalidade e formalidade. Em suma, para ele, as relações entre o direito racional formal e a economia capitalista devem ser reconstruídas não através de uma simples relação de causa e efeito, mas por meio de uma relação mais articulada de afinidades estruturais e complementaridades funcionais, adequadas para destacar que um ordenamento jurídico racional-formal, produzido por fatores que não são necessária nem principalmente econômicos, pode, por razões de afinidade cultural, favorecer o surgimento de empresas capitalistas inspiradas nos mesmos critérios de racionalidade formal.

Essas complexas inter-relações entre direito e economia são ilustradas, em inúmeros lugares de *Economia e sociedade*, à luz de instituições jurídicas específicas. Considerando que "as situações econômicas não geram automaticamente novas formas jurídicas, apenas podem favorecer a possibilidade de que, uma vez que surja uma invenção técnico-jurídica, ela também pode se espalhar" (*ibid.*, p. 526). Weber se preocupa em concentrar sua análise em alguns produtos da elaboração técnico-jurídica que favorecem o surgimento de uma economia capitalista. Ele observa que o direito coletivo das sociedades atuais, ao adaptar "as relações da comunidade doméstica aos fins da empresa capitalista" e ao reconhecer determinadas pessoas jurídicas definidas com base em certas regras, é legitimado exclusivamente para assumir obrigações e adquirir direitos para que o grupo evite envolver "indivíduos e ativos individuais" no tráfego comercial. Desse modo, é atingido o objetivo, essencial para a afirmação das grandes organizações econômicas capitalistas, de permitir o crescimento das empresas por meio de novos investimentos sem elevar o nível de risco de capital além do limite de tolerabilidade de cada indivíduo (*ibid.*, p. 742).

Weber também observa alguns efeitos discriminatórios que o capitalismo e as instituições jurídicas que o apoiam acabam ocultando, em geral de modo implícito, por trás de sua aparente neutralidade. O mesmo princípio, amplamente afirmado nos sistemas jurídicos avançados, da chamada "liberdade contratual" revela um significado cultural ambíguo nessa perspectiva. Depois de observar que na lei moderna aumentou muito a possibilidade de estabelecimento de relações contratuais com outros sujeitos no campo da troca de mercadorias, de trabalho pessoal e prestação de serviços, em comparação com o passado, Weber adverte que seria imprudente dizer que esse processo, de natureza técnico-jurídica, tenha levado ao " aumento da liberdade do indivíduo em determinar as condições de sua própria existência". Essa questão, observa, "não pode ser decidida apenas com base no desenvolvimento de formas jurídicas" (*ibid.*, p. 56) a partir das quais não é possível atribuir de maneira acrítica princípios jurídicos abstratos à realidade social.

Entretanto, uma vez que o direito, de acordo com a definição de Weber vista anteriormente, constitui uma ordem legítima protegida por um aparato coercitivo, existe, já no nível conceitual, uma conexão fundamental do direito racional formal não apenas com a economia, mas também com o Estado moderno. Isso ocorre no sentido de que a coerção de que a lei precisa pode ser exercida apenas por órgãos do Estado, de organização única, capazes de exercer coerção física legítima sobre a comunidade política (*ibid.*, pp. 40-1). Weber, portanto, afasta os limites de uma sociologia do direito privado e processual para abordar a vasta questão do papel do Estado na vida pública. Aqui nos limitaremos a identificar apenas alguns dos muitos pontos de conexão entre "sociologia do direito" e "sociologia do poder" que estão presentes em *Economia e sociedade*.

O Estado moderno é definido sociologicamente "com base em meios específicos adequados a cada grupo político – isto é, com base no uso da força física". O Estado, portanto, é "uma empresa institucional de natureza política na qual o aparato administrativo avança com sucesso uma reivindicação de um monopólio de coerção física legítima".

Essa conexão entre Estado e coerção jurídica, destacada por Weber em nível conceitual, tem implicações importantes também em nível teórico, já que o processo de construção da legislação, que acompanha e sustenta o Estado moderno, parece ser a extensão coerente da hipótese de racionalização formal das estruturas jurídicas desenvolvidas por ele no campo da sociologia do direito. Na verdade, em primeiro lugar, o processo de monopolização da força, do qual o Estado se origina, não se limita a garantir a centralização e a univocidade das decisões relacionadas ao uso da coerção física, mas assegura, dentro da comunidade política, aquela combinação de calculabilidade e especificidade funcional que é apropriada ao conceito de direito "racional-formal". Além disso, se o direito "pressupõe" o Estado, este também pressupõe o direito, em particular o direito racional formal, como um instrumento regulador indispensável do poder por ele exercido (*ibid.*, p. 503). Tudo isso explica por que o Estado moderno e o direito racional acabam se referindo à mesma fonte de legitimidade, ou seja, "crença na legalidade", "a disposição de obedecer regras formalmente corretas e estabelecidas de maneira usual".

O "poder jurídico" no qual o Estado e o direito modernos se baseiam pode, de fato, utilizar diversas formas de organização. Entre elas, um lugar especial, em nível idealista, é ocupado pela organização burocrática, considerada "a maneira formalmente mais racional de exercer poder". Weber observa que esse tipo de organização encontrou, graças às suas inúmeras vantagens, rápida difusão, não apenas na administração interna do Estado, mas também em atividades legislativas e jurisdicionais, bem como no empreendimento econômico capitalista e em vários outros campos da cultura ocidental. A burocracia tornou-se, segundo Weber, "inevitável", da mesma forma que as máquinas são inevitáveis na produção de bens de massa, uma vez que "o fundamento decisivo" de seu avanço tem sido sua superioridade técnica (*ibid.*, p. 202).

Neste momento, não parece interessante analisar o conhecido tratamento que Weber dá à burocracia, mas sim destacar que, do ponto de vista cultural, mesmo na burocracia é feita referência explícita aos dois requisitos de "racionalidade" e "formalidade", nos sentidos antes especificados, colocando em evidência a conexão não hierárquica, mas estrutural, entre a lei e o aparato estatal. Se essa conexão estivesse limitada a produzir decisões, em vez de se expandir e se envolver em torno de si, produzindo decisões sobre decisões, seria capaz, em princípio, de combinar previsibilidade, velocidade, impessoalidade e, portanto, a formalidade da decisão.

Weber faz referência explícita exatamente ao requisito da "formalidade", entendido como especificidade e autonomia dos critérios de decisão, ao afirmar que "a burocratização oferece acima de tudo a maior possibilidade de aplicação do princípio da divisão do trabalho administrativo com base em critérios puramente objetivos, com a atribuição de tarefas individuais a funcionários especialmente treinados, cada vez mais qualificados graças ao exercício contínuo". Nesse contexto, "a organização moderna dos órgãos de administração separa por completo o local do escritório da residência particular", e dessa forma "a atividade do escritório é completamente diferenciada como uma área isolada da esfera da vida privada", e "as finanças e os meios do cargo são diferenciados da posse privada do funcionário". A consequente profissionalização do escritório também requer um processo específico de socialização que, para Weber, "se manifesta em primeiro lugar na solicitação de um curso de estudo rigorosamente predeterminado, de modo que absorva, em geral por um longo tempo, toda a capacidade no trabalho e em testes de qualificação comumente prescritos como precondição para a contratação" (ibid., p. 716).

Já a exigência de racionalidade, entendida como a calculabilidade dos resultados dos procedimentos de tomada de decisão, é retomada por Weber, que enfatiza:

> Na administração burocrática – e especialmente na monocromática, confiada a funcionários individuais qualificados –, precisão, rapidez, univocidade, publicidade de documentos, continuidade, discrição, coesão, subordinação estrita, redução das controvérsias [...] são levadas ao melhor grau em comparação com todas as formas colegiais ou ofícios honorários exercidos como profissão secundária, uma vez que, nesse caso, o cumprimento ocorre com base em regras previsíveis (ibid., p. 717).

Entretanto, é necessário acrescentar que, embora construído de acordo com os princípios da racionalidade formal, o Estado moderno deixa amplo espaço, em seu funcionamento efetivo, para momentos irracionais e materiais. Weber observa o surgimento de momentos materiais – não especificamente políticos, mas de natureza ética ou religiosa – quando trata do papel complexo que, no Estado moderno e nas codificações por ele produzidas, continuam a desempenhar as ideias naturalistas, que "não derivam sua dignidade de uma decisão arbitrária, ao contrário, legitimam sua força obrigatória" (*ibid.*, p. 636) ou quando detecta a insuficiência da pura e simples legalidade do processo como fonte de legitimidade. Ele observa, portanto, que, "em qualquer relação autoritária baseada no dever, um mínimo de interesse pessoal", que pode ser de natureza ideal ou material, "por parte da pessoa obediente, permanece normalmente como uma fonte indispensável de obediência" (*ibid.*, p. 249).

2.4 Implicações e desenvolvimento

Até agora, evitamos uma interpretação em termos rigidamente racionalistas ou irracionalistas da obra de Weber, mas foi feita uma tentativa de enfatizar a complementaridade entre os dois enfoques (Schluchter, 1979; Andrini, 1990; Rebuffa, 1991; Ferrarotti, 1995). O conceito de direito racional-formal, com ênfase na necessidade de previsibilidade, foi entendido como o ponto de equilíbrio entre diferentes impulsos culturais, isto é, entre uma racionalidade subjetiva, típica sobretudo do indivíduo, e uma racionalidade objetiva, típica das instituições sociais, entre a necessidade de justiça e a de coerência.

Na verdade, o trabalho de Weber utiliza um aparato conceitual que permite desviar a atenção do micro para o macro, do ator para as instituições, dos processos de tomada de decisão do indivíduo para os das grandes organizações jurídicas, econômicas e políticas. Com um jogo apertado de campos e contracampos, Weber mostra, por exemplo, que o que é racional para o ator pode não ser racional para a instituição à qual ele pertence e vice-versa. Isso por si só produz, no nível da sociedade como um todo, uma variedade de critérios de racionalidade, subjetivos, institucionais e mistos, cuja prevalência é sugerida por situações histórico-culturais específicas.

A adoção de tal perspectiva culturalmente multidimensional ajuda a explicar por que a sociologia de Weber leva a resultados difíceis de resumir em proposições de alcance universal e incondicional, e ainda hoje é capaz de oferecer argumentos para abordagens profundamente diferentes aos sujeitos. Para o autor, o mesmo processo de autonomização e racionalização das instituições jurídicas permanece aberto a tendências de sinal oposto: as relações entre direito racional formal e capitalismo não podem ser reconstruídas no sentido de um determinismo econômico do direito, nem de um determinismo jurídico da economia. As relações entre direito e Estado, embora baseadas no pressuposto de que o Estado tem o monopólio da força física, não excluem, ao contrário, pressupõem uma visão pluralista que reconheça a presença de outras pessoas, juntamente com a organização do Estado legal, e às vezes ferramentas mais eficazes de controle social. A mesma tipologia de ação destaca o significado das ações individuais, independente da consciência dos atores, para agregados individuais, desde instituições até grandes "culturas", como a ocidental.

E é exatamente essa flexibilidade incomum dos pontos de referência, que muitas vezes confunde os intérpretes, que faz do trabalho de Weber um importante "nó" no desenvolvimento histórico da sociologia do direito. Indo além da abordagem historiográfica de Ehrlich, o aparato conceitual que Weber constrói tende não tanto a ser guiado por eventos históricos, mas a guiar sua compreensão com o uso de ferramentas de caráter típico ideal, que não se consegue reproduzir na realidade, e precisamente por este motivo adequadas para ordenar os fenômenos reais de acordo com o grau de aproximação entre eles.

Preocupado com a superação de soluções monocausais, Weber considera o significado das ações dos homens nas várias áreas da sociedade, intimamente entrelaçadas com o mundo dos fatos, das normas e dos valores, portanto, tão complexo que não pode ser esgotado culturalmente em apenas um deles. Nesse contexto, a extensa série de referências conceituais e aplicações comparativas que caracteriza a sociologia do direito do autor pode ser utilizada para compreender aspectos da estrutura e do funcionamento dos sistemas jurídicos que percebemos como problemáticos, já que sua complexidade não nos permite identificar soluções unívocas para os atores e pontos de vista privilegiados para o observador.

Uma maneira usada por Weber para representar essas diferentes perspectivas na mesma situação é a analogia que faz entre direito e jogo, anteriormente mencionada. A feliz metáfora do jogo desenvolveu, de fato, uma longa tradição de uso no campo jurídico (Huizinga, 1949), que ainda hoje exerce considerável fascínio na cultura jurídica interna, sobretudo pela fronteira entre a sociologia e a teoria do direito.

Para ilustrar melhor essa analogia, é necessário recordar uma distinção que, no passado, teve merecido sucesso, sobretudo na teoria do direito, e também muitas implicações para a sociologia do direito: entre regras "reguladoras", que se limitam a atribuir a certos comportamentos sociais a qualificação de regras proibidas, permitidas ou obrigatórias, e as regras "constitutivas", que não qualificam comportamentos que seriam possíveis em qualquer caso, mas criam, dentro do jogo jurídico, novos comportamentos que de outra forma não seriam perceptíveis ou imagináveis (Rawls, 1955; Searle, 1964; Count, 1978, 1981, 1988;

Carcaterra, 1979). Em outras palavras, as normas constitutivas não se referem aos "fatos brutos" que ocorrem naturalmente na sociedade, mas criam possibilidades de comportamentos que se inserem em contextos capazes de lhes atribuir significados particulares. Assim, os diversos casos abstratos, que não existem na natureza (o objetivo no jogo de rúgbi ou no jogo de futebol, por exemplo), podem determinar o resultado do jogo, enquanto o papel designado a ele (o árbitro) é o de reconhecer a existência das condições previstas para a sua realização.

Para Weber, no jogo do Skat, da mesma forma que nos contratos, desde os menos sofisticados, como a troca, aos mais complexos, essa distinção é encontrada entre normas que dizem respeito ao concreto fazer ou não fazer dos atores e das normas que criam a possibilidade de atos que assumem significado apenas dentro do jogo. Na verdade, é a "estrutura normativa" que determina os limites de significado dentro dos quais o comportamento dos jogadores deve inserir-se se eles não querem abandonar o jogo ou participar de um jogo diferente. Uma consequência disso, não inteiramente óbvia, é que, quando uma regra constitutiva do jogo é violada, o comportamento em questão não é tão "desviante", mas sim "irrelevante", colocando-se não contra, mas fora das regras do jogo e do âmbito de ação de seus participantes e, portanto, também fora do escopo de qualquer aparato sancionador previsto pelo jogo.

Tudo isso significa que, quando falamos em regras do jogo, usamos uma expressão que pode se referir tanto ao que os atores realmente fazem, mas também ao que eles "fazem". Os papéis previstos no jogo condicionam os atores a uma série de limitações, mas também se configuram como situações novas impensáveis fora do jogo, nas quais a ação concreta dos atores é apenas em parte predeterminada. As partidas individuais de determinado jogo tornam-se ainda mais individuais diante da falta de informações e de controle que normalmente caracteriza a posição de um ator individual, amplamente suscetível a interpretações específicas, que variam de jogador para jogador, de acordo com as suas qualidades e a sua capacidade de avaliar os dados disponíveis e reagir a eles.

O direito também parece, portanto, ter seus jogadores, suas regras, seus árbitros. Através de um jogo de direito, podemos compreender uma interação estruturada por meio de normas sociais e jurídicas em que cada ator tem a possibilidade de codificar um produto, por não ter informações ou poder suficientes para fazer que se atinja determinado resultado, mas baseando-se em meras hipóteses que certamente não são alcançáveis. Exemplos de regras constitutivas de jogos jurídicos são de fato disseminados por todo o ordenamento, no direito privado e no público e em todas as instituições que não se limitam a definir conjuntos de direitos e deveres, mas criam papéis antes inexistentes, que não teriam sentido fora dessa área.

Uma extensão da analogia direito/jogo, em um sentido próximo à semelhança de Weber, é desenvolvida por Bruno Leoni (1980), ao concentrar sua atenção no jogo das expectativas que as ações jurídicas e econômicas produzem. Na verdade, a partir das possíveis combinações entre cultura jurídica e cultura econômica, Leoni esboça uma construção sociológico-jurídica original que faz do direito o lugar onde não apenas as diferentes culturas jurídicas, internas e externas, mas também as diferentes culturas econômicas podem encontrar-se, graças à complementaridade de suas estruturas de tomada de decisão. Ele argumenta que no sistema jurídico é possível determinar as normas que de fato distribuem direitos e deveres, obrigações e faculdades, usando procedimentos semelhantes àqueles com os quais, no sistema econômico, através da soma de decisões individuais, a determinação da possibilidade de adquirir determinado ativo. Em particular, como o preço pode ser considerado o ponto de encontro e o equilíbrio, por mais instável e mutável que possa ser, das expectativas econômicas individuais, o direito pode ser considerado o ponto de encontro e equilíbrio, em contínua mudança, entre as diversas expectativas que eles buscam ser, em geral protegidos na forma de reivindicações legais.

Nenhum indivíduo, mesmo dotado de todos os poderes que um Estado autoritário pode formalmente preestabelecer, é capaz de canalizar de forma concreta todas as expectativas individuais. É o jogo interativo das expectativas individuais que encontra, através do "mercado", e não apenas da economia, mas também da política, um equilíbrio efetivo na lei e, portanto, naquele direito que pode ser considerado o produto de uma infinidade de contribuições individuais provenientes da sociedade, e não de decisões sobre determinados assuntos.

É preciso também lembrar que a ideia de consolidar uma possível sinergia entre uma cultura jurídica tipicamente orientada para critérios formais e uma cultura econômica atenta principalmente às consequências e aos custos das decisões constitui a base do currículo atual, conhecido como lei e economia (direito e economia). Na verdade, as contribuições de estudiosos que têm desenvolvido com considerável sucesso essa vertente de estudos, a da racionalidade com relação ao propósito, típica do pensamento econômico, são usadas para delimitar o campo de alternativas dentro do qual a racionalidade formal pode ser exercida (Chiassoni, 1992; Mattei, Monateri & Pardolesi, 1999; Franzoni, 2003). Sobre o assunto, entre os estudiosos mais conhecidos podem ser mencionados: Guido Calabresi (1970), que tentou traçar um elemento de difícil constatação em termos jurídicos, o de culpa em caso de acidente, e estabelecer uma série de critérios de natureza econômica que buscam minimizar os custos para pessoas físicas e equipamentos administrativos; Richard Posner (1970), que enfatizou a necessidade de deixar de lado pesquisas estatísticas sobre o comportamento real e buscar esclarecer a verdadeira importância econômica dos princípios jurídicos; Ronald Coase (1988), que interpretou as regras jurídicas em vigor à luz não de teoremas econômicos abstratos, mas de aspectos concretos da realidade econômica, como os custos reais dos contratos, que também incluem o investimento em tempo e o compromisso necessários para as partes.

Entre as mais recentes contribuições que incorporaram elementos da analogia de Weber entre direito e jogo, deve-se mencionar, pela amplitude do projeto, a proposta de François Ost e Michel van de Kerchove (1992). Esses autores, a partir do conceito de jogo como "movimento em um quadro", em que não são determinadas as possíveis ações dos jogadores, rejeitam o conceito de jogo como um modelo capaz de prever ações destinadas a alcançar certo propósito e, portanto, estendem a analogia do jogo aos vários aspectos da vida do direito, a fim de mostrar a insustentabilidade da lógica dicotômica, estruturada de acordo com alternativas rígidas ("ou ... ou") que continuariam a sustentar o pensamento jurídico moderno (Van de Kerchove & Ost, 1992). Na verdade, os resultados do jogo, e em particular do jogo do direito, não são necessariamente interpretados em termos de vitória ou sucesso de um ator e, de maneira correlativa, de derrota ou fracasso de outro ator, mas também de outras maneiras, desaparecendo de acordo com as constelações culturais predominantes.

A dimensão não apenas formal, mas também informal do jogo, permite que cada jogador participe de vários jogos ao mesmo tempo. A coexistência de critérios formais e informais permite que os jogadores tentem vencer as disputas, concordando, por assim dizer, em vencer o jogo e, portanto, em interpretá-lo, para que o perdedor formal seja informalmente o vencedor, ou vice-versa. Nesse contexto, a interpretação culturalmente aberta do direito tende a se tornar um jogo real e, com a sua institucionalização, abre um processo que é, em princípio, possível de ser reproduzido ilimitadamente.

CAPÍTULO 3

ALGUMAS CONVERGÊNCIAS

As considerações feitas aqui buscaram individualizar um quadro comum no qual se pode encontrar um ponto de convergência entre o conceito de direito de Ehrlich e o de Weber, além de outro aparentemente mais distante da sociologia jurídica, o de Kelsen. Procuramos retomar os principais aspectos desses conceitos e destacar o que os torna relevantes, em diferentes graus, para a sociologia do direito. Sobre essa base diversificada será possível tentar definir as funções do direito, que constituem um conceito central, de grande importância.

3.1 Três conceitos de direito

O conceito de direito de Kelsen funda-se sobre as descrições dos processos de produção normativa do tipo hierárquico, que são demasiadamente abstratas para conduzir uma pesquisa empírica, porém úteis para delimitar o âmbito de tal pesquisa. As normas jurídicas formalmente válidas são, de maneira direta ou indireta, o ponto de referência para uma pluralidade de atores jurídicos, desde operadores a simples destinatários. Todos esses sujeitos fazem suas próprias escolhas, levando em conta um conhecimento direto dos textos e as interpretações oficiais que receberam anteriormente, ou, com mais frequência, mediante a observação dos comportamentos dos outros sujeitos, daí pressupondo o conteúdo de tais normas.

Com efeito, como simples cidadãos, no dia a dia, em geral observam o direito sem conhecer em detalhes a sua versão escrita. Por isso, com mais frequência escolhem conformar-se com o que os outros estão fazendo, como faz o jogador de críquete, um jogo complicado, com regras que em geral são conhecidas apenas pelos poucos jogadores em campo. Quando entramos num bar para tomar um café, existe o contrato tácito de devolver a xícara depois de consumir o líquido; servir-se do açúcar disponibilizado com moderação e não levá-lo embora; ler o jornal possivelmente à mesa, mas por um tempo limitado, e deixá-lo onde foi encontrado e à vista de outros clientes. Um jurista identificaria vários tipos de negócios jurídicos nessa situação, mas isso seria inútil para muitas pessoas que frequentam o lugar, a menos que algumas cometam alguma transgressão, como levar o jornal para casa. Isso viola não só os interesses dos outros clientes, mas também a prática do restaurante que, por si só, como todos sabem, possui a própria força reguladora.

Por razões semelhantes, considerando a prática que se estabelece espontaneamente nos vários grupos sociais, Ehrlich consegue opor-se à perspectiva de Kelsen não tanto no que se refere à norma formalmente estabelecida pelo Estado, mas ao costume. Assim, em vez de se concentrar na delimitação e na interpretação das normas escritas inseridas no ordenamento jurídico, preferiu se concentrar na reconstrução de sua gênese, o que exige graduais processos "históricos" de consolidação. Dessa maneira, ele se diferencia de Kelsen ao substituir a hipótese, sem dúvida irrefutável, de um direito que surge do Estado já adulto e pronto para marchar em direção à sociedade armado de sanções, pela hipótese, historicamente fundada, de um direito que surge pouco a pouco da sociedade, por meio da estratificação das tradições, e que, após uma longa jornada, divide-se, mantendo, por um lado, a sua espontaneidade e autonomia originais como direito vivo e, por outro, transformando-se, apenas em parte, numa lei estatal mais rígida e distante das necessidades dos afiliados.

Weber prossegue nessa mesma linha, pois, a partir de uma perspectiva histórica, leva o seu conceito de direito a processos complexos e articulados de produção normativa que podem ser considerados "culturais" em sentido amplo. Dessa forma, ele passa a considerar o direito posto pelo Estado como produto de complexas convergências de fatores que, para serem reconstruídas, requerem uma visão comparativa capaz de ressaltar as diferentes conexões que vinculam o direito aos demais setores da sociedade. Nesse contexto, o trabalho de um operador jurídico é guiado por uma racionalidade "formal" orientada para a simples dedução lógica de certas consequências de determinadas suposições que, através de um raciocínio impessoal, é facilmente previsível e pode ser útil para os propósitos de realização dos objetivos da economia capitalista, caracterizada por uma racionalidade teleológica orientada para a busca de determinados propósitos e, portanto, fortemente interessada em um direito previsível na sua aplicação.

Weber assume uma visão relativística e adota um conceito de direito diversificado que pode perseguir modelos racionais ou irracionais, formais ou materiais, conseguindo combinar os requisitos de neutralidade da decisão em diferentes graus, típicos da abordagem de Kelsen. Além disso, a abordagem de Weber também é típica da burocracia, a partir dos requisitos de continuidade inerentes à ideia de um direito consuetudinário e tradicional, caro à abordagem de Ehrlich, ou dos requisitos de adaptabilidade inerentes à racionalidade teleológica, orientada para os propósitos típicos da economia, sem negligenciar a orientação avaliativa de duas faces características de um direito natural que, como ele observa, pode ser usado, conforme interesse, de maneira conservadora ou revolucionária.

A comparação entre esses modelos de direito permite prefigurar uma "dinâmica" articulada das relações direito-sociedade. Kelsen leva a dinâmica das normas de volta ao interior do ordenamento. Ehrlich, por sua vez, prefere movê-la para o nível das relações historicamente existentes entre Estado e sociedade. Já Weber, ao analisar em detalhes a abordagem de Ehrlich, visa uma catalogação das diversas formas culturais capaz de estabelecer conexões variáveis entre a sociedade e o ordenamento jurídico. Em suma, o problema fundamental da ordem social é abordado por esses autores a partir de diferentes perspectivas: de cima, por meio do Estado (Kelsen); de baixo, por meio de interesses generalizados (Ehrlich); e a partir de uma combinação de ambas as concepções, por meio do uso, com propósitos explicativos, de diferentes tipos de racionalidade (Weber).

Tabela 4. Três conceitos de direito

	KELSEN	**EHRLICH**	**WEBER**
Ponto de vista	Operador jurídico	Grupos sociais	Observador neutro
Fonte	Norma do Estado	Consuetudinário	Jogos sociais
Contexto	Ordenamento	Grupo	Racionalidade
Abordagem	Lógico-dedutivo	Histórico-indutivo	Relativístico-comparativo
Objetivo	Produção de decisões	Manutenção da autonomia social	Atribuição de significado à ação social
Princípio orientador	Legalidade	Eficiência	Adequação (burocrática, tradicional, teleológica)

Os aspectos essenciais do conceito de direito vistos anteriormente podem ser resumidos em uma estrutura sinóptica (Tabela 4) articulada por meio de alguns elementos comuns: o ponto de vista a partir do qual o direito é definido; a fonte dessa definição; o contexto em que está inserida essa definição; a abordagem adotada para examinar os elementos anteriores; o principal objetivo, prático ou teórico, dessa definição; e, finalmente, o principal princípio para o qual o direito definido é orientado.

Analisando a Tabela 4, pode-se concluir:
- Kelsen concentra a atenção no ponto de vista do operador jurídico, que, para aplicar todas as normas válidas presentes no ordenamento, utiliza um esquema lógico-dedutivo do tipo "se ... então", destinado sobretudo a verificar a existência de premissas para a seleção de determinadas consequências jurídicas, de modo que se produzam decisões que sejam juridicamente previsíveis e independentes da vontade individual.
- Ehrlich assume a perspectiva social, ao adotar o costume como um "fato do direito" original. Dessa forma, estabiliza o direito, que contribui historicamente para a manutenção da autonomia social do grupo, podendo ser adotadas normas jurídicas eficientes muito antes do que o Estado consegue fazer com as suas proposições jurídicas.
- Weber adota uma perspectiva que vai além das posições anteriores. Ele assume o ponto de vista de um observador externo que analisa os diferentes jogos sociais, a fim de atribuir diferentes sentidos à ação social, de acordo com as situações culturais em que o direito opera.

Deve-se enfatizar aqui que os propósitos atribuídos ao direito pelas definições elencadas são diferentes, de acordo com os princípios adotados. Para Kelsen, seu objetivo é produzir normas, observando o princípio da "legalidade", entendido como garantia da dependência da tomada de decisão jurídica em relação a outras normas do ordenamento. Para Ehrlich, o propósito é garantir que as normas produzidas pelos grupos sociais sejam aceitáveis em termos de custo/benefício, portanto, que estejam baseadas no princípio da "eficiência", tendo passado pelos longos e utilitários testes da história. Para Weber, o objetivo é atribuir significado às ações dos operadores jurídicos e dos usuários, garantindo o princípio da "adequação" mútua dos diferentes critérios de racionalidade que caracterizam as diversas áreas da sociedade.

Para diferenciar os propósitos do direito de suas "funções", é necessário deixar claro que estas não são realizadas com base em certos princípios, adotados quase conscientemente. Essas funções são identificadas pelo sociólogo que tenta superar o horizonte, inevitavelmente limitado, de indivíduos e instituições de determinada sociedade.

3.2 Funções do direito

Ao falar sobre as funções do direito, podemos ter dois entendimentos e dois métodos de análise bastante diferentes[1]. O direito pode ser atribuído a funções gerais que dizem respeito à relação entre as normas jurídicas como um todo e o tecido social, do modo como os nossos autores fizeram, pelo menos de maneira implícita, mas também podem ser elaboradas hipóteses relativas às funções desempenhadas por normas jurídicas específicas, em

---

[1] Sobre o conceito de função do direito em geral, ver Vago (1988) e Atienza (1998). Para uma apresentação das duas abordagens opostas, ver Evan (1980), Reasons & Rich (1978), Campilongo (2000 e 2012).

situações específicas. A hipótese funcional do primeiro tipo pode ser útil para orientar a interpretação do relacionamento geral entre direito e sociedade, embora sem dúvida seja difícil fazer uma verificação empírica em um número suficiente de casos, por um período suficientemente longo e em relação a uma área social suficientemente extensa.

As funções que em geral podem ser atribuídas ao direito não são unívocas. Cada conceito de direito, pressupondo um modelo de sociedade dentro do qual opera, está inevitavelmente vinculado a uma ou mais funções a serem desempenhadas nesse contexto. As diferentes maneiras de considerar o direito implicam diferentes formas de ver a sociedade, que só podem ser funcionalmente compatíveis com a sua própria lei.

A concepção de direito de Kelsen, ao ressaltar certas maneiras de organizar as normas em um ordenamento jurídico internamente coerente, sugere, em termos gerais, uma visão da sociedade que, para ser compatível com esse sistema, deve ser estruturada de acordo com uma lógica centralista capaz de produzir coesão social, através da orientação fundamental para o valor da certeza (Scarpelli, 1965).

No trabalho de Ehrlich, no entanto, os órgãos centralistas, como mencionado, possuem a sua importância drasticamente reduzida na sociedade. Dessa maneira, a função fundamental do direito vivo não é apenas produzir coesão social, mas também garantir a eficiência dos sistemas dos grupos individuais que compõem uma sociedade pluralista na qual o Estado central, com a ajuda da ação mediadora dos juízes, executa apenas tarefas subsidiárias em relação à periferia.

A visão da sociedade de Weber é, por sua vez, claramente centrada no reconhecimento do papel que os fatores culturais generalizados desempenham no apoio ao Estado. A função do direito é, para Weber, fundamentalmente uma metafunção, uma vez que consiste em produzir coesão social, a fim de garantir que as várias parcelas da sociedade desempenhem suas funções de maneira mutuamente compatível e sejam capazes de apoiar umas às outras.

Note-se também que o uso do funcionalismo geral e abstrato sugeriu que, além de uma abordagem harmônica, focada em um direito entendido como instrumento de coesão social, fosse adotada uma abordagem conflitante, centrada em um direito entendido como ferramenta destinada a produzir, fortalecer e camuflar contradições sociais. Isso significa que, no momento em que a sociedade se autorregula, o direito é capaz de constituir, a partir dessa base, uma pluralidade de situações que não são apenas harmônicas com relação ao restante da sociedade, mas também podem, por si só, revelar-se potencialmente conflitantes[2].

Embora inserida em uma teoria da sociedade que dedica mais atenção às variáveis econômicas e lida apenas incidentalmente com o direito, a concepção de Marx assumiu importância preeminente entre as visões conflituosas da relação entre sociedade e direito. Em seus escritos maduros, Marx enfatizou quatro características importantes das funções do direito: seu caráter estrutural, ou seja, o reconhecimento de que é a estrutura das relações sociais e, em particular, das relações econômicas que condiciona o caráter superestrutural da política e do direito, essencialmente dependentes da primeira; seu caráter ideológico, isto é, a capacidade de mascarar as reais relações de poder dentro da sociedade por trás de uma aparente neutralidade formal; seu caráter repressivo, ou seja, a tendência de subordinar-se aos interesses da classe que representa a maioria da sociedade, capaz de

---

[2] Ver Tomeo (1981). Aplicações clássicas da abordagem conflitualista de inspiração marxista à sociologia do direito são encontradas em Adler (1922) e Renner (1929).

impor as leis; e seu caráter autorreprodutivo, no sentido de que as assimetrias nas relações de poder tendem a se fortalecer até não haver necessidade de um colapso das estruturas consolidadas por meio de uma revolução capaz de estabelecer um novo regime verdadeiramente igualitário (Marx, 2011).

O pensamento marxista experimentou evidentes mudanças de perspectiva no curso do seu desenvolvimento e também foi interpretado de diversas maneiras por autores nele interessados, por razões científicas ou ideológicas, que destacaram e reinterpretaram alguns aspectos, em vez de outros, e com diferentes ênfases. Dessa maneira, sob uma perspectiva estruturalista, preocupada em não predeterminar o conteúdo das ideologias jurídicas, destaca-se a "autonomia relativa" que preserva o direito em relação às estruturas sociais (Edelman, 1979). Também foi feita uma tentativa de seguir o caminho oposto, recorrendo-se a análises empíricas concretas das relações entre os principais conceitos do pensamento marxista, a fim de minimizar sua imprecisão original, como é o caso do conceito fundamental de "classe" (Collins, 1982). Além disso, ao desviar o foco para o campo da teoria do direito, buscou-se formalizar o pensamento marxista, a fim de formular uma teoria do direito público e privado que, pressupondo que o único direito é o do Estado, consegue mostrar, de forma juridicamente articulada, que o princípio da igualdade de direitos e deveres serve para ocultar uma economia de mercado apenas nas aparências igual para todos (Pashukanis, 1924).

A função geral de manter a ordem social (Cohen, 1967; Kellermann, 1967), por outro lado, inspirou uma pluralidade de modelos muito diferentes, que oscilam entre uma ordem construída de maneira consciente pelos indivíduos e uma ordem produzida de modo involuntário por multidões de atores; entre uma ordem correspondente a um equilíbrio social verdadeiramente definido e uma ordem instável, cuja conquista seria garantida pela possível coincidência entre o que é aplicável, em termos legais, e o que é sociologicamente sustentável. Nesse contexto, o direito pode ser visto como uma instituição consolidada que, na estrutura social, está destinada a absorver e canalizar conflitos que favorecem o *status quo*, ou seja, uma instituição destinada a apoiar e promover mudanças suportáveis em termos sociológicos.

A ambiguidade do conceito de ordem social, que reúne necessariamente as funções de estabilização e inovação, não é superada ao se definir o direito como um instrumento de "controle social". Por meio dessa definição, pode-se, de fato, aludir à sua capacidade de manter a situação social existente, ou provocar uma mudança nela, ou ainda, e esta é a visão mais pessimista, pode-se enxergar na lei apenas o poder no seu aspecto negativo, o que exige obediência e priva a vida social de possibilidades que, de outro modo, poderiam ser exploradas. Nesse contexto, vale lembrar o trabalho de Foucault, que exerceu profunda influência no pensamento sociológico-jurídico, instigando uma reflexão frutífera do instrumento de controle visto como uma forma de disciplina exercida por meio do poder generalizado na sociedade, e não apenas na prisão[3].

Em seu trabalho mais conhecido, Foucault (1975) parte de uma análise dos efeitos desejados e indesejados da tortura, através da qual o corpo do condenado se torna símbolo da força e da opressão do soberano e, portanto, não constitui apenas um aviso sobre as consequências da insanidade da desobediência, mas um sinal de revolta. Em seguida, ele passa a analisar historicamente a evo-

---

[3] Sobre o assunto, ver também Smart (1985); Strazzeri (1996; 2007); Dandeker (1990); Rufino (1996).

lução da punição, através de uma interpretação estrutural das técnicas de sinais punitivos, e observa, pelo menos simbolicamente, uma série de condições, como a certeza da punição ou a prevalência da vantagem esperada pelo crime, a fim de definir uma política criminal coerente. Em um momento posterior, Foucault aborda os dois tópicos relacionados à disciplina e à prisão, vistos como maneiras de controlar os corpos dos condenados, que podem ser exemplificados através da estrutura do panóptico. Esta estrutura permitiu ao preso observar sem ser visto, ao mesmo tempo que experimentou a sensação de ser um objeto constantemente observado, revelando que o controle sobre ele pode ser exercido de maneira completa e internalizado em seu dócil corpo.

A análise da dimensão simbólica e funcional do controle não exclui, pelo contrário, evidencia duas abordagens em princípio opostas, a harmônica e a conflituosa, na medida em que é possível reconhecê-las na prática, e que dão origem a múltiplas indicações funcionais que podem ser complementares entre si. Karl Llewellyn (1940), representante do realismo americano, enfatizou a expansão da área funcional do direito nas sociedades contemporâneas. Entre as principais funções atribuídas ao direito moderno, que atravessam a bipartição harmônico/conflitante, podem ser lembradas:

- a função da resolução de conflitos, que não se refere apenas aos casos patológicos da vida do direito, como crimes e outras ofensas, mas também aos fenômenos fisiológicos de tensão entre o direito e a sociedade e, portanto, não envolve uma atitude de condenação e repressão em relação ao conflito, mas de sua antecipação e canalização;
- a função da regulação comportamental, que consiste em estabelecer e manter o curso normal da vida de grupos, subgrupos e outras formas de agregação social;

- a função de legitimidade e organização do poder na sociedade, que se sobrepõe, pelo menos em parte, às anteriores, uma vez que a composição de um conflito pelo aparato coercitivo exige, por sua vez, uma autorregulação de sua intervenção por esse mesmo aparato;
- a função de estruturação das condições de vida nos diversos setores da sociedade, que deve promover as atividades de grupo e determinar as diretrizes gerais voltadas para ela;
- a função da administração da justiça, dividida em dois setores: se usada como uma "interpretação teleológica", pode ser adotada uma dogmática jurídica aberta às influências do conhecimento sociológico, tendo em vista a consecução de determinados objetivos; ou uma ciência experimental do direito, que consiste em corrigir o método interpretativo anterior através da possível substituição daqueles propósitos que, por vezes, mostram-se inviáveis.

Talcott Parsons oferece, em sua obra, uma maneira de retomar muitas dessas indicações em uma perspectiva articulada, que se tornou referência para vários autores que o sucederam. Ele desenvolveu, em alguns lugares, o trabalho de Llewellyn, e também se referiu a Max Weber ao elaborar um esquema funcional mais amplo, que inclui os quatro principais pré-requisitos funcionais de cada sistema social. Para Parsons, o direito é um "instrumento de dominação projetado não apenas para estabilizar, mas também para orientar e corrigir a vida social"[4]. A função integrativa, portanto, recai precisamente sobre o direito, mas de maneira mais geral para cada subsistema social capaz de exercer um controle que visa garantir o cumprimento forçado das expectativas atribuíveis às estruturas regulatórias compartilhadas.

---

[4] Parsons (1962). Em tom crítico, ver Giasanti (1977; 1985).

O esquema de Parsons também atribui a função de alcançar os objetivos, em geral confiados, em uma sociedade diferenciada, à política, pois ela visa preparar as perspectivas para o desenvolvimento futuro de cada sociedade; a função adaptativa é desempenhada sobretudo pela economia, uma vez que é especificamente orientada para a preparação dos métodos ideais de utilização dos recursos humanos e materiais disponíveis; a função de manter o modelo latente é assumida pela cultura e por todos os processos de recepção e transmissão dos ativos cognitivos e de avaliação de uma sociedade que, apesar de quaisquer mudanças historicamente intervenientes, depende da preservação da identidade do sistema social como um todo.

É fácil perceber que essas diferentes macrofunções correspondem a diversos sistemas sociais específicos (direito, política, economia, cultura), mas não se afirma que cada um deles possui uma única função, nem que uma função é atribuível a um único ordenamento. Além disso, nesse contexto, a função do direito produzido pelo Estado não parece mais atribuível a um ordenamento que está no topo de uma escala de ordens para assumir os deveres de regulador supremo ou controlador dos controladores.

Em última análise, o direito é comparável a um carro que pode ser dirigido de diferentes maneiras, dependendo da potência do motor e das condições da estrada. Se uma pessoa pressionar o pedal do acelerador, poderá alcançar a potência que lhe permitirá superar os obstáculos, as lacunas, as pedras e os buracos que as normas jurídicas encontram no caminho traçado pelo programa regulatório a ser implementado. Por outro lado, se pressionar o freio, utilizará o processo mais lento de aplicação da norma e descobrirá o tempo necessário para observar a estrada e se adaptar a ela, mesmo alterando os caminhos regulatórios traçados em princípio. No primeiro caso, o problema a ser resolvido, sobretudo utilizando a sanção para superar a resistência da sociedade, é o da eficácia; no segundo caso, o problema a ser resolvido, iniciando o processo de correção dos *layouts* regulatórios com base em roteiros irrealistas, é o da evolução.

Nessa duplicidade de funções, é possível reconhecer os dois níveis problemáticos pelos quais a sociologia do direito passa: o de estabilização, estritamente conectado à aplicação de estruturas jurídicas, com o objetivo de mostrar que o direito se traduz em ações compatíveis com aquelas dos destinatários das normas (problema da eficácia do direito); e o de variação, com o objetivo de mostrar como o direito altera conscientemente seu conteúdo em resposta às mudanças no ambiente social (problema da evolução do direito). Em ambos os casos, as culturas jurídicas aparecem como objeto de estudo de importância estratégica. Elas coletam um conjunto de possibilidades de atuação e de critérios de avaliação que garantem uma grande reserva de estabilização e variação a ser transmitida à vida do direito.

Os dois capítulos a seguir serão dedicados às questões de eficácia e evolução. Eles enfatizarão que o pêndulo da função do direito na sociedade oscila entre conservação e mudança, entre o problema da eficácia, que ressalta o papel do controle do direito em um sentido predominantemente de frenagem em relação à sociedade, e o problema da evolução, que sublinha o papel da aceleração que o direito, em determinadas circunstâncias, é solicitado a desempenhar em relação à sociedade.

SEGUNDA PARTE

PROBLEMAS

CAPÍTULO 4

O PROBLEMA DA EFICÁCIA

Diante da análise conceitual realizada no capítulo anterior, parece que o único direito sociologicamente relevante é o direito efetivo, ou seja, aquele cujo conteúdo normativo encontra correspondência na realidade através de uma ampla aceitação apoiada por culturas jurídicas sobretudo externas, cujo suporte é adequado aos aparelhos guiados por culturas jurídicas predominantemente internas.

Isso significa que o direito totalmente ineficaz, ao não ser aplicado na prática, permanecerá registrado no papel e não terá, do ponto de vista empírico, nenhuma influência sobre o comportamento das pessoas. Tal direito seria comparável às ordens que, segundo o relato de Manzoni, as autoridades competentes mandaram publicar e executar nas paredes de Milão quando uma praga tomou a cidade, embora fosse fácil prever, dada a situação, que ninguém daria atenção a elas.

No entanto, uma não aplicação generalizada, mesmo que não produza um direito efetivo, não é irrelevante para o sociólogo do direito, que pode tentar identificar em relação a quais conteúdos normativos específicos e em quais condições existe um desejo generalizado de ignorar o direito escrito. Em uma investigação mais detalhada, essa atitude, se consciente e manifesta, fere o direito mais do que uma recusa à obediência: o ladrão em fuga admite, pelo menos implicitamente, a existência da norma violada; já aquele que se comporta como se a norma não existisse estaria negando explicitamente a existência dela.

Mas o direito eficaz realmente pode coincidir com o direito como um todo? De modo paradoxal, pode-se dizer que a hipótese de um direito que é constantemente e sem exceção aplicado parece ainda menos interessante para o sociólogo do direito do que aquele que não é aplicado. Imaginemos uma sociedade em que os comportamentos das pessoas sejam naturalmente harmoniosos, em que elas evitem ações que possam prejudicar terceiros e busquem seus próprios interesses de maneira pacífica, adotando constantemente soluções que também são aceitáveis para os outros. Em tal sociedade, que estaria livre de conflitos e tribunais, de vítimas e infratores, o direito se tornaria completamente supérfluo e, em seu lugar, uma moral, ou pelo menos um costume compartilhado, seria imposta. Portanto, resta determinar o que se entende por direito eficaz e de que modo ele é relevante para a sociedade.

Em geral, a relevância do direito que se mostra eficaz para a sociedade pode ser expressa de várias maneiras. Afirma-se que o direito está ligado à sociedade, ou que reflete a sociedade, ou, ainda, que é o espelho da sociedade. A ideia de que o direito está ligado à sociedade limita-se a hipotetizar uma relação entre os dois, de modo que a mudança em um implica necessariamente a mudança no outro; a ideia de que o direito reflete a sociedade pressupõe que tal mudança, mesmo com possíveis distorções, implica alguma semelhança entre os dois; a ideia de que o direito é espelho da sociedade pressupõe uma identidade total entre os dois. É evidente, portanto, que apenas neste último caso o direito poderia desaparecer ou ser absorvido pela sociedade, o que sugere uma imagem tão fiel que ele não mais teria rosto nem identidade própria.

Na verdade, o direito, como o conhecemos, busca dar uma orientação à sociedade de alguma maneira, não se preocupa apenas em descrevê-la. Portanto, está destinado a enfrentar, inevitavelmente, alguma forma de resistência por parte dela (Rostek, 1971). O sociólogo do direito enfrenta dia a dia um direito que não é totalmente ineficaz nem eficaz, que não é totalmente invisível nem desnecessário, e ao abordar o problema fundamental da eficácia ele não será muito questionado sobre como garantir o cumprimento de todos os comportamentos de acordo com estruturas regulatórias, mas sim sobre como neutralizar os efeitos nocivos à coesão social das inevitáveis violações das normas jurídicas (Borucka-Arctowa, 1975; Ziegert, 1975; Friedman, 1975).

Deve-se acrescentar que a eficácia parcial ou a ineficácia do direito podem ser verificadas tanto do ponto de vista macrossociológico – e neste caso serão levadas em consideração as relações entre as diferentes formas de organização da sociedade e de controle da eficácia ou ineficácia utilizadas por determinado ordenamento –, quanto do ponto de vista microssociológico – e neste caso será realizada uma tentativa de averiguar os níveis de observância de determinadas normas e as possíveis reações que sua violação é capaz de provocar na prática dos tribunais e no comportamento de seus destinatários.

Em particular, levando em consideração os objetivos, podem ser identificadas divergências dentro das orientações do legislador, não apenas de natureza instrumental, mas também de natureza puramente simbólica, ou seja, busca-se mostrar sensibilidade para determinada questão sem pretender resolvê-la (por exemplo, no caso das chamadas "leis manifestas", que têm como finalidade manifestar uma vontade operacional de intervir, em vez de alcançar de modo efetivo certos resultados). Levando em consideração as variáveis relativas às orientações dos usuários, é possível estabelecer em que medida eles podem sustentar, mesmo que inconsistentemente, a eficácia da norma (por exemplo, pode-se dizer que a legislação que proíbe fumar em locais públicos é respeitada, mas muitos ignoram o risco do ato de fumar em suas casas ou em outros lugares não públicos). Por fim, levando em conta as variáveis do contexto, é possível verificar se uma norma é aplicada com sucesso em relação aos objetivos declarados e se pode produzir consequências imprevistas em outros sistemas (por exemplo, no sistema econômico, causando custos excessivos). Isso deve aconselhar, em uma perspectiva de engenharia social, pelo menos a correção de uma lei desse tipo (Podgórecki, Alexander & Shields, 1996).

Nos parágrafos que se seguem será feita uma abordagem que se baseia nos princípios do realismo jurídico, ou seja, naquela escolha metódica radical que, ao contrário do positivismo jurídico, busca focar o direito eficaz, evitando os fatores que podem distorcer o conhecimento da realidade empírica do direito. Essa abordagem parece benéfica, em termos educativos, pois é capaz de fornecer um núcleo de referência essencial que posteriormente pode ser enriquecido e complementado com outras variáveis.

4.1 Ordem social e ordem jurídica

A primeira questão que pode ser tratada ao abordar o problema da eficácia, em um nível macrossociológico, diz respeito à identificação das conexões entre certos "tipos" de normas jurídicas e determinados "tipos" de organizações sociais.

O problema foi explicitamente abordado por Émile Durkheim (1893), que continua a ser referência obrigatória para a reflexão sociológico-jurídica. Ele observa que o pressuposto da ordem social e, portanto, da efetividade das normas jurídicas, constitui um nível adequado de solidariedade social. Esta "não permanece, apesar de seu caráter imaterial, em um estado de pura potencialidade, mas se manifesta por efeitos sensíveis", relevantes para um sociólogo interessado em "substituir o fato interno que nos ilude pelo fato externo que a simboliza". Obviamente, a solidariedade, do ponto de vista pluralista, não se baseia apenas no direito, mas em vários outros sistemas regulatórios, a começar pelos costumes. É improvável, no entanto, que estes estabeleçam uma ordem alternativa ao direito, já que "normalmente não se opõem ao direito e, de fato, formam a base".

Para definir as diversas formas de solidariedade social e o direito que elas manifestam, uma referência fundamental é a sanção. Se por preceito jurídico se entende, de fato, "uma regra de conduta sujeita a sanção", deve-se também afirmar que "as sanções mudam de acordo com a importância dos preceitos, o lugar que ocupam na consciência pública e o papel que desempenham na sociedade". Portanto, é possível classificar as normas jurídicas de acordo com as diferentes sanções a elas relacionadas.

Para Durkheim, as sanções podem ser de dois tipos. O primeiro diz respeito ao direito penal, que costuma impor sanções que envolvem "dor, ou pelo menos uma privação infligida ao agente; têm o objetivo de atacá-lo em sua fortuna, em sua honra, em sua vida ou em sua liberdade, para privá-lo de algo de que gosta", por esses motivos chamadas de "sanções repressivas". O segundo tipo concerne ao direito civil, ao direito comercial, ao direito processual, ao direito administrativo e ao direito constitucional e não impõe necessariamente sofrimento para o agente, consistindo simplesmente "em uma reparação, ou seja, no restabelecimento de relações perturbadas em sua forma normal"[1].

Esses dois tipos de penalidades podem prevalecer nos ordenamentos jurídicos, de acordo com o tipo de solidariedade que caracteriza determinada sociedade. A solidariedade, que por si só seria invisível, é então identificada através da sanção visível que caracteriza determinado direito. Durkheim correlaciona a prevalência do primeiro tipo de direito e sanção a uma "solidariedade mecânica" baseada na "semelhança entre indivíduos". Essa solidariedade atinge seu nível máximo "quando a consciência coletiva coincide ponto a ponto com a nossa consciência total", ou seja, quando "a personalidade individual é absorvida pela personalidade coletiva", com "a repetição de sentimentos semelhantes e homogêneos". Segundo Durkheim, a prevalência do segundo tipo de direito corresponde a uma "solidariedade orgânica", baseada em uma estrutura diferenciada da sociedade, na qual diferentes órgãos são autônomos, cada um com sua própria função específica.

Deparamos aqui com duas tendências que conduzem a formas totalmente diferentes de coesão social e de fortalecimento da eficácia do direito, formas potencialmente antitéticas ("uma centrípeta e outra centrífuga") que, por esse motivo, não podem expandir-se de modo simultâneo, apenas subtrair espaço uma da outra. De fato, "não podemos ao mesmo tempo caminhar em duas direções opostas", portanto, não podemos ao mesmo tempo ser individualistas e pensar e agir como os outros; também não podemos ser conformistas e ter inclinação para o pensamento e a ação pessoais; nem podemos tentar passar uma imagem única

---

[1] Sobre o conceito de direito em Durkheim, ver Marra (1986) e Toscano (1975). Sobre a influência do pensamento de Durkheim sobre os precursores da sociologia do direito, ver Petrucci (1984) e Villas Bôas Filho (2019).

e "querer parecer com todos" (*ibid.*, p. 122). Nesses casos, o tipo de sanção que o direito prevê para eventuais desvios pode caracterizar as formas predominantes de solidariedade social e, portanto, de toda a sociedade.

Uma conexão análoga entre diferentes tipos de sociedades e diferentes relações entre indivíduos, e entre estes e a forma como a eficácia das normas jurídicas é assegurada, é proposta pela dicotomia delineada por Tönnies (1887), que contrapõe a "comunidade" (*Gemeinschaft*) à "sociedade" (*Gesellschaft*). O autor aponta a alternativa entre duas maneiras diferentes e opostas de compreender as relações sociais. Na comunidade, ao assumir as implicações do conceito romântico de "espírito do povo", ele observa o condicionamento da ação dos membros do grupo a uma vontade comum que constitui "o princípio da unidade da vida" e é elevada acima dos "instintos sociais", para determinar e sustentar "toda a civilização de um povo" (pp. 123 ss.). Na sociedade, por outro lado, a ação dos membros do grupo parece determinada por uma vontade que pode ser definida como arbitrária, na medida em que se baseia no "intelecto frio".

Para ilustrar o contraste entre esses dois tipos de vontades, Tönnies escreve que o primeiro derivaria dos "impulsos quentes do coração", e o segundo, "do intelecto frio" (*ibid.*, p. 212). Do ponto de vista sociológico, tanto o modelo de comunidade entendido como vida real e orgânica quanto aquele entendido como formação ideal e mecânica caracterizam-se por diversos elementos estruturais, que se relacionam com as formas de organização dos grupos sociais e, portanto, com seus respectivos direitos: o modelo comunitário é caracterizado pelo direito de família, enquanto o modelo de sociedade se caracteriza pelo direito das obrigações.

Com base nessa oposição, a coesão social é comparada, retomando as razões de tradição orgânica, àquela coesão presente em um organismo vivo, no qual as partes colaboram para a sobrevivência do todo; recorrendo às razões da tradição contratual, é comparada àquela realizada por um contrato no qual as partes reúnem livremente suas vontades individuais. O termo "comunidade" coincide, portanto, com a prioridade do grupo sobre o indivíduo (organicismo), enquanto o termo "sociedade" coincide com a prioridade do indivíduo sobre o grupo (contratualismo).

A comunidade, portanto, é uma condição e pré-requisito da sociedade que esta não pode apagar, historicamente destinada a sobreviver nela. Isso significa que as formas relacionais primitivas, de caráter comunitário, persistem ao longo da história e são simplesmente encobertas pelas formas mais sofisticadas e superficiais da sociedade, que empurram as primeiras para camadas mais profundas da consciência coletiva. Portanto, não desaparecem, mas permanecem vitais, mesmo que ocultas nas dobras de formas associativas mais evoluídas ou nas profundezas da memória de um povo. Assim, os muitos processos de marginalização ou inclusão presentes na sociedade atual, como aquele que se denomina de oposição entre o grupo a que as pessoas pertencem (*in-group*) e o grupo dos outros (*out-group*), podem ser vistos como um mecanismo coletivo de construção do ego que parece ter raízes em um conceito tribal não completamente removido pelos atores sociais das sociedades avançadas.

Ambas as dicotomias – a de Tönnies entre *Gemeinschaft* e *Gesellschaft*, e a de Durkheim entre solidariedade mecânica e solidariedade orgânica – são retomadas por Theodor Geiger (1964) que, em meados do século XX, através do filtro de uma abordagem metodológica diretamente inspirada no realismo da Escola Uppsala[2], faz uma revisão delas. Ele tenta distinguir, com a ajuda

---

[2] Sobre o realismo jurídico escandinavo, ver Castignone (1974) e Pattaro (1975). Em particular, Geiger (1946; 1952) compartilha o compromisso da Escola de

de indicadores empíricos, os ordenamentos sociais nos quais a coordenação é produzida por meio de uma adaptação recíproca e espontânea dos indivíduos, daqueles que, comparados aos anteriores, são ditos artificiais, já que a composição harmônica dos comportamentos é guiada por normas específicas.

No primeiro caso, existe uma ordem natural cujo fundamento não é um ato de vontade, mas uma conexão íntima e necessária entre o indivíduo e a sociedade. A existência dessa ordem é justificada com base no postulado de que a sociedade, reduzida ao seu "conteúdo mais simples", envolve uma dependência mútua entre os indivíduos e que uma forma existencial de "estar junto aos outros" é parte integrante do mesmo conceito de ser humano.

Esse tipo fundamental de ordem social está concentrado em torno de três aspectos da relação "ego → alter". Esses aspectos, minimamente controláveis por meio da vontade ou arbitrariedade individual, são: uma interdependência social na qual prevalece um sentimento instintivo de coesão baseado na necessidade de cada indivíduo de sobreviver e realizar sua existência física e psíquica juntamente com os outros e com a ajuda dos outros; uma inter-relação vital na qual, com base em uma identificação em relação ao outro, um se comporta como se o outro tivesse uma vida interior igual à dele e considera, portanto, que é possível interpretar e compreender (ou acreditar que compreende) as atitudes do outro da mesma forma que o outro é capaz de compreender e interpretar as suas atitudes; uma inter-relação conjuntural, na qual predomina a praticidade de adaptação ao comportamento alheio a partir de hipóteses intuitivas sobre as suas possíveis rea-

---

Uppsala de desmistificar todas as ideologias, não apenas as jurídicas. Para Geiger (1970, pp. 557 ss.), no entanto, a crítica das superestruturas verbais que ocultam os fatos em vez de descrevê-los não exclui, como se verá, o reconhecimento da importância das raízes psicológicas da observância e eficácia das normas.

ções. Esses diversos aspectos das relações entre pessoas, embora envolvam diferentes graus de consciência, podem ser guiados pelo indivíduo de maneira predominantemente instintiva e, portanto, não envolvem um controle totalmente racional das complexas cadeias de ações e reações sociais que estão relacionadas a cada comportamento.

O segundo conceito de ordem surge quando se passa do nível de interdependência (*Interdependenz*) ao nível de coordenação (*Koordination*) dos comportamentos sociais, tipificados de acordo com os seus respectivos papéis. Esse segundo tipo de ordem, que pode ser diferenciado do anterior a partir do termo geral de "ordenamento", é necessário para que "o indivíduo possa prever com certa segurança como os outros se comportarão em situações típicas e muitas vezes recorrentes", de acordo com Geiger (1964, p. 41). A reconstrução que este autor faz da formação da ordem social está, portanto, centrada no contraste entre uma sociedade baseada na simples interdependência das diversas ações e outra baseada na coordenação de diferentes papéis.

Além dessa distinção entre os dois modelos de ordem social (separáveis apenas em abstrato na sua pureza, mas combinados de modo variado concretamente em formas mistas, Geiger propõe outra distinção fundamental, já anunciada por Weber: aquela entre a regularidade de comportamento meramente iterativo (*Regelhaftigkeiten*) e a do comportamento normativo (*Regelmässigkeiten*), em que os comportamentos, seguindo as normas, exigem intervenções corretivas ou sancionatórias, em caso de infrações, e também obrigam para o futuro. Essa distinção é de central importância para um estudo bem fundamentado das normas, como o de Geiger, na observação das regularidades do comportamento e de sua sancionalidade.

```
                    ┌──────────┐    ┌──────────────┐
                    │  Verbal  │───▶│ Proclamativa │
                 ┌─▶│          │    └──────────────┘
                 │  │          │    ┌──────────────┐
┌─────────┐      │  └──────────┘───▶│  Declarativa │
│  NORMA  │──────┤                  └──────────────┘
└─────────┘      │  ┌──────────┐    ┌──────────────┐
                 │  │Subsistente│───▶│   Latente   │
                 └─▶│          │    └──────────────┘
                    │          │    ┌──────────────┐
                    └──────────┘───▶│    Atual     │
                                    └──────────────┘
```

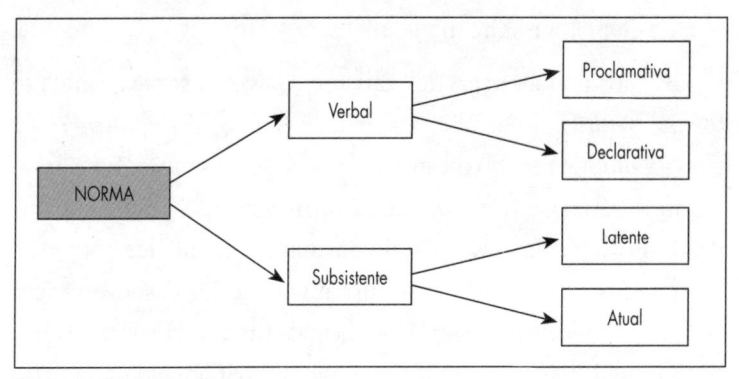

Figura 3. Distinção das normas.

As outras distinções que Geiger propõe relativas ao conceito de norma aparecem resumidas na Figura 3, que mostra como, a partir de ampla distinção entre normas "verbais" e "subsistentes", ou seja, entre normas formuladas verbalmente e normas apenas de fato observadas, existem outras distinções. As normas verbais podem ser "proclamativas" ou "declarativas", o que depende de levarem ou não em conta normas preexistentes ou modificá-las. As normas subsistentes, por sua vez, podem ser "latentes" ou "atuais", o que depende de sua sancionabilidade ainda não ter sido violada ou de já terem sido demonstradas através de violações sancionadas (*ibid.*, p. 85). Esta última distinção é de particular importância, na medida em que deixa claro que a sanção, para Geiger, é um conceito que, como o de flexibilidade, pode ser chamado de disposicional: da mesma forma que a elasticidade de um corpo não pode ser estabelecida caso não esteja sujeita a tração, não se pode dizer que uma regularidade possui ou não caráter normativo caso não tenha sido violada, pois somente nesse caso pode ser verificado que a violação resultou em uma sanção eficaz.

4.2 Norma e sanção

Fiel aos pressupostos do realismo, Geiger absorve a validade formal (*Gültigkeit*) na obrigatoriedade efetiva (*Verbindlichkeit*) e passa a submetê-las ao mesmo indicador: o da sanção. Em suma, a sanção visível, em suas diversas formas de aplicação, é o principal indicador da existência de normas na mente dos homens e de sua eficácia. A partir dessa premissa, Geiger desenvolve, em torno dos conceitos de sanção e eficácia, uma construção formalizada que busca representar, em bases estritamente comportamentais, as diferentes etapas da formação de sistemas sociais e jurídicos. Ele utiliza símbolos e letras para indicar relações sucintas, linguagem certamente não usual em uma obra sociológico-jurídica, mas o seu uso pode ser justificado por pelo menos duas boas razões: dessa forma, o leitor pode compreender melhor a linearidade do raciocínio e todos os elementos utilizados podem ser tratados com maior neutralidade.

São estes os principais símbolos usados por Geiger:

Σ Grupo social integrado.

A Destinatário de uma norma (uma pluralidade de destinatários é representada por AA).

B Beneficiário de uma norma (uma pluralidade de beneficiários é representada por BB).

H Ator que age sem ser diretamente destinatário de qualquer norma (uma pluralidade de atores é representada por HH).

Ad Destinatário desviante que, tendo violado uma norma, expõe-se à consequente reação a essa atitude.

M Associação única do integrado social Σ (uma pluralidade de associados é representada por MM).

Ω   Opinião pública, entendida como um conjunto potencial de membros do grupo social Σ que reage à violação de uma norma.
s   Situação tipicamente recorrente no grupo social integrado Σ.
c   Comportamento regular adotado por membros do grupo em determinada situação s.
c̄   Comportamento diferente do comportamento regular c, ou comportamento desviante.
r   Reação à violação de uma norma.
v   Estigma de obrigação de uma norma.
Δ   Juiz ou instância jurisdicional chamado a responder em caso de violação de uma norma institucionalizada.
Θ   Legislador.
Π   Órgão que exerce o poder central em Σ
≠   Símbolo de desigualdade.
=   Símbolo de igualdade.
÷   Símbolo que indica a ausência ou a irrelevante presença de um dos papéis indicados antes (por exemplo, no lugar de *B* sugere que a norma não possui beneficiários diretos).

Nessa simbologia simplificada, pode-se dizer que cada ordenamento social repousa no fato de que em determinado grupo integrado Σ existe uma relação estável, ou pelo menos estatisticamente provável, entre certas situações típicas s e determinados modos típicos de comportamento c. Essa conexão, na qual todas as formas de coordenação social se baseiam, é expressa por Geiger através da fórmula $s \to c$, em que a seta indica que em uma situação s normalmente existe c; ou por meio da fórmula $s \to \bar{c}$, que indica uma situação s em que existe c̄, ou seja, um comportamento diferente daquele predominante em termos estatísticos (*ibid.*, p. 96).

O complexo entrelaçamento de expectativas sociais gira em torno de esquemas como $s \to c$, ou $s \to \bar{c}$. Esses padrões servem ao ator, numa perspectiva sobretudo operacional, como modelo para seus comportamentos, e para o espectador, numa perspectiva principalmente cognitiva, como ferramentas para prever possíveis comportamentos do ator.

Obviamente, para que o processo de coordenação seja concluído, o ator, segundo Geiger, deverá levar em conta as expectativas dos observadores e suas possíveis reações. Pode-se, portanto, dizer que, em cada grupo integrado, qualquer associado M direcionará suas ações para as reações esperadas dos outros associados: $M_1, M_2, \ldots M_n$.

Seria, no entanto, simples demais pressupor que o comportamento de M pode ser guiado pelo princípio da mera conformidade em relação ao comportamento de outros associados MM. Em geral, e ainda mais em uma sociedade diferenciada, o princípio norteador da coordenação social será, de fato, o da compatibilidade e da coerência dos comportamentos em relação aos papéis individuais exercidos de tempos em tempos.

Em outras palavras, certo membro do grupo Σ não esperará de todos os outros membros um comportamento idêntico ao dele na mesma situação, mas poderá pressupor comportamentos diferentes nos quais os papéis de $M_1, M_2, \ldots M_n$ serão diferentes. Por exemplo, se determinado membro M_1 assume em Σ um papel diferente de M_2, então, mesmo em uma situação idêntica s, serão permitidos comportamentos diferentes e, portanto, caberá a expressão de desigualdade: $c M_1 \neq c M_2$.

Esse princípio de conformidade de comportamentos em relação a funções e situações provoca duas consequências na construção de Geiger. Em primeiro lugar, os elementos que se tornam parte da situação s, entendida em sentido amplo, abarcam não tanto aspectos relacionados às circunstâncias externas e aos aspectos puramente físicos, mas sobretudo relativos à posição social dos diferentes sujeitos (*ibid.*, p. 112).

Em segundo lugar, pode-se distinguir dois componentes no próprio ordenamento social: ao lado de uma "ordem de ação" que determina os diversos comportamentos em diferentes situações, há uma "ordem estrutural" que estabelece os critérios de atribuição dos diversos papéis e posições sociais e indica os comportamentos típicos a eles associados. Com base nesse ordenamento, modelos comportamentais particulares são atribuídos aos membros de certos subgrupos dentro de Σ (*ibid.*, p. 48).

Geiger propõe, portanto, usar a fórmula simples ($s \to c$) apenas para indicar que, de certa maneira, existe uma correlação, estatisticamente fundada, para a qual: dado s tem-se c. Sugere, em vez disso, utilizar a fórmula ($s \to c)v$, caracterizada pela adição do estigma de obrigatoriedade v (que significa "vinculação"), para indicar que a conexão entre parênteses possui não apenas uma base estatística, mas também uma base normativa tanto para os destinatários AA quanto para eventuais beneficiários BB.

Mais precisamente, de acordo com Geiger, todas as normas sociais podem ser rastreadas até a fórmula:

$$(s \to c) \; v \; \frac{AA}{BB}$$

Por essa fórmula, a conexão entre determinada situação s e certo comportamento c será obrigatória (vinculante) se os destinatários da norma AA se comportarem do modo esperado em relação aos beneficiários BB. Assim, se AA indica a pluralidade de destinatários da norma, e BB, a pluralidade de seus beneficiários, o sinal de fração que separa esses símbolos indica que a variável designada pelo símbolo AA atua diretamente sobre a variável designada pelo símbolo BB.

Em suma, em cada padrão, quatro elementos fundamentais podem ser distinguidos, pelo menos em princípio:

1. o núcleo $s \to c$;
2. o estigma da obrigatoriedade v;
3. os destinatários AA;
4. os eventuais beneficiários BB.

Se, então, como é o caso da norma elementar: "Os ciclistas (AA) são obrigados (v), após o anoitecer (s), a ligar os faróis (c)", não há beneficiário explicitamente indicado, a fórmula aplicável é:

$$(s \to c) \; v \; \frac{A}{\div}$$

Desse modo, tendo estabelecido a definição de obrigatoriedade (v) de um ponto de vista formal, o problema é encontrar indicadores de v que sejam empiricamente observáveis. Geiger parte de duas observações preliminares: em primeiro lugar, a atribuição de um caráter obrigatório a um padrão de comportamento $s \to c$ só faz sentido se para AA for possível, além de c, um comportamento diferente, que pode ser representado, na simbologia de Geiger, como $\bar{c}$. Em segundo lugar, a natureza obrigatória de $s \to c$ não pressupõe necessariamente um comportamento uniforme de todos os destinatários. Se, em geral, a maioria dos AA realizar o núcleo $s \to c$ em suas ações, enquanto outros agem de forma diferente, de acordo com o esquema $s \to \bar{c}$, não seria necessário não considerar $s \to c$ obrigatório. Na verdade, seria um verdadeiro absurdo considerar que tal esquema é obrigatório ou vinculativo apenas para os AA que o seguem (*ibid.*, p. 104), pois nesse caso a possibilidade de um desvio seria excluída.

À luz dessas premissas, pode-se argumentar que o conceito de regra não apenas admite, mas necessariamente implica o conceito de desvio. De acordo com Geiger, para identificar a natureza vinculativa da correlação $s \to c$ entre uma situação s e um comportamento c, $(s \to c)$, é necessário observar o que acontece diante de um comportamento diferente, $\bar{c}$, por parte de um destinatário A (ou, mais precisamente, por um Ad, em que d significa "desviante"). Se o comportamento desviante $\bar{c}$ for adotado, como reação dos membros de Σ ou pela opinião pública Ω, essa reação será suficiente para considerar $(s \to c)$ obrigatório ou vinculante, recebendo o estigma v; se, por outro lado, essa reação não ocorrer, isso será suficiente para considerar $s \to c$ não obrigatório (não vinculativo), do ponto de vista sociológico. Traduzindo essas correlações para a simbologia de Geiger, tem-se a fórmula:

$$\left[(s \to c)\ v\ \frac{AA}{\div} + (s \to \bar{c})\ v\ \frac{Ad}{\div} \right] \to r\ \frac{\Omega}{Ad}$$

Em outras palavras, dado que, em determinada situação s, deve ser adotado um comportamento c obrigatório por parte dos destinatários AA em relação aos beneficiários não identificáveis, é possível presumir que, na mesma situação s, o comportamento não compatível com $\bar{c}$ seja adotado por um destinatário desviante Ad em relação aos beneficiários não identificáveis e, em um momento posterior, o comportamento será seguido por uma reação da opinião pública Ω em relação a Ad. Isso significa que o estigma de obrigação v não deve ser necessariamente realizado, de modo obediente, pelos destinatários AA, mas pela reação do grupo à possível desobediência de AA.

A norma, portanto, "não é obrigatória porque seus destinatários atribuem a ela, em suas representações, a qualificação de obrigatória e, portanto, adaptam-se a ela, mas sim porque estão efetivamente sujeitas à alternativa 'realização ou reação'". Em suma, é essa alternativa, e não as razões subjetivas, que na verdade pode trazer um elemento sociologicamente decisivo para estabelecer de modo empiricamente verificável o caráter obrigatório da norma.

A validade sociológica da correlação $s \to c$ pode ser expressa pela seguinte disjunção: ou o destinatário A realiza c em uma situação s, ou ele se torna Ad (destinatário desviante), executando $\bar{c}$, e, neste caso, estará sujeito à reação r da opinião pública Ω.

Na simbologia de Geiger:

$$v = s \to \begin{bmatrix} \to c \dfrac{A}{\div} \\ \to \bar{c} \dfrac{Ad}{\div} \to r \dfrac{\Omega}{Ad} \end{bmatrix}$$

ou, mais brevemente:

$$v = s \to \begin{bmatrix} \to c \\ \to \bar{c} \to r \end{bmatrix} \quad \text{em que} \to \begin{bmatrix} \to \\ \to \end{bmatrix} \text{significa "o...., o"}$$

O resultado alcançado, seguindo a lógica de Geiger, permite que o conceito de obrigatoriedade seja purificado de elementos metafísicos e ideológicos incompatíveis com uma perspectiva realista. Dessa forma, o autor consegue recuperar aquele "conteúdo real" não apenas empiricamente observável, mas em princípio quantificável, que, ao tornar obrigatórias (puníveis) as normas, não apenas as categoriza como obrigatórias ou não obrigatórias, mas como obrigatórias em maior ou menor grau.

Se a obrigatoriedade é entendida como a probabilidade de que determinada pessoa, em certa situação estabelecida pela norma, adotará determinado comportamento, caso contrário estará sujeita à reação do público, fica prefigurada a eventualidade de que, em determinado número de casos, o descumprimento da

O PROBLEMA DA EFICÁCIA · 139

norma não é acompanhado por nenhuma reação da opinião pública, devido à interferência de diversos fatores, como o desconhecimento da infração da parte de A, a indisponibilidade de A, a impossibilidade temporária de exercer r e outros.

Em geral, a fórmula que expressa a possibilidade da natureza obrigatória da norma é:

$$v \frac{e}{s}$$

que expressa a relação entre o número de casos em que a norma é eficaz (e) e o número total de casos (s) em que se deve ter c. Obviamente, o caso é mal julgado, do ponto de vista da obrigação, quando $e = s$ e, portanto, $v = 1$; isso também tornaria a norma desprovida do indicador de reação.

Essas e outras observações formais têm reduzida relevância sociológica, a menos que também se estabeleçam quais variáveis sociais determinam os índices de eficácia ou ineficácia das normas e, portanto, o seu grau de obrigatoriedade. Geiger observa que a medida de v é função de duas variáveis relacionadas: por um lado, a relevância de c para a vida de Σ; por outro, a atenção dada pela opinião pública Ω à manutenção dos modelos $s \rightarrow c$. Isso significa que, "quanto mais independentes de Σ forem os associados individuais de MM, mais facilmente eles poderão assumir uma posição autônoma em relação a Σ, e a manutenção da obrigatoriedade das regras torna-se ainda mais incerta" (*ibid.*, p. 95).

Quanto à variável Ω, Geiger observa que a reação r nem sempre equivale à implementação coercitiva de c, mas pode ter como objetivo simplesmente infligir um dano ao desviante Ad (represália), ou desempenhar uma simples função preventiva, influenciando o comportamento concreto dos destinatários AA apenas por meio da ameaça de sanções, ou, ainda, pode operar sem recorrer a tal ameaça, mas apenas com o auxílio de uma série de razões colaterais de dissuasão, como o pensamento de que um B interessado em $s \to c$ será capaz de retaliar em uma ocasião posterior e outros.

No que diz respeito à composição da opinião pública Ω, Geiger observa que, nas sociedades primitivas, em princípio ela é composta de todos os MM_Σ, exceto, é claro, aqueles contra os quais a reação é exercida de tempos em tempos. No entanto, este é simplesmente um dos casos possíveis, pois também pode incluir apenas determinada área de MM_Σ; ou pode reservar ao beneficiário B uma posição específica de controle da norma violada; ou ainda, e este é o caso evolutivamente mais rico em consequências, pode estar sujeito, como veremos, a um processo de institucionalização, centralizado em uma instância específica destinada ao exercício profissional da reação social (*ibid.*, p. 96).

Deve-se notar também que a disposição de cada associado M de reagir ao comportamento desviante pode mudar quando, em vez do papel de Ω, ele assume o papel de destinatário da norma. Portanto, é possível supor que certo M considere um mesmo comportamento lícito, se praticado por ele próprio, ou repreensível, se adotado por outros (dupla moral). Mesmo nesses casos de conflito de papéis, no entanto, o ponto de referência decisivo para a atribuição de validade não será a atitude do indivíduo A, mas a reação real de Ω. Se for estabelecido que os associados, ou pelo menos parte deles, também são beneficiários BB do comportamento esperado e se reconectar com a implementação de c, um "significado vital" para qualquer possível omissão de c por parte de Ad não provocará apenas surpresa ou decepção, mas também indignação e questionamento por parte dos vários BB. Tais reações, por sua vez, encontrarão confirmação e apoio na atitude dos demais associados não diretamente envolvidos e diferentes de B, ou seja, MM, e seu apoio a B resultará, pelo menos de modo implícito, na aprovação de $s \to c$ ("Isso deveria ter sido feito!"). Essa é, segundo Geiger, a forma original pela qual o estigma da obrigatoriedade se manifesta enquanto a regra social é transformada na norma (s → c)v. O uso torna-se, assim, uma norma subsistente, uma espécie de costume, e não ocorrerá apenas o desvio de uma regularidade empírica factual, mas também a violação de uma regularidade obrigatória exigida pela sociedade.

O costume, em suma, é uma norma subsistente criada dentro de um grupo através de um procedimento amplo e não controlado, não conduzido por órgãos centrais, e sua existência, como a das demais normas subsistentes, manifesta-se apenas no caso de uma violação ao comportamento esperado. Um nível mais elevado de eficácia é obtido com a transição do costume para a norma estabelecida, o que envolve inovações fundamentais na estrutura dos ordenamentos normativos no que diz respeito a pelo menos três aspectos:

- enquanto a norma consuetudinária não tem início nem autor definido, a norma estabelecida tem origem que pode ser datada com precisão e é atribuível a um ato humano específico;
- enquanto a norma consuetudinária tem uma relação retroativa com o tempo ("o que foi feito ontem também deve ser feito hoje"), a norma estabelecida, inversamente, guarda uma relação prospectiva com o tempo ("amanhã e o futuro serão feitos como foi estabelecido hoje");
- enquanto a norma consuetudinária pertence à esfera da vida irrefletida e da espontaneidade, a norma estabelecida é sempre a expressão de reflexões teleológicas da instância que a promulga e, portanto, pertence à esfera da decisão.

Essas inovações exigem como principal condição prévia, portanto, a capacidade dos membros Σ de conceber uma representação abstrata da norma que supere a mera ideia da iteração de comportamentos já implementados ("outros também fazem isso") e passe a considerar as normas como pretensões formuladas, em termos gerais, por meio de um estatuto criado por um poder central capaz de institucionalizar quaisquer sanções.

4.3 A institucionalização das sanções

A reconstrução das fases pelas quais o processo de estabelecimento de sanções se manifesta é uma oportunidade interessante para Geiger esclarecer, a partir de seu próprio simbolismo, as relações entre a diferenciação interna da sociedade e a estrutura do sistema jurídico. O autor distingue várias etapas no processo de institucionalização de sanções. A primeira é caracterizada pela reduzida diferenciação social e pela natureza generalizada das normas individuais, que tendem a atingir, de maneira indiscriminada, todos os membros MM da integração social, sem isolar nenhum grupo específico de beneficiários. A segunda etapa caracteriza-se por um maior grau de diferenciação social e, portanto, por uma maior especificidade das normas que se dirigem a determinados destinatários e favorecem certos grupos. Trata-se de uma importante transformação da sanção, que, de coletiva, ou seja, exercida por todos os membros de Σ, torna-se pessoal, exercida diretamente pelos beneficiários BB, que se decepcionam com suas expectativas. Portanto, não há mais:

$$r \frac{MM}{Ad}$$

mas sim:

$$r \frac{B}{Ad}$$

No entanto, para que qualquer membro do grupo Σ possa exercer a reação sobre outro membro do mesmo estrato social, duas condições devem ser atendidas: é preciso que Ad possa reagir diretamente em relação a B quando este violar uma norma (lei de retaliação); a comunidade deve se abster de reagir ao beneficiário B, que exerce diretamente a reação (reação coletiva negativa). Na terceira fase, a reação volta a ser exercida por M contra o indivíduo A, mas não mais em defesa dos interesses gerais, porém de interesses particulares afetados pela violação de normas específicas. Dado que os destinatários e beneficiários de uma norma são menos numerosos do que os demais associados ($AA < MM$; $BB < MM$), a reação de Ω apoiará, de tempos em tempos, os interesses de certos grupos da sociedade diferenciada Σ em relação a outros grupos (reação coletiva específica).

Somente na quarta fase ocorre a reação institucionalizada, através da criação de um órgão especial Δ. Nesse ponto, deve-se deixar claro que, se a disponibilidade de reação pelas diversas instâncias mencionadas constitui um "componente constituinte da obrigatoriedade das normas", o fato de parte de uma dessas instâncias não exercer a sanção pode, por sua vez, provocar uma reação da comunidade contra essa instância pela omissão. Pode-se dizer que essa reação, que se distingue da anterior, é de segundo grau, pois produz o efeito de restaurar a natureza obrigatória de uma norma de primeiro grau de outra forma comprometida e, portanto, envolve uma expansão significativa do conceito de validade. É o caso, por exemplo, de uma norma pela qual a reação institucionalizada obrigatória de Δ depende da ocorrência de uma das três seguintes hipóteses, relacionadas à norma que rege o que fazer na situação s: existir, como esperado, o comportamento c do destinatário A; não existir o comportamento c por parte do desviante Ad, seguindo-se uma reação da instância judiciária Δ contra o desviante *Ad*; existir o comportamento não compatível $\bar{c}$ por parte do desviante *Ad*, não se seguindo uma reação *r* da parte da instância judiciária Δ, ocorrendo, portanto, uma reação geral de Ω contra a instância judicial, que mostrará que a sociedade não aceita a não aplicação da norma por parte de Δ (*ibid.*, p. 149).

Esquematicamente, essas três hipóteses podem ser assim expressas:

$$v = s \rightarrow \begin{bmatrix} \rightarrow c\, \dfrac{A}{\div} & & \\ \rightarrow \bar{c}\, \dfrac{Ad}{\div} & \rightarrow r\, \dfrac{\Delta}{Ad} & \\ \rightarrow \bar{c}\, \dfrac{Ad}{\div} & \rightarrow \bar{r}\, \dfrac{\Delta}{Ad} & \rightarrow \dfrac{\Omega}{\Delta} \end{bmatrix}$$

Dessa forma, Geiger consegue mostrar que qualquer norma de comportamento de primeiro grau implica uma norma de segundo grau que prevê uma sanção para aqueles que não conseguem reagir contra um eventual transgressor a uma regra de primeiro grau.

A interligação entre esses dois níveis de normas e a reação final de Ω pode ser assim resumida: uma norma vinculante resulta, em caso de desvio, em uma reação por parte da instância Δ, ou, se isso não acontecer, haverá uma reação pública em relação a Δ (*ibid.*, pp. 150 ss.).

Em suma, a decisão constitui o culminar de um processo histórico que evidencia estágios bastante avançados da consolidação do direito e representa um dos elementos mais importantes que marca a transição das sociedades arcaicas para as civilizadas. A decisão tem sua origem no âmbito do direito e aparece nos sistemas sociais de natureza extrajudicial apenas como resultado do processo de replicação da lei. Com a sua introdução, a abordagem de Geiger atinge um importante ponto de virada, em que o campo dos ordenamentos normativos é abandonado para concentrar a atenção no objeto central da análise sociológico-jurídica: a estrutura e o funcionamento do ordenamento jurídico em relação ao ambiente social.

A reconstrução que Geiger faz da estrutura do ordenamento jurídico começa, como visto, com uma essencial referência ao conceito de Estado. No entanto, ele se distancia das visões estadistas em pelo menos dois aspectos. Do ponto de vista formal, não deixa de criticar as definições atuais de Estado, observando que seus principais elementos (território, povo, soberania) seriam, em um exame mais atento, óbvios ou tautológicos. Propõe evitar o máximo possível o uso do termo "Estado", que prefere substituir por conceitos mais neutros, como o do poder político centralizado e o de sociedade jurídica, entendida como o integrado social Σ em que um poder centralizado se estabeleceu.

Além disso, de um ponto de vista substancial, Geiger se destaca de algumas variantes do estatismo ao enfatizar fortemente o caráter pluralista da sua concepção. Para o autor, o ordenamento jurídico nunca é o único sistema dentro de uma sociedade diferenciada, mas apresenta-se, em comparação com inúmeros grupos aos quais está articulado, como uma rede que os cerca, sem, contudo, substituí-los ou eliminá-los. Portanto, abaixo do espaço superior e compreendendo o ordenamento jurídico, restaria um espaço mais ou menos amplo ocupado por outros sistemas sociais "autônomos", no que diz respeito à organização jurídica e independente do poder central. Esse pluralismo subjacente, no entanto, não implica que, quando se trata de determinar os fatores sociais que influenciam a formação, um patamar acima dos grupos sociais, de uma organização estatal, ou seja, no que diz respeito ao problema que deve permitir uma concepção sociológica como a de Geiger, sejam explicitamente superadas as teorias estatais tradicionais, e as indicações do autor tornam-se extremamente vagas. Geiger se limita a distinguir fatores "exógenos" de formação da organização estatal, como a subjugação militar de uma população por outra, e fatores "endógenos", que, remetendo a Tönnies e Gurvitch, ele identifica fundamentalmente na transição gradual de um tipo de sociedade pré-jurídica, dominada pela confiança e pela espontaneidade das relações sociais, para uma sociedade jurídica, dominada pelo egoísmo desenfreado e pela desconfiança mútua. Esses fatores levam a um rompimento de valores da comunidade (no primeiro caso, devido à heterogeneidade das populações que fazem parte do novo grupo; no segundo, devido à "ingenuidade perdida" das relações sociais), e é essa decadência do *éthos* comunitário que Geiger, de modo paradoxal, usa para mostrar que o ordenamento jurídico constitui uma resposta funcionalmente adequada à necessidade de coordenação social que os ordenamentos espontâneos não são mais capazes de satisfazer. Contudo, vinculando-se a uma tipificação das várias fases da institucionalização da sanção, ele não consegue atribuir a devida importância ao papel que, mesmo na presença de uma (suposta) monopolização do aparato coercitivo por parte do Estado, as sanções sociais, como instrumentos de fortalecimento ou correção das estruturas jurídicas, continuam a desempenhar, e, acima de tudo, não aponta os fatores que levam a sociedade a seguir o caminho da diferenciação progressiva de grupos e valores, produzindo as condições que levam ao surgimento do direito e do Estado.

Geiger, parafraseando a famosa introdução de Ehrlich a *Grundlegung*, reitera uma concepção pluralista do problema das fontes e especifica seus componentes: "Nem o legislador, nem o juiz, nem a ciência jurídica podem ser considerados, cada um isoladamente, fonte de validade das normas jurídicas. A fonte de validade é sempre a vida dinamicamente estruturada em que a sociedade jurídica realiza a interdependência que lhe é própria" (*ibid.*, pp. 169 ss.).

Vamos esclarecer agora o papel relativo que cada uma das "fontes" listadas desempenharia na vida do direito. A instância Θ, ou seja, o legislador, em geral produz, mesmo que não exclusivamente, proposições de proclamações legislativas que pretendem alterar o conjunto de normas já consolidadas. No entanto, para se tornarem modelos comportamentais que tragam o estigma v da obrigatoriedade, essas proposições devem estar sujeitas a duas condições: não devem ser desconsideradas pelos destinatários, de modo geral, nem boicotadas pela instância Δ, condições amplamente independentes da área de influência de Θ e, portanto, que limitam sua capacidade efetiva de controle social.

No que diz respeito à aplicação, a instância judicial Δ, como depositária do monopólio coercitivo, é decisiva para atribuir validade a determinado modelo de comportamento apenas nos casos em que esse modelo seja violado. A validade da norma, no entanto, não depende apenas da sanção, mas também inclui, como se sabe, outra condição alternativa: a observância espontânea dos destinatários, que, pelo menos em grande parte, independe do comportamento da instância Δ.

Geiger, no entanto, não considera completamente sustentável a ideia dominante na ciência do direito clássico de que existe uma clara separação funcional entre o legislador e o juiz, entre o fornecimento da norma e sua aplicação. Em vez disso, ele acredita que essa distinção só pode se aplicar à maneira como a criação judicial funciona, em comparação com a criação legislativa: a primeira seria tipicamente voltada para a produção de proposições regulatórias declarativas, não proclamadas, e apresentaria, em comparação com a segunda, maior flexibilidade, servindo como modelo para futuras decisões, e não apenas como diretriz geral de conduta[3].

A dupla hipótese de legislação que impulsiona ou segue o desenvolvimento social é representada graficamente por Geiger nos dois diagramas mostrados na Figura 4. As setas pontilhadas indicam as tendências do desenvolvimento social "natural", enquanto as linhas escalariformes representam os impulsos transmitidos pela legislação para retardar ou acelerar esse desenvolvimento, e as linhas sólidas representam as tendências reais do desenvolvimento social, à medida que resultam da combinação dos dois primeiros fatores.

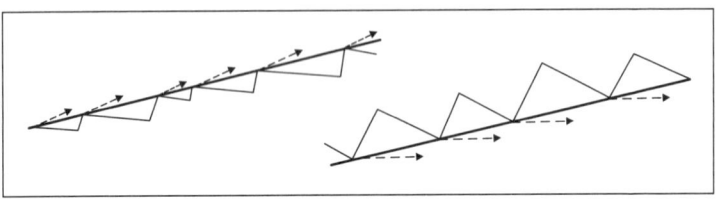

Figura 4. Legislação e desenvolvimento social.
Fonte: Geiger, 1964, p. 197.

4.4 Cálculo obrigatório e segurança jurídica

A falsa ideia, conveniente e simplista ao extremo, até agora mantida, de que a atribuição de validade diz respeito a modelos de comportamento com uma área semântica exclusivamente determinável pode ser abandonada neste momento. Não apenas a atribuição de validade a determinado modelo de comportamen-

---

[3] No entanto, deve-se notar que Geiger, referindo-se a Illum (1945), acredita que a maioria das normas jurídicas tende a ser implementada de forma espontânea mesmo sem recurso aos tribunais.

to, mas a própria determinação do núcleo regulatório desse modelo não são uma constante para Geiger, mas experimentariam profundas variações na complexa interação das várias instâncias que atuam como fontes jurídicas.

Geiger, portanto, distingue dois aspectos fundamentais do processo de produção compulsório: "A questão da validade ou obrigatoriedade da norma pode ter uma direção dupla, depende se ela se refere ao 'se' ou ao 'o quê'". No primeiro caso, a questão é sobre o estigma v, e pretende-se saber se determinado modelo de comportamento é válido (a questão da validade formal); no segundo caso, a questão é colocada no núcleo normativo como $s \to c$ e, se a relação entre destinatários e beneficiários também é levada em conta, a fórmula deve ser expressa da seguinte maneira:

$$s \frac{A}{B} \to c \frac{A}{B}$$

Nesse segundo caso, é preciso estabelecer quais são as situações, os comportamentos e os assuntos incluídos no núcleo $s \to c$ (questão de obrigação substancial).

A questão da obrigação substancial sugere, portanto, que Geiger deve ser capaz de apontar a natureza ilusória da "teoria da subsunção", pela qual seria possível uma interpretação automaticamente predeterminada de posições regulatórias. "Nenhuma definição pode eliminar a lacuna entre conceito e realidade", afirma, o que significa que "somente na aplicação de proposições normativas" seu conteúdo real é determinado (*ibid.*, pp. 58 ss.). Sem um direito ideal, no sentido jurídico positivista, é possível falar em "erro jurídico" apenas se o tribunal faz uma reconstrução defeituosa ou distorcida do caso concreto (erro jurídico material), ou se a tentativa do juiz de alterar a área estaticamente consolidada de aplicação de determinada proposição normativa não consegue uma afirmação efetiva na vida do direito que envolva a intervenção corretiva de uma instância superior (erro jurídico formal).

O conteúdo de um ordenamento jurídico, sob uma perspectiva realista, portanto, não resulta dos esquemas conceituais das proposições normativas, nem do "direito idealmente correto", mas apenas do direito "realmente aplicado", sem se questionar se é justo ou injusto, bom ou ruim. No entanto, isso não significa que a instância Δ tenha um escopo ilimitado de atuação. Se tal instância pode ignorar uma proposição regulatória, descumprindo sua obrigação, no que diz respeito a sua atividade decisória em relação a determinadas proposições normativas ela não pode deixar de levar em conta a extensão de sua área semântica, como estabelecido pelas convenções linguísticas. Em geral, portanto, pode-se dizer que se o regime conceitual da proposta regulatória tem, potencialmente, um diâmetro máximo e um diâmetro mínimo na área entre as duas circunferências, esses serão os limites (variáveis) do escopo das normas que serão utilizados na vida jurídica.

Graficamente, isso é representado por Geiger por meio de uma figura na qual a linha contínua indica os limites da área de validade de determinado padrão estabelecido pelas diversas decisões judiciais, e as duas circunferências pontilhadas indicam, respectivamente, o limite máximo e mínimo de variabilidade dessa área, de acordo com o que está estabelecido pelas convenções linguísticas (Figura 5).

A complexidade dos procedimentos, que leva à atribuição da natureza vinculativa de certos modelos de comportamento no lugar de outros, na reconstrução que Geiger faz do funcionamento do sistema jurídico torna extremamente difícil manter a

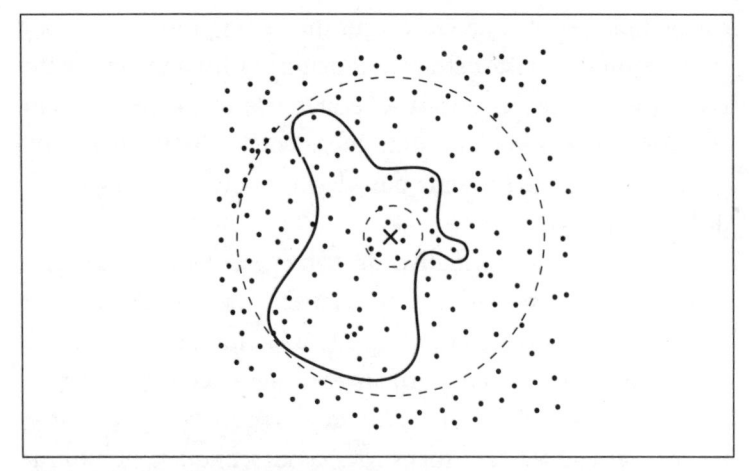

Figura 5. Âmbito de validade das normas.
Fonte: Geiger, 1964, p. 262.

chamada "segurança jurídica"[4]. A pluralidade de fontes de produção de validade, a falta de uma estrutura hierárquica rígida que resolva os conflitos dentro do sistema de maneira unívoca e automática e a crescente relevância atribuída às forças que, de fora do sistema, podem atuar para condicionar a produção de caráter vinculante pelas várias instâncias são elementos que trazem incerteza para a vida do direito, divulgando apenas o que até certo momento mostrou-se válido em relação a casos concretos já definidos, mas não o que se tornará direito válido no futuro em relação a casos concretos ainda em grande parte imprevisíveis. Geiger afirma categoricamente: "Ninguém pode dizer com certeza, do ponto de vista de uma doutrina empírica do direito, o que é certo aqui e agora, se determinada norma é obrigatória para este ou aquele caso". Com esta afirmação, que parece amea-

---

[4] Nesse ponto, a concepção geigeriana é semelhante à de Hart, que admite a indeterminação e a variabilidade dos limites das estruturas da linguagem, mas também a existência em sua esfera de núcleos de significado fixos e imutáveis. Ver Hart (1961, pp. 146 ss.), Eckmann (1969) e Zaccaria (1990).

çar os fundamentos da ciência jurídica e do próprio direito, o autor realmente visa destacar "a distinção fundamental entre uma consideração científica, que pretende descrever o direito como uma conexão real, e uma consideração de tipo pragmático-normativa, que pretende postular o direito como algo devido" (*ibid.*, p. 113).

O pressuposto normativo da homogeneidade da jurisprudência é, portanto, rejeitado por Geiger. Aqueles que afirmam submeter o direito à consideração teórica, limitando-se apenas ao estudo de proposições normativas, e que acreditam poder encontrar uma maneira de determinar quais decisões serão "corretas" em relação a essas proposições, assumem que a proposição normativa possui um conteúdo suscetível à interpretação "teórico-lógica" totalmente previsível. Os juristas, por outro lado, registram constantemente em sua prática cotidiana quão raros são os casos de núcleos que já estão consolidados no campo da jurisprudência e se tendem a esconder essa verdade com sua própria linguagem e a referência frequente a critérios objetivos de julgamento. Isso se deve a uma distorção profissional, que pode ser provocada por diversos fatores, como o fascínio pela ideia de unidade e constância, em geral ligada à ideia jurídica de ordenamento; o condicionamento da mentalidade profissional dos juristas, como resultado do tipo de formação universitária que recebem; a tecnicização e o planejamento do trabalho decisório do juiz, de acordo com esquemas simples capazes de absorver, pelo menos formalmente, a sua responsabilidade direta.

Por mais evidente que possa parecer o contraste entre a perspectiva sociológica e a normativista, a mesma concepção de Geiger não pode deixar de reconhecer a importância da segurança jurídica, não apenas por razões de coerência interna ao sistema jurídico, mas, sobretudo, para garantir a interação harmoniosa e a coordenação de comportamentos, essenciais para a sobrevivência de uma sociedade organizada. "Para a vida do direito, o que valia no passado como lei não tem interesse imediato. Do ponto de vista prático, é sempre uma questão de saber agora, hoje ou amanhã o que é obrigatório." Assim, se A deseja conhecer os riscos que corre em determinada situação s, executando um ato de violação de c, por sua vez, B deseja saber qual é o comportamento de A, e este, o que deve esperar de Δ nessa situação, e assim por diante.

Portanto, parece haver uma profunda discrepância entre os limites da capacidade do sistema jurídico de produzir certeza e o quanto a sociedade necessita de segurança, que ele próprio detecta. Essa discrepância é superada por Geiger com a introdução de um elemento não exclusivamente aleatório, nem rigidamente controlável, mas apenas probabilístico, que une o passado ao futuro do sistema jurídico: o "cálculo da obrigatoriedade". Assim como o cálculo econômico, o cálculo dos fatores obrigatórios inclui elementos mais ou menos prováveis e visa oferecer indicações relevantes não apenas no nível cognitivo, mas também no prático. Utiliza elementos de situações e comportamentos que já ocorreram e, portanto, são objetivamente detectáveis e quantificáveis, a fim de prever situações e comportamentos futuros na vida do ordenamento jurídico (*ibid.*, p. 138).

O primeiro elemento que pode ser usado como referência para esse cálculo é a jurisprudência constante ou pelo menos unívoca. No entanto, na vida jurídica podem ocorrer casos para os quais não existe uma cadeia regular de decisões já consolidadas. Assim, no que diz respeito a uma nova lei, sobre a qual ainda não existe um discurso jurisprudencial formado, uma primeira série de indicações relativas à probabilidade de aplicá-la pode ser identificada a partir de elementos internos ao núcleo regulatório do direito, como a influência social efetiva dos beneficiários BB dessa norma, o que presumivelmente favorecerá que seja adotada, ou o exame da situação ambiental, que pode, por exemplo, sugerir dificuldades no exercício da coerção e incentivar fortemente a não aplicação.

Quando se trata de uma norma que não é aplicada há muito tempo, o cálculo das condições obrigatórias deverá estabelecer se essa desaplicação depende de simples falta de litígio ou de extinção gradual da própria norma, com base em uma comparação entre as funções por ela desempenhadas no período da primeira aplicação e as funções que seria capaz de desempenhar em um momento posterior, de acordo com as condições sociais.

Também no que diz respeito aos operadores legais, Geiger propõe a necessidade de certeza como critério interpretativo da ação. Ele fala em particular de um "cálculo de implementação" que, do mesmo modo que o cálculo de obrigatoriedade pelo usuário, seria executado pelo juiz, para resolver problemas de coerência e imagem relacionados ao seu papel, além, sobretudo, de cumprir as estruturas já consolidadas do sistema jurídico e afastar-se do risco de ver as próprias decisões serem corrigidas por outros tribunais (*ibid.*, p. 145).

Dessa maneira, existe uma coincidência de perspectivas entre o usuário do direito e o operador jurídico, ambos interessados em uma jurisprudência constante que reduz o risco de frustrações. Além disso, é confirmada a suposição, na qual se baseia todo o cálculo de natureza obrigatória do usuário, de que os juízes continuarão a decidir no futuro de acordo com critérios interpretativos semelhantes.

4.5 Sanção e memória coletiva

Uma hipótese geral que Geiger considera útil para o propósito de reconstruir a formação de sistemas sociais deriva de uma aplicação extensiva da "teoria mecanicista"[5] feita por Richard Semon (1911). De acordo com essa teoria, cada percepção imprimiria no cérebro do sujeito um traço ou "engrama" (no caso de percepções compostas de vários elementos, um "conjunto de engramas") que, por sua vez, pode ser lembrado por meio de associações ("ecforia"), pela percepção renovada de apenas um dos seus elementos, produzindo nele um estímulo para repetir as ações executadas em conjunto com a primeira percepção.

Essa teoria, que guarda aparente afinidade com a mais conhecida "teoria comportamental dos reflexos condicionados", é destacada pelo próprio Geiger e pode explicar, pelo menos em princípio sem sérias dificuldades, a origem dos sistemas sociais, isto é, das ordens constituídas pela iteração de padrões de comportamento do tipo $s \rightarrow c$. A percepção repetida dessa mesma correlação produziria na mente de determinado ator um conjunto de engramas correspondentes e, portanto, através do funcionamento do mecanismo gráfico-ecfórico, haveria uma predisposição cada vez mais forte do sujeito a repetir, em determinada situação, certo comportamento previamente associado a ele. Assim, um sistema circular de autorreprodução de modelos de comportamento seria estabelecido em sistemas sociais nos quais a iteração reforça a probabilidade de persistência de determinado modelo de comportamento, e esta persistência, por sua vez, fortalece a probabilidade de sua iteração.

O mecanismo gráfico-ecfórico opera, portanto, de maneira cumulativa e progressiva, tendendo a transformar $s \rightarrow c$ em um costume estável para o ator H. Isso ocorre sobretudo se c está conectado a situações que ocorrem com muita frequência. Geiger

---

[5] Sobre a mesma questão, do ponto de vista da abordagem comportamental, ver Skinner (1969).

pode dizer: "Quantas vezes H (o ator) encontrou-se em s e respondeu com o comportamento c, ainda mais improvável será que H responda em s com $\bar{c}$". Inversamente, quanto maior o intervalo de tempo entre os vários casos em que ocorre s, mais difícil se torna manter o rastro deixado pelo primeiro $s \to c$.

A rigidez do mecanismo gráfico-ecfórico e os limites da hipótese geral e formal, emprestada de Semon, são evidentes para o próprio Geiger, que tenta expandir sua aplicabilidade prática através de uma série de hipóteses suplementares com "alta probabilidade", que levam em consideração, além da frequência e do número de engramas, variáveis intervenientes adicionais. Uma aplicação importante do mecanismo gráfico-ecfórico ocorre quando Geiger tenta estabelecer o que acontece no momento crítico para a vida de cada grupo integrado Σ, em que a ordem começa a operar em um novo membro, M_{n+1}. Nesse caso, a regularidade do comportamento do indivíduo $M_1, M_2 \ldots M_n$, seu "exemplo coletivo", exercerá, através da iteração de impressões sensoriais do tipo: "Em uma situação s, existe o comportamento c e, portanto, $s \to c$", uma pressão social eficaz sobre o novo membro para que, após algum tempo, c se apresente em M_{n+1} como a maneira mais evidente de agir quando estiver em s.

Mas é legítimo perguntar, neste momento, como são formadas as regularidades generalizadas de comportamento capazes de exercer uma pressão social tão eficaz sobre os membros individuais. O mesmo mecanismo gráfico-ecfórico aplicado ao comportamento do ator permite elucidar a gênese dos costumes individuais e é usado por Geiger para explicar a formação de hábitos coletivos e sua transição para os sistemas normativos, sem abandonar o terreno comportamental.

Geiger argumenta que, como o ator, os espectadores de um comportamento, em uma situação típica e recorrente, também acabam memorizando um engrama complexo, de acordo com o qual, em determinada situação s, H é o ator que se comporta em geral como c, mesmo que não se possam identificar beneficiários. Então, simbolicamente, tem-se:

$$s \frac{H}{\div} \rightarrow c \frac{H}{\div}$$

e, em uma situação semelhante, uma percepção subsequente de:

$$s \frac{H}{\div}$$

permitirá que os espectadores antecipem o outro elemento do engrama:

$$c \frac{H}{\div}$$

antecipando assim o comportamento de H.

Por outro lado, também neste caso, o mesmo mecanismo pode originar um processo imitativo, pelo qual o sujeito que, no papel de espectador, está acostumado a esperar a correlação típica $s \rightarrow c$, encontra-se na mesma situação, e o sujeito no papel de ator é levado a executar um processo "analógico" c.

Dessa maneira, os mesmos mecanismos que levam à formação de costumes individuais adquirem uma eficácia interindividual e transformam em uso coletivo a iteração automática do indivíduo de determinados comportamentos em dadas situações. Geiger ressalta que o uso coletivo é "em si moralmente indiferente", não pressupõe "representações normativas" e simplesmente consiste na regularidade factual do comportamento de certos grupos de atores em determinadas situações. Por conseguinte, distingue-se tanto dos costumes individuais quanto das normas reais.

O uso coletivo também é relevante sobretudo em sociedades ditas primitivas e levemente diferenciadas e/ou em grupos relativamente pequenos nos quais afiliados individuais *MM* podem observar uns aos outros diretamente e agir em situações que são basicamente comuns a todos os *MM*. Em tais situações, a distinção entre experiência pessoal e observação de outras pessoas pode envolver apenas intensidades diferentes de percepção, mas não diferenças substanciais. Portanto, se *H* já se encontrou em *s* e respondeu com *c*, a recorrência de *s* torna, *ceteris paribus*, o comportamento *c* mais provável do que qualquer outro (*ibid.*, p. 266).

Além disso, a característica fundamental do uso coletivo é que sua violação pode resultar em surpresas ou na incapacidade de compreensão, mas não em desaprovação ou condenação. A hipótese disjuntiva típica do uso exclui, ao contrário das normas reais, a possibilidade da reação *r*. Em outras palavras, na situação *s*, o conjunto de comportamentos compatíveis é maior do que o de comportamentos desviantes, e o peso social, que tem mero valor estatístico para casos de conformidade, garante que o uso persista em caso de violações individuais, sem a necessidade de recorrer a sanções.

Na simbologia de Geiger, essa prevalência de comportamentos compatíveis ou não compatíveis com *c*, característica do uso, é expressa da seguinte forma:

$$s \to \begin{bmatrix} \to c \ (> \bar{c}) \\ \to \bar{c} \ (< c) \end{bmatrix}$$

As maneiras como os usos costumeiros ou as meras regularidades podem ser incluídos no sistema jurídico são diferentes. Elas podem ser distinguidas principalmente de acordo com as seguintes condições:

- A instância Δ seleciona certas regularidades habituais, colocando-as como base da sua atividade de tomada de decisão (opção jurisdicional).
- A legislação autoriza explicitamente certas regularidades costumeiras relacionadas a um campo específico da vida social (autorização legislativa).
- O legislador seleciona certas regularidades costumeiras e transpõe seu conteúdo para uma lei (opção legislativa).

Nesse contexto, a ciência jurídica tem função puramente cognitiva e não se apresenta como fonte de validade do direito, que pode ser colocado no mesmo nível das outras fontes. A tarefa, que é desempenhada com base na sua visão geral do sistema, consiste em dar à produção das outras "fontes" do direito uma unidade que, na prática, parece continuamente ameaçada por diversos fatores, como o excesso de produção do "mecanismo de legislação", chamado para regular novas áreas da vida social em sociedades avançadas; a concorrência de diferentes vias jurisprudenciais; a coexistência na ordem de diferentes núcleos legislativos produzidos em diferentes épocas e situações sociais. Pode-se dizer, em suma, que a ciência jurídica, dando ordem à produção prévia de normas jurídicas, atua como arquivista da memória do direito pelo qual a cultura jurídica interna é orientada.

Tudo isso justifica a importância da tarefa unificadora realizada pela ciência jurídica por meio de propostas para a reorganização do material jurídico. Estas se destinam a afirmar, na prática, não somente a autoridade do jurista individual, por razões internas à mesma ciência, mas também pela disponibilidade de Δ de assegurar sua aplicação por meio de sanções. Pode-se acrescentar ainda que o caráter policêntrico do ordenamento leva Geiger a se posicionar acerca de duas questões teóricas tradicionais. Em primeiro lugar, ele admite a possibilidade de o titular do poder se auto-obrigar, uma vez que a "estrutura geral" do grupo jurídico-estatal é capaz de alcançar, através do conhecido instrumento da divisão de poderes, um complicado jogo de equilíbrios e checagens mútuas entre as várias instâncias. Em segundo lugar, ele chega a refutar as chamadas "teorias da vontade" (*Willenstheorien*) que, buscando de diferentes formas identificar o sujeito da vontade jurídica, ignoraria que tal vontade, em um sistema jurídico avançado, nunca é apenas aquela do soberano, mas também aquela das muitas pessoas concretas que participam, por vezes com intenções opostas, dos processos de produção das normas.

4.6 Comportamento e percepções do direito

Os diversos elementos da construção proposta por Geiger até agora identificados, desde o núcleo normativo $s \to c$ até os destinatários da norma AA, do estigma da obrigatoriedade v à opinião pública Ω, constituem, no seu conjunto, os fundamentos de uma teoria geral dos sistemas jurídicos claramente focada no direito efetivo e caracterizada pela adesão a uma estrutura metodológica que pode ser resumida em dois princípios fundamentais: evitar que elementos "irreais", que não podem ser sensorialmente percebidos, embacem a visão da realidade do direito e adotar uma chave de investigação em que o conceito de obrigatoriedade, reduzido à sanção, pode ser expresso por um indicador empiricamente observável, que constitui a reação ao comportamento desviante.

Isso não significa que o modelo comportamental de Geiger em si negue a importância de explicar as representações mentais dos atores. O autor escreve: "A existência social também tem um lado subjetivo [...] a sociologia não pode satisfazer-se com o simples registro das formas de agir dos homens, mas deve tentar descobrir e descrever as atitudes subjetivas que sustentam tais comportamentos". Para ele, um sociólogo empírico "excessivamente ortodoxo" deixar de lado "os elementos subjetivos da existência social", seja porque não são quantificáveis ou porque são irreais e, portanto, irrelevantes em termos científicos, seria como "jogar fora a água suja com a criança" e, em última instância, permitir-se ser guiado, na escolha das questões, não pela importância delas, mas pela mensurabilidade dos fenômenos (*ibid.*, p. 329). Geiger afirma de modo ainda mais explícito: "Experiências e observações de conteúdo normativo acompanhadas por processos psíquicos é algo que sentimos em nós mesmos, e nenhum comportamento empírico pode nos impedir de atribuir empaticamente nossas experiências a outras pessoas" (*ibid.*, p. 303).

Um exemplo claro dessa maneira de entender o comportamento é a análise que Geiger faz das atitudes dos receptores das normas. Ele escreve: "Ninguém quer questionar o fato de que, em geral, os receptores do *AA* têm uma representação das normas obrigatórias". E, de fato, "seria extremamente improvável que a maioria dos *AA* não tivesse essa representação, uma vez que estão sujeitos a pressões sociais que tendem a fortalecê-la e que, ainda que em casos extremos, podem garantir que a norma seja tanto internalizada quanto percebida como obrigatória pelo destinatário, que se transforma em sua segunda natureza". No entanto, ele se apressa a esclarecer que essa relevância não significa que a variável em questão tenha importância decisiva. De fato, se o destinatário individual *A*, em princípio, possui "uma representação da norma obrigatória, isso não significa que essa representação funcione para ele como motivação no momento de uma ação". Em outras palavras, agir em efetiva consonância com a norma, implementando o modelo de comportamento por ela prescrito, não significa necessariamente observar a norma, no sentido de direcionar de forma consciente seu comportamento a ela.

Geiger também argumenta que "a representação que pode levar A à implementação do núcleo normativo $s \rightarrow c$ é uma representação da natureza obrigatória da norma" a pressupõe e não pode, portanto, constituí-la: "a natureza obrigatória da norma, sendo objeto ou pressuposto de tal representação subjetiva, deve necessariamente preexistir à sua representação e não pode ser baseada nela".

O autor, em suma, não nega a importância das representações subjetivas nem exclui do âmbito da sociologia as atitudes atribuíveis aos diversos elementos da sua construção, apenas se limita a negar que esses fatores sejam decisivos para o estabelecimento de sistemas sociais e tenta evitar que se tornem objeto de conhecimento intuitivo, sem consciência crítica. Portanto, ele apenas enfatiza seus limites explicativos e argumenta que é possível tentar conhecer fenômenos subjetivos através de fenômenos externos ou comportamentos aos quais em geral são associados. Nesse sentido, ressalta que são precisamente os indicadores das atitudes dos atores individuais que parecem de mais fácil acesso, ou seja, as respostas dos sujeitos, em entrevistas ou questionários, não seriam totalmente confiáveis, uma vez que a correspondência entre as formulações verbais do sujeito, por um lado, e suas ações e seus pensamentos, por outro, pode ser distorcida, mesmo de modo inconsciente, tanto pelo entrevistado quanto pelo entrevistador.

Isso restringe a área de comportamentos relevantes e, nesse contexto, a escolha parece necessariamente orientada para comportamentos interativos, pois é nesse nível que é assegurado o caráter de intersubjetividade das normas sociais, que, como instrumentos de coordenação social, devem necessariamente possuir. Não surpreende, portanto, que os comportamentos que Geiger leva em conta sejam sobretudo reações aos comportamentos de outros sujeitos, em particular a comportamentos desviantes. A experiência mostra que as reações ao comportamento não desviante são mais sutis ou até mesmo não acontecem, enquanto a violação de uma norma (presumida) cria uma situação de crise em que o indivíduo e/ou a comunidade não podem deixar de assumir posições explícitas e inescrutáveis.

Isso não significa que, com relação aos elementos do núcleo regulador, em particular a situação s, Geiger advirta sobre a natureza problemática do conceito de "situação" nas ciências sociais. Ele ressalta que esse conceito não pode ser considerado, como acontece com qualquer ciência experimental, como um conjunto de circunstâncias que constituem o cenário em que c é implementado e ressalta que, "embora operemos com o conceito de s como se fosse uma magnitude objetivamente acessível, devemos admitir que não sabemos exatamente o que constitui, na representação de determinadas pessoas, certo conteúdo de s". Duas situações, na verdade, nunca são idênticas, e os critérios de igualdade são arbitrários e variáveis para diferentes sujeitos. Aquilo que, para determinado sujeito H, aparece como a repetição de uma situação s, pode parecer uma nova situação para o sujeito H'. A análise da pluralidade de significados e conexões com outras variáveis que s pode apresentar, em um nível subjetivo, leva Geiger a abordar a importante questão da intersubjetividade de s. Não está absolutamente claro que, em uma sociedade diferenciada, a situação s seja determinada da mesma maneira pelos diferentes membros do integrante social Σ chamado a interpretá-la: tanto de AA como de BB, de Δ quanto de Θ. Por outro lado, não há dúvida de que, sem uma homogeneidade entre as várias interpretações de s, as correlações $s \to c$, que constituem a espinha dorsal da coordenação social, não forneceriam pontos de orientação aos vários atores, nem hipóteses explicativas plausíveis aos estudiosos.

Mas o que são, além de uma imitação mecanicista e uma coordenação de estímulos e respostas, os mecanismos sociais concretos que garantem uma homogeneidade de interpretações? As comunicações recíprocas entre os vários atores? A existência de sistemas de valores comuns? Geiger, para evitar referências que podem parecer puramente subjetivas, responde a essas perguntas afirmando que a condição de coordenação do comportamento é a interdependência social, que não se baseia na mera representação das inter-relações entre os vários *MM*, nem tem relação com nenhuma comunhão de valores, mas é uma condição "factual" do seu comportamento, e como tal opera de maneira independente do quanto *MM* está realmente ciente disso. Dessa forma, a atenção volta-se da regra para suas exceções, ou seja, para comportamentos que, embora não sejam compatíveis, podem ter razões que devem ser compreendidas, mesmo que apenas para ampliar a possibilidade de controlá-los.

Deve-se, assim, ressaltar a hipótese de que o caráter de uma regularidade de comportamento seria determinável se ao desvio se seguisse uma reação, podendo ser redundante para atos que possuem mera função simbólica. A natureza obrigatória de uma regra poderia ser verificada na ausência de comportamento compatível com ela e de sanções, no caso de o autor não violá-la ou não cumpri-la, mas sim contestá-la. Assim, o objetor de consciência que desconsidera a carta de preceito com que é chamado ao serviço militar atua "em função" dessa obrigação (e, nesse sentido, atesta a existência de tal obrigação), mas não cumpre nem viola essa obrigação, ao mesmo tempo em que também não se expõe às sanções consequentes[6].

Na construção de Geiger, no entanto, a norma efetiva está no centro das atenções, tanto a primária, que prescreve determina-

---

[6] Devo essa observação a Amedeo G. Conte.

do comportamento, quanto a secundária, que prescreve certa sanção como reação à não adoção desse comportamento. Presume-se que o comportamento regulatório reforça a probabilidade de outros comportamentos regulares e, portanto, um comportamento gera outro comportamento semelhante ou complementar. Em suma, pode-se dizer que o comportamento de Geiger é "estratégico", pois parte de uma reflexão direta que visa não superestimar o real potencial explicativo dos instrumentos cognitivos disponíveis, nem subestimar a real relevância de certos aspectos da realidade social. Na verdade, mesmo uma questão aparentemente quantitativa pode ser condicionada, em termos culturais e, por vezes, ideológicos, como aquela do número de normas jurídicas eficazes em determinado sistema para a manutenção da ordem social.

Considere-se, por exemplo, o possível contraste entre uma cultura jurídica voltada para a regulamentação pontual e detalhada da sociedade e outra orientada, por outro lado, para uma forte autolimitação das intervenções regulatórias. A primeira parte do princípio de que o aumento do número de regras garante maior segurança e, portanto, melhor justiça. A outra parte do princípio oposto, de que apenas um pequeno número de regras, desde que objetivas e claras, é capaz de garantir a segurança e a justiça como um padrão jurídico potencialmente difundido por todos os aspectos da vida social, mas incapaz de evitar um desbotamento incontrolável de provisões (Friedman, 1975; Bettini, 1983, 1987).

É necessário observar que as duas culturas, em princípio opostas, na realidade podem combinar-se, dando origem a formas mistas que exigem absorver interesses conflitantes. Assim, no decurso dos processos de descentralização, uma cultura jurídica pode ser afirmada nos mais altos níveis de determinado sistema administrativo e ser capaz não apenas de manter alguma referência simbólica aos poderes mais amplos do passado, mas também de se adaptar voluntariamente à redução de seu papel regulatório e ao desempenho de funções de simples direção. Nos níveis mais baixos, no entanto, será possível testemunhar, apenas adiante e gradualmente, o crescimento correspondente de uma cultura jurídica que implica a disposição de assumir novas habilidades e responsabilidades. Além disso, as dificuldades de implementação encontradas em recentes tentativas de reorganizar a administração pública e os eventos alternados da nova (mais declarada do que realizada) "cultura de avaliação" mostram que a maior resistência às tentativas de otimizar os efeitos não vem tanto da parte daqueles que deveriam perder competências regulatórias, mas daqueles que, tendo que aceitar novas competências, relutam em assumir todas as consequências que isso implicaria, em termos de responsabilidade (Cassese, 1971; Mayntz, 1978).

Deve-se notar também que a difusão de modelos de comportamento por imitação explica por que, apesar do amplo desconhecimento da legislação e de uma aparente inadequação do real grau de conhecimento do direito, a grande maioria das relações sociais não é significativamente diferente das normas escritas, não apenas daquelas mais conhecidas, estabelecidas pela Constituição, mas também daquelas, muito mais fáceis de modificar, da legislação (Aubert, 1965). Pode-se supor que o amplo desconhecimento dos ditames do direito pode ser combinado com um comportamento juridicamente compatível. A prática jurídica estabelecida tende a ser orientada para as direções culturais em geral difundidas e internalizadas pelos estratos da sociedade com os quais tem contato. Da mesma forma, em uma comunidade religiosamente homogênea, é possível que os comportamentos estejam substancialmente de acordo com a ordem moral de referência, mesmo na falta de conhecimento adequado dos textos fundamentais, pois estarão de acordo com a adesão às atitudes difundidas pelo restante da comunidade.

Os operadores jurídicos e sobretudo as estruturas administrativas com as quais os destinatários das normas estão mais frequentemente em contato desempenham um papel de particular importância em seus deveres cautelares de pré-orientação jurídica. É este último, de fato, que indica, em casos individuais, através de um nível médio de implementação, um grau de certeza "relativa" de aplicação da regra em que é possível basear, na vida social, expectativas e diretrizes regulatórias que provavelmente não decepcionam, mesmo sem intervenção protetora efetiva dos aparatos estatais.

Além disso, "não saber" poderá se tornar um fator útil para a eficácia se envolver taxas de violação muito elevadas, pois, como observado, esse conhecimento pode prejudicar seriamente o prestígio das normas e reduzir a propensão à obediência (Popitz, 1968). Mas alguém pode perguntar: A ineficácia é sempre uma categoria desconfortável que deve ser reduzida tanto quanto possível?

Uma vez que a sociedade desempenha um papel ativo na formação do direito, a ineficácia pode ser uma resposta social útil na presença de normas que são não apenas supérfluas, mas potencialmente prejudiciais. Há casos em que uma desaplicação repetida de uma regra formalmente válida, mas que não é adequada para o alcance dos efeitos declarados ou se mostra prejudicial, consegue sinalizar uma reação fisiológica do organismo social que, por vezes de modo inconsciente, desafia um instrumento que, se aplicado, poderia provocar problemas piores do que aqueles que gostaria de neutralizar.

A ineficácia pode desempenhar função corretiva em relação a normas tecnicamente equivocadas em algumas de suas partes. Nestes casos, se exercida de modo seletivo, ela pode ser uma maneira de "salvar o recuperável" sem fazer que determinada atividade regulamentada de maneira equivocada ou redundante seja completamente bloqueada. Este é um caso muito difundido quando a aplicação total e fiel da legislação em vigor pode ser usada como uma espécie de ameaça para os efeitos paralisantes que isso implica (a chamada "greve branca"). Nesse caso, a revolta, mais do que formal, é mental, pois implica uma espécie de ataque de inteligência que se nega a discernir o que é importante e o que não se encontra em determinado regulamento e, ainda, avaliar os prováveis efeitos das regras.

Isso explica a dupla definição que Geiger atribui ao desvio d e ao sujeito desviante Ad. Além de uma visão mecanicista de desvio, que parece basear-se no simples critério de correspondência ou não correspondência com relação ao conteúdo da norma, em sua construção existe um significado mais flexível que leva em conta as margens de interpretação que um texto normativo inevitavelmente pressupõe. No caso de um desvio fundamentado em certa interpretação da norma pelo destinatário, pode ser possível pelo menos sugerir uma interpretação de segundo nível, com o objetivo de justificar os motivos que levaram o destinatário a interpretar a norma a fim de empurrá-la para uma aplicação parcial ou para a total não aplicação (Lévy-Bruhl, 1990; Trotha, 1982; Pitch, 1982).

4.7 As raízes da eficácia

Como ciência empírica, a sociologia do direito sempre manteve uma relação de indiferença, se não de total desconfiança ou abertura, em relação a qualquer abordagem avaliativa do estudo do direito. A sociologia do direito de Geiger é, nesse sentido, um exemplo radical de que, ao enquadrar-se na corrente mais ampla do realismo, evita fazer referências explícitas às diretrizes avaliativas gerais e busca delinear uma concepção sociológica da eficácia ancorada, o máximo possível, na observação de fatos externos. A referência sobretudo aos "fatos", à suposição de uma perspectiva não prescritiva, à aversão a qualquer visão distorcida das relações entre direito e realidade social não impediu, no entanto, que muitos sociólogos tentassem estudar e compreender atitudes avaliativas relacionadas ao direito que emergem dos diferentes setores da sociedade e que são relevantes para explicar o complexo problema da eficácia da lei. Para abordar esse aspecto da oferta teórica da sociologia do direito, serão consideradas algumas propostas que, embora de maneiras diferentes e com objetivos diferentes, visam a recuperação, no tratamento do problema da eficácia, dos pontos de vista avaliativos, psicológicos ou antropológicos.

Vamos começar com um autor cuja importância, como às vezes acontece, é muito maior do que a sua sorte. Leon Petrazycki (1955), antecipando as razões da Escola Uppsala, tem o mérito indiscutível de ter tentado oferecer um quadro sociológico de fatores psicológicos relevantes para a explicação do comportamento coletivo, concentrando-se, em particular, naqueles que favorecem a formação e a eficácia dos sistemas reguladores[7]. Ele tratou um fator específico chamado "ajuste inconscientemente agradável", que fornece uma adaptação "filocêntrica" direcionada à afinidade biológica, uma adaptação "sociocêntrica" voltada para a sociedade e uma adaptação "egocêntrica" dirigida sobretudo ao ego.

A adaptação filocêntrica leva em consideração o destino das espécies. Isso motiva os pais a defenderem a vida de seus filhos, por exemplo, superando seu instinto natural de sobrevivência,

---

[7] Nesse sentido, Petrazycki pode ser considerado precursor dos estudos sobre o comportamento coletivo (ver Smelser, 1963).

do contrário o futuro da espécie estaria comprometido. Esse tipo de adaptação estabelece uma conexão profunda e essencial entre a sociedade humana e outras sociedades, como as sociedades animais, que podem mostrar que possuem, sob essa perspectiva, uma base regulatória comum (Pocar, 1998).

A adaptação sociocêntrica refere-se a um ponto de vista externo, capaz de vincular um comportamento a um critério de avaliação superior. Em geral, a avaliação de um comportamento não é imediata nem evidente, mas desenvolvida e refinada ao longo do tempo, com base na experiência coletiva do grupo, que gradualmente selecionará os comportamentos individuais a ser encorajados e incentivados e aqueles que, em vez disso, deverão ser desencorajados e reprimidos. Se um indivíduo de uma tribo realiza uma série de atos que guardam certa semelhança, como o assassinato de vários homens, esses atos serão avaliados de forma diferente pela comunidade: se a vítima for membro da mesma tribo, o ato será considerado crime e, portanto, passível de punição; se a vítima pertencer a outra tribo, provavelmente o ato será considerado heroico e, portanto, será recompensado.

Esse processo de seleção dos comportamentos a ser sancionados, ao mesmo tempo que tende a certo grau de abstração, deverá servir de base para futuras decisões. Não se limitará a uma esfera de racionalidade formalizada de forma asséptica e neutra, mas provavelmente será confiado a uma espécie de "contágio emocional" que se espalhará dos tribunais a outros locais de agregação social, produzindo generalizações não apenas e não tanto baseadas na lógica, mas instintivas, contemplando assim os sentimentos predominantes e as trocas de experiências da cultura jurídica da comunidade.

Por fim, a adaptação egocêntrica busca orientar-se para as condições externas mais favoráveis ao indivíduo. Ao tratar tal adaptação, Petrazycki também usa argumentos bastante semelhantes aos que mais tarde seriam formulados, com diferente sucesso, por Pavlov. No exemplo do cão educado para morar em apartamento, que acaba se adaptando à vontade do dono sem entendê-lo e, portanto, mistura associações racionais com outras que, do nosso ponto de vista, seriam irracionais, evidencia-se a importância dos reflexos adquiridos com base em experiências anteriores. Esses reflexos podem fazer que o cão evite objetos que lembrem punição apenas porque o acompanhavam aleatoriamente no passado, sem nenhuma relação direta com isso. Mais uma vez, a estreita conexão e as claras semelhanças entre o comportamento humano e o comportamento animal são aqui reiteradas.

O indivíduo, ao tentar evitar punições e buscar recompensas, também utiliza processos de aprendizado que, seguindo o esquema de tentativa e erro, levam à generalização de regras de comportamento com base em reflexos condicionados. Petrazycki parte da hipótese de que esses três tipos de adaptações podem produzir ações convergentes, desenvolvendo-se uma consciência normativa comum. Eles podem divergir, pelo menos em parte e em relação a algumas questões, mas, neste caso, as estratégias para atribuir taxas aceitáveis de eficácia às regras coletivas do grupo podem deixar nos indivíduos alguns "resíduos" emocionais não absorvidos.

Para absorver ou pelo menos reduzir esses resíduos ao nível do agregado social, dois sistemas jurídicos complementares desempenham uma tarefa fundamental: o direito e a moral. Ambos se mostram capazes de impor aos indivíduos as normas que, com persuasão, mas não somente com isso, são estabilizadas dentro deles. A lógica norteadora não é o indivíduo, e não é de todo excluída a existência de diferenças na maneira de avaliar os mesmos eventos; tudo depende de a pessoa se colocar no nível do indivíduo ou do grupo social.

Por isso, é necessário desenvolver um alto grau de socialização para viabilizar o desenvolvimento desse nível normativo superior no qual a moral e o direito assumem funções diferentes, mas convergentes. Enquanto o direito busca criar um modelo de um cidadão humano com direitos e reivindicações, a moral visa moldar os indivíduos que são capazes de assumir obrigações em nome de certos princípios; enquanto o direito é dirigido a todos e lida com o comportamento da massa, a moral volta-se apenas para aqueles capazes de apreciá-la; enquanto o direito pode usar instrumentos de sanção aplicáveis a todos os destinatários das normas em caso de violação e confia a um aparelho específico sua execução, tendendo a unificar seus próprios preceitos, a moral não considera tanto o que é feito, quem faz ou como faz, mas é flexível e não precisa de equipamentos de execução.

O direito é equiparado por Petrazycki à água, indispensável e vital para toda a sociedade, enquanto a moral seria uma espécie de champanhe não destinado a todos e apreciado por poucos. Dentro desses limites, a moral representa um importante apoio ao direito, pois, além de impor certos comportamentos a determinados grupos de pessoas, pode ajudá-lo a se impor em situações nas quais a resistência seria particularmente forte, facilitando os processos de socialização e internalização de que necessita.

Com base nesses dois pilares regulatórios, a sociedade é capaz de selecionar, por um lado, através de uma infinidade de adaptações simpáticas e involuntárias, aqueles comportamentos de maior ou menor risco contra os quais as ferramentas de controle social podem ser utilizadas, e, por outro lado, os comportamentos úteis à sociedade, mas não suficientemente difundidos, que devem ser favorecidos com recompensas ou incentivos. Ao realizar tal seleção, o direito pode ser apoiado pela moral tanto no que diz respeito à revisão dos deveres dos associados, criando novos tipos de condutas (distinguindo, por exemplo, assassinato de eutanásia), quanto facilitar as sanções e aprimorar as motivações (por exemplo, fazer do trabalho um direito a ser exercido individualmente, e não um dever).

Petrazycki conecta funções a esses diferentes aspectos da vida do direito: a função organizacional, que visa coordenar os comportamentos individuais, a fim de garantir a ordem social, e a função educacional, que pretende alterar tanto os comportamentos quanto as motivações e os impulsos que tornam o homem mais adequado à coexistência. Esta segunda função está claramente destinada a fazer crescer sua importância em uma sociedade democrática na qual as liberdades devem ser gerenciadas, buscando o bem comum e, portanto, referindo-se a limitações pessoais, mesmo morais.

A ordem moral e o direito são ainda distinguidos um do outro por Petrazycki por outros critérios, como o de serem positivos ou intuitivos. Em particular, o direito pode ser positivo em um sentido mais amplo do que o normativismo de Kelsen, ao incluir também os fatos normativos (ou seja, não apenas as normas individuais, mas também os aparelhos e operadores jurídicos), enquanto o direito intuitivo é o conjunto de deveres percebidos pelos indivíduos como tais, independente dos aparelhos que devem aplicá-los. Pode-se portanto dizer que o direito positivo encontra correspondência sobretudo na cultura jurídica oficial, enquanto o direito intuitivo encontra correspondência principalmente no direito informal.

O paralelismo, no entanto, é apenas tendencial para Petrazycki e admite situações intermediárias. É possível ter um direito positivo e oficial, quando um tribunal condena um réu com base em determinado artigo do código penal, uma vez que, nesse caso, o direito é positivo pela sua referência a um fato jurídico, e é oficial porque provém de um agente institucional; mas também é possível ter um direito positivo e não oficial, quando um árbitro, agindo como órgão não oficial, escolhido pelas próprias partes, para fins de uma transação, decide acerca de uma questão que pode ser considerada com todos os efeitos jurídicos. Além disso, é possível ter um direito intuitivo e oficial quando um tribunal decide sobre determinado fato do direito não com base em uma norma do código, mas aplicando o princípio geral que lhe permite, no caso de uma lacuna regulatória, decidir como se fosse o legislador; ou mesmo um direito intuitivo e não oficial, no caso de um indivíduo que deve fazer justiça a si mesmo, porque nesse fato o código não é aplicado, mas o autor do comportamento a ser sancionado não estaria autorizado a agir dessa forma. É evidente, no entanto, que, além de casos particulares, um direito efetivo deve ser não apenas oficial e positivo, mas também, pelo menos na medida do possível, intuitivo. Senão haveria conflitos em parte evidentes, por exemplo, quando um direito positivo falha em se impor a um direito intuitivo vinculado ao passado, ou quando um direito intuitivo desafia um direito positivo que é incompatível com ele.

Após Petrazycki, que no campo da ciência jurídica russa e polonesa, no início do século passado, produziu uma escola qualificada (ver Timasheff, 1955), Adam Podgórecki (1974; 1991) procurou desenvolver uma concepção da eficácia do direito que, em muitos aspectos, se aproxima daquela de Geiger. O autor considera que a relação entre norma e comportamento individual vai além de um esquema duplo, em que *B* exige algo de *A*, em que *A* reconhece a reivindicação de *B*, dando-lhe a coisa desejada. Esse esquema, na verdade, em geral não depende de uma solicitação aleatória de *B*, mas faz parte de uma dupla relação que leva em conta quatro elementos: a reivindicação de B a A; o reconhecimento da reivindicação de B por A; os direitos que A, com base no princípio da reciprocidade, argumenta contra B; e os deveres que B, sempre com base na reciprocidade, deve reconhecer a A. Somente com esse "duplo vínculo" institucionalizado as relações entre A e B poderão acontecer de maneira previsível e eficaz em ambos os lados.

A ideia é que o direito selecione, através de processos de "erro e correção", os modelos de comportamento mais adequados para se tornar eficaz, testados positivamente como funcionais à integração social, capazes de fortalecer certos padrões de comportamento e de garantir uma aceitação estável da sanção ou da recompensa. De fato, a eficácia de Podgórecki é resultado de um processo complexo no qual não entram apenas as variáveis psicológicas. A norma jurídica individual pode ter seus efeitos alterados por diversas variáveis (psíquico-individual, de subculturas jurídicas, socioeconômicas). Essas variáveis, ao atuar em separado umas das outras e seguir diferentes lógicas, podem acabar produzindo não apenas maior ou menor eficácia, mas também efeitos distorcidos e indesejados. Daí o reconhecimento, nos passos de Petrazycki, de um direito intuitivo que atua diretamente sobre o comportamento, capaz de reduzir distorções e aumentar a eficácia das normas jurídicas (Podgórecki, 1974).

Também na linha de reconstrução das razões para a eficácia do direito, baseada nos aspectos psicológicos do problema, inserem-se as contribuições de Hans Ryffel (1969; 1974). A sociologia do direito de Ryffel possui um fundamento antropológico explícito. Seu ponto de partida é a tentativa de determinar a "tarefa" (*Aufgabe*) que o direito realiza na existência do homem. Reconectando-se com as vertentes que remontam à antropologia alemã, Ryffel concebe o homem como uma entidade com adaptabilidade (*plastisches Wesen*), capaz de mudar o próprio modo de existência de acordo com o ambiente em que vive e, em particular, de acordo com as possíveis alternativas de comportamento, que são sempre superiores à capacidade de implementação que o ambiente às vezes oferece ao indivíduo. Ryffel faz uma declaração muito significativa: "A realidade humana é um conjunto de várias possibilidades de comportamento entrelaçadas de diversas maneiras (ou seja, de conteúdo cognitivo, de valores, de normas, de convicções, de sentimentos, de disposições, de projetos etc.) e a implementação de comportamentos (ou seja, comportamentos reais realizados em determinado mundo)".

É, portanto, caracterizado por certa "distância e tensão" entre o comportamento potencial e o real. A existência do homem consiste na "realização de possibilidades de comportamento" que só de forma reduzida foi prefigurada pela história das gerações anteriores e com as quais, portanto, o problema da escolha surge cada vez com maior urgência. "As possibilidades de comportamento, a princípio estreitamente ligadas ao comportamento atual, se separam cada vez mais dele e se mostram individualmente [...] para que se possa dizer que o homem vive cada vez mais nas possibilidades" (Ryffel, 1974, pp. 122 ss.).

A escolha entre diferentes possibilidades de comportamento constitui "o caráter específico do homem" (*ibid.*, p. 134) e, portanto, precisa ser regulada de alguma maneira. Essa necessidade de regulamentação faz com que as "normas" assumam uma importância cada vez maior, na medida em que as escolhas se tornam mais conscientes e, portanto, mais problemáticas. Daí a importância, insubstituível, de normas dentro de sociedades complexas. As regras são entendidas por Ryffel como aquelas "possibilidades de comportamento, em geral devidas, que configuram (orientam) a existência humana, sem as quais isso não seria concebível".

De acordo com as diferentes necessidades existenciais que regulam, as normas podem ter um caráter mais ou menos abstrato. Quando são gerais, ou seja, possuem alto grau de abstração e precisam de intensa atividade de concretização, pode-se falar mais apropriadamente em "fins, diretrizes e critérios". As diretrizes presentes em leis e instituições possuem um "significado" para a existência do homem e orientam a seleção de possibilidades de comportamentos em vista da tarefa que pertence a todo ser humano: a autorrealização (*Selbstverwirklichung*). Isso não significa que todo homem deva realizar-se contra todos os outros; pelo contrário, tal autorrealização deve ocorrer em comunhão com os outros. De fato, já no grande número original de possibilidades de comportamento é fundada a "socialidade no sentido especificamente humano", ou seja, a possibilidade de conceber alternativas de comportamento que não sejam apenas individuais, mas comuns a outros homens e que, por meio da harmonização mútua, também sejam capazes de dar origem a normas gerais. Toda a sociedade é, portanto, entendida como "um conjunto de normas nas quais a realização comum do homem é executada" (*ibid.*, p. 129).

O caráter comunitário da realização humana envolve a harmonização das várias alternativas de comportamento e, portanto, inevitavelmente se refere a algum critério de "justo" (*richtig*). Sobre esse aspecto, Ryffel é explícito: "O homem deve sempre fazer o que é certo; essa necessidade nunca pode ser evitada por ele". É claro que o conteúdo do que é certo às vezes se mostra "problemático". No entanto, é possível identificar comportamentos que precisam ser implementados ou devem ser evitados em qualquer situação. Entre esses conteúdos normativos, essenciais para uma convivência humana pacífica (na qual pode haver uma espécie de "conteúdo ético mínimo" de qualquer ordem), Ryffel menciona a proibição de matar indiscriminadamente no interior de determinado grupo e de impor a promiscuidade sexual.

Além de uma orientação geral para a justiça, característica de todo ordenamento normativo, os ordenamentos "jurídicos" são marcados pela sua eficácia. As normas jurídicas são, portanto, dotadas de eficácia (*Wirksamkeit, Effektivität*) e justiça (*Richtigkeit*). Sua tarefa é estruturar a sociedade de acordo com critérios "justos" e "efetivos", enquanto a natureza específica do sistema jurídico é vista em um "planejamento consciente", orientado para objetivos específicos da realidade social (*ibid.*, p. 132).

O conceito de direito implica a validade jurídica (justiça) e a validade factual (eficácia), pois ambos os tipos de validades são pressupostos no trabalho dos juristas, assim como a validade técnico-jurídica (legalidade). As três "modalidades de validade" (normativas, factuais, técnico-jurídicas) não podem ser separadas, mas podem ser integradas a um conceito de direito que captura a essência do fenômeno. A referência, na definição do direito, a uma dimensão antropológica que supera tanto a perspectiva sociológica quanto a jurídica permitiria manter a unidade do direito e da sociedade, "evitando, assim, perder de vista o caráter interativo de seus relacionamentos e o 'sentido' que eles têm para realizar o potencial existencial do homem" (*ibid.*, p. 371).

O processo de "aprimoramento" que a existência humana vivencia, surgindo possibilidades de comportamento cada vez mais numerosas e diversificadas em resposta à crescente diferenciação da sociedade humana, marca o surgimento do direito como instrumento de harmonização social. No entanto, vinculado a ele de maneira indissolúvel aparece o "Estado", entendido como "um conjunto de instituições pessoais e materiais para a determinação e execução do sistema jurídico e para a realização das tarefas da comunidade". Estado e direito fazem parte de uma "política" entendida como "o conjunto de possibilidades direcionadas à criação e mudança do direito e do Estado". Segundo Ryffel, tal concepção do homem e a tarefa que o direito realiza na existência humana permite especificar o problema que a disciplina da sociologia do direito deve enfrentar. É verdade que a difusão e o estreitamento das conexões entre direito e sociedade dificultam a definição de uma disciplina sociológico-jurídica autônoma. Pode-se falar de "uma potencial onipresença da perspectiva sociológica na ciência do direito" (*ibid.*, p. 167). Mas, ao lado dessa sociologia do direito "em sentido amplo", Ryffel argumenta que também se pode legitimamente falar em uma sociologia do direito "no sentido estrito", atenta aos aspectos sociais e culturais jurídicos.

O princípio da historicidade das representações dos justos leva, no entanto, à rejeição das concepções globais e dogmáticas do justo e à afirmação, em seu lugar, de uma atitude crítica, intersubjetivamente suscetível à discussão e ao controle. Por meio dessa busca pelo justo, que não abraça ideias preconcebidas, mas propõe diferentes concepções de acordo com as diferentes situações históricas, surgem alguns princípios, agora estabelecidos de maneira duradoura em nossos sistemas jurídicos, como os direitos de liberdade e igualdade de todos os homens, bem como os princípios de uma regulação da vida social baseada na tolerância e na compreensão das concepções de justo, próprias e dos outros.

A estrutura regulatória resultante exclui a violência "pelo menos em princípio". A solução dos conflitos ocorreria através da referência ao que é comum e pode ser encontrada nas diferentes concepções dos justos apoiados pelas partes opostas; ou através da renúncia equilibrada de cada uma de suas reivindicações; ou através da neutralização, ou seja, da suspensão do julgamento de questões de atrito maior e mais radical, que comprometeriam de modo irreparável qualquer forma de coexistência. O princípio da "relativa estabilidade" dos sistemas jurídicos também exige que, mesmo nos sistemas mais flexíveis e abertos à intervenção inovadora dos indivíduos, o direito mantenha certa constância e resistência ao longo do tempo. Essa condição é indispensável para que seja possível executar, pelo menos até certo ponto, a tarefa que ele realiza institucionalmente, ou seja, a "estrutura estabilizadora de uma sociedade". Essa tarefa adquire, em vez de perder, importância em sistemas regulatórios flexíveis.

Partindo da suposição de que a estabilidade dos sistemas jurídicos se baseia, em geral, na necessidade de "aliviar" o homem da tarefa de regular cada caso de modo individual e de manter a mesma regulamentação em casos semelhantes que surjam subsequentemente, Ryffel salienta que, em sistemas jurídicos em princípio mutáveis, a constante referência às normas gerais e os procedimentos estáveis na produção de novas regras permitem manter uma clareza e uma previsibilidade indispensáveis na regulação das relações sociais. Tudo isso explica a razão de os sistemas regulatórios mutáveis também apresentarem uma tendência natural à autopreservação e de serem alterados apenas se houver motivos bem fundamentados para tal.

Isso nos leva à importante questão da "distorção" do direito. Como o direito "não deve apenas ser eficaz, mas também justo", torna-se relevante identificar os fatores que o distorcem e fazem que deixe de ser "justo". Para resolver esse problema, o autor parte do "modelo regulatório" de uma implementação do direito menos distorcida. Mas quais são os fatores que impedem a minimização da distorção ou a maximização da "justiça" em vários casos concretos? Esses fatores de distorção do direito adquirem particular importância do ponto de vista sociológico-jurídico quando dão origem a "ideologias", isto é, complexos de ideias referentes à sociedade em sua totalidade (portanto, também aos sistemas jurídicos estaduais) refratárias a revisões baseadas em um conhecimento mais próximo da realidade (*ibid.*, p. 363).

A partir das diferentes ideologias, no entanto, é necessário distinguir a "ideia" transcendente dos justos, que vários sistemas jurídicos concretos abordam, a partir de situações particulares. É a referência a essa ideia, e não um simples apelo positivista aos fatos, que permite ao homem estruturar a própria existência na comunidade "de maneira responsável e significativa". Ryffel sustenta que "não pode haver justiça perfeita, nem sociedade perfeita, nem mesmo um direito que não seja distorcido até certo ponto". O direito, na verdade, "embora sempre permita o desenvolvimento de alguns indivíduos ou grupos em certas direções, inevitavelmente reprime e limita o desenvolvimento de outros indivíduos e grupos" (*ibid.*, p. 376).

Ryffel parte de um "modelo regulatório" baseado na hipótese de que normas jurídicas são livremente observadas por serem consideradas justas. Essa hipótese típica-ideal, que não é encontrada na realidade, é usada como referência para identificar os principais fatores perturbadores que, repetidamente, impedem sua efetiva realização. Esses fatores são diferenciados por Ryffel em quatro grupos, usando como critério o fato de se relacionarem com as próprias regras (métodos de comunicação e circulação social das regras), com o comportamento dos destinatários (métodos de aceitação e fontes de justificativa para um comportamento compatível), com a personalidade dos destinatários (por exemplo, dados demográficos relevantes, como idade, sexo, ocupação, classe de pertença, nível de educação ou atitudes avaliativas, estruturas de caráter etc.) ou com o contexto em que os destinatários das normas operam (por exemplo, subculturas jurídicas, constelações econômicas etc.) (*ibid.*, p. 275).

Em consequência, e isto deve ser ressaltado, Ryffel reduz explicitamente o papel da coerção como ferramenta para motivar os membros de um grupo a aceitarem o direito. Além disso, ele chama a atenção para outros tipos de sanções, que assumem crescente importância, inclusive no direito penal. Esse desenvolvimento de sanções positivas se encaixa muito bem na concepção por ele proposta, uma concepção que visa não apenas compreender a tarefa defensiva do direito, mas também a tarefa promocional que ele realiza, através da identificação de uma série de possibilidades de incentivo a certos comportamentos.

Nesse sentido, pode-se notar que todos os autores que abordamos neste capítulo, Petrazycki, Podgórecki e Ryffel, além dos contextos em que se inserem, convergem na tentativa de reduzir a importância do medo da sanção ou do interesse do indivíduo como razões de eficácia. Além disso, chamam a atenção para um direito que não é apenas do homem, mas também para o homem, que surge, para Ryffel, a partir de um sentido inato do direito ou, mais formalmente, de um critério de reciprocidade. Nesse contexto, portanto, entende-se a insistência desses autores em sublinhar a importância das sanções positivas (prêmios ou recompensas), paralelamente ou no lugar das sanções negativas.

Esse é um aspecto relevante para a sociologia do direito, pois pode ter implicações importantes em termos de política legislativa e faz parte de um campo da "engenharia social" capaz de utilizar até mesmo ferramentas não coercitivas para garantir a eficácia das normas. No entanto, é necessário distinguir o direito de "recompensa" do direito "promocional". No direito de recompensa, como no direito repressivo, é perceptível a referência a uma perspectiva *individualista* (o prêmio, assim como a punição, se refere à estrutura das necessidades e dos interesses individuais de seus destinatários). Na lei "promocional", por outro lado, há referência a uma perspectiva mais ampla, que leva em conta não tanto os destinatários individuais da regra, mas os efeitos que esse direito é capaz de produzir sobre todo o sistema social. Em resumo, a função promocional pode ser verificada apenas referindo-se às reais consequências que o comportamento desejado exerce dentro de um horizonte macrossociológico do qual quem adota certo comportamento nem sempre tem uma percepção adequada (Febbrajo, 1983; Facchi, 1994).

Fica evidente que, tanto no caso do direito de recompensa quanto no caso do direito de promoção, os efeitos relativos podem ser realmente alcançados (o primeiro na esfera individual, o outro na social) ou apenas desejados pelo legislador, sem mesmo ser em parte realizados, permanecendo apenas intencionais.

Se as distinções apontadas forem combinadas, fica fácil perceber – e este é o ponto que queremos enfatizar – que a correlação "recompensa-promoção" não é indissolúvel nem necessária. De fato, são concebíveis recompensas que possuem uma função de não promoção, como defender o *status quo* (por exemplo, o direito que permite aos infratores assumir o papel protegido de "penitentes"), e as sanções "negativas", capazes de desempenhar indiretamente uma função promocional (por exemplo, as penalidades previstas para aqueles que obstruem a implementação de uma lei de reforma).

Tabela 5. Sanções positivas e negativas

Tipos de sanções	Perspectiva microssociológica (indivíduo)		Perspectiva Macrossociológica (sistema social)
	Racionalidade comparada ao valor	Racionalidade comparada ao objetivo	
Sanção positiva	Recompensa	Incentivo	Função promocional
Sanção negativa	Punição	Desincentivo	Função de controle

A Tabela 5 ilustra a possibilidade de ambas as combinações: sanções positivas (individualmente) com funções promocionais (socialmente), e sanções negativas (individualmente) com funções de preservação social (socialmente). Deve-se acrescentar, no entanto, que, dependendo das diretrizes da política legislativa, pode existir uma fase mais complexa, predominantemente de recompensa e repressiva, caracterizada por diferentes dimensões da sanção e por uma série de possíveis figuras intermediárias (Black, 1976). Além da visão do destinatário da norma, a questão da eficácia também deve ser levada em conta na tarefa de reagir a possíveis violações a ela (Tabela 6).

Tabela 6. Dimensão da sanção

DIMENSÃO	OBJETO	PROBLEMA	SOLUÇÃO
Repressiva	Proibição	Transgressão	Punição
Recompensa negativa	Perdão	Arrependimento	Graça
Restitutiva	Obrigação	Dívida (dano)	Pagamento
Terapêutica	Uniformidade	Desvio	Correção
Pacificadora	Harmonia	Conflito	Conciliação
Redistributiva	Igualdade	Disparidade	Compensação
Recompensa positiva	Reconhecimento	Conformidade	Recompensa
Promoção	Inovação	Indiferença	Incentivo

Como a atitude daqueles que devem obedecer está longe de ser única, essa tarefa é particularmente sensível por uma série de fatores: a quantidade incontável de regras que, em princípio, devem ser aplicadas; a limitação relativa dos meios repressivos disponíveis, que deixa amplo espaço para fatores seletivos de condicionamento cultural e instrumental; as dificuldades de aplicação e os possíveis efeitos negativos de determinadas regras; a heterogeneidade das políticas de controle, prevenção e dissuasão adotadas de tempos em tempos. De tudo isso, verifica-se que a legalidade é, de fato, para os próprios operadores, um valor-limite que pode ser abordado com base em escolhas culturais específicas, apenas de forma parcial e imperfeita (Febbrajo, La Spina & Raiteri, 2006).

Compreensivelmente, os profissionais podem ser levados a exercer as tarefas repressivas que lhes são confiadas de maneiras bastante diferentes, de acordo com as diversas condições culturais. Assim, é possível limitar o rigor esperado nos casos em que há um envolvimento particular do infrator com a vítima (por exemplo, no caso de uma pessoa matar ou ferir um companheiro), ou em relação ao tipo de crime ou de infrator (por exemplo, crimes particularmente repugnantes ou minorias de risco presumido), ou mesmo com relação ao tipo de medidas adotadas (por exemplo, uma reação mais fraca pode apoiar-se na ideia de que não é possível contar com o apoio da opinião pública ou de superiores). Também é necessário levar em conta as ferramentas disponíveis, que variam nos sistemas jurídicos individuais, e as diferentes articulações das forças policiais, que podem atuar de diversos modos. Apesar das diferenças locais, no entanto, o fato de estar na linha de frente e ter de gerenciar um confronto direto com o mundo do crime tem forte impacto nos métodos de intervenção da polícia, exatamente da mesma forma que as diferentes funções desempenhadas no processo podem influenciar estratégias e formas comportamentais dos operadores individuais (Reiner, 2000).

Outras variáveis, que podem ser relacionadas com aquelas já abordadas, são as geracionais, as geográficas e as ideológicas.

Além disso, em muitos casos, as intervenções sancionatórias só podem ocorrer mediante solicitação, o que significa que uma sanção somente será efetivada se duas culturas, a de denúncia e a de reação, se cruzarem. Nesse contexto, o mecanismo de aplicação das normas se torna ainda mais complexo, tanto que muitos crimes não surgem no horizonte do aparato sancionador (como no caso de estupro, que impõe exposição pública indesejada à vítima). Nesses casos, é particularmente evidente a importância da combinação concreta de diferentes culturas jurídicas, a dos operadores, tendencialmente orientada para a aplicação da norma, e a da vítima, bem mais exposta às condições das normas sociais, que muitas vezes podem ser travadas antes da reclamação (Thomas, 2000).

A dificuldade em identificar uma estratégia de controle social ideal implica uma tendência a mudar de acordo com a situação das diferentes estratégias alternativas que podem ser combinadas umas com as outras: uma estratégia genuinamente comprometida com o controle solidário, comum em pequenas comunidades e baseada na persuasão e na proximidade, visa envolver várias instâncias para prevenir o crime e também apoiar psicologicamente as pessoas em risco (Hughes & Edwards, 2002); uma estratégia orientada para um controle hierárquico baseado na adoção anônima e impessoal de procedimentos rotineiramente organizados pode afetar, além do indivíduo, seu equilíbrio psíquico, a ponto de anular sua resistência (Althusser, 1969; um exemplo literário dessa estratégia, particularmente difundida em países sem garantias democráticas, é encontrada em Kafka, 2010).

Nas diversas situações históricas, é possível encontrar inúmeras outras estratégias que, ao longo do tempo, diferem significativamente no mesmo país. É o caso dos Estados Unidos, que, com base em um sistema federal, apresentam um quadro fortemente divergente em termos da filosofia da punição, como ocorre com a pena de morte nos estados. Ao longo de sua história, eles viveram diferentes fases de gerenciamento do crime, variando desde as mais drásticas formas de punição até aquelas inspiradas em uma maior humanização das ferramentas de reação. O condicionamento cultural da maneira como operadores e cidadãos encaram esse aspecto sombrio e inevitável de qualquer sociedade é extremamente complexo. Qualquer sociedade pode ter vergonha do crime, mas deve considerá-lo, já que a multiplicação de prisões, policiais ou magistrados não eliminará sua presença nem evitará, como acontece em todas as guerras intermináveis, qualquer contato informal ou negociação entre os dois lados em guerra. No entanto, o objetivo de reduzir os limites mínimos de criminalidade é alcançado por meio de programas de prevenção eficazes, mas caros, para os quais até um país como os Estados Unidos não possui fundos suficientes (Friedman, 1993).

No que diz respeito à área obscura do crime, da qual nenhuma sociedade consegue se libertar por completo, também é necessário adicionar outra área que pode ser considerada ainda mais oculta, pois nela o olho do controlador oficial não consegue descansar: os chamados "submersos". Trata-se de um campo extremamente variado que pode contemplar as atividades bem-intencionadas, mas que, por várias razões, são consideradas incontroláveis. É o caso da prostituição, que muitas vezes é monitorada apenas de longe, pressupondo-se que uma intervenção direta só poderia movê-la, tornando-a ainda mais inacessível ao contrabando. Em certas situações pode ser considerada uma rede informal de segurança social, devido ao duplo circuito de táxis e ao comércio abusivo que as partes interessadas estão dispostas a tolerar dentro de certos limites, como as violações que pressionam a acusação compulsória que não implicam consequências sociais, mas permanecem limitadas à vida privada dos indivíduos. Na vastidão de suas articulações, cuja quantificação só pode ser presumida, o submerso deve ser visto como uma maneira de aumentar as capacidades seletivas de determinado ordenamento, excluindo das inúmeras possibilidades sancionadoras do direito positivo o que, do ponto de vista da regulação social, não é considerado provável que apareça na tela do direito formal do Estado (Bettini, 1987).

CAPÍTULO 5

O PROBLEMA DA EVOLUÇÃO

No capítulo anterior, dedicado à eficácia do direito, foi feita uma tentativa de estabelecer os limites dentro dos quais uma estrutura regulatória, que pode ser chamada "contrafactual", pode confiar nas ferramentas de controle que um sistema jurídico em geral possui, uma vez que é destinada a lidar com os fatos sem ceder a eles. Tais ferramentas são principalmente as sanções, que com mais frequência constituem sanções negativas, mas há também sanções positivas (prêmios) e que conseguem exercer uma força de fiscalização sobre o comportamento dos destinatários. No entanto, as atitudes generalizadas e até mesmo avaliativas não devem ser negligenciadas, pois, além das sanções, são capazes de justificar um consenso em relação ao ordenamento ou às regras individuais e, ainda, influenciar a ação dos próprios operadores, que se veem obrigados a reagir às violações.

Neste capítulo, a perspectiva muda radicalmente. Será observada a relação entre normas jurídicas e sociedade, com ênfase na capacidade dos fatos de mudar as normas, ou na capacidade das normas de aprender com os fatos. Dessa forma, será possível compreender como aconteceu a evolução do direito.

O fenômeno é extremamente complexo para uma análise sociológica. A experiência histórica mostra que os impulsos da evolução do direito em geral provêm não tanto dos indivíduos ou do legislador, mas de áreas da sociedade aparentemente distantes da legislação. Portanto, pode ser comparado ao caso da dinâmica dos eventos naturais, em que o epicentro, em geral localizado longe da área mais atingida, pode causar efeitos violentos. No caso das mudanças no direito, a causa mais próxima não é necessariamente a mais importante, pois a energia que gera alteração pode produzir consequências significativas e indesejadas, mesmo vindas de longe.

Isso explica por que é dada especial atenção à análise do problema da evolução do direito a partir de uma perspectiva sistêmica, que o percebe como um conjunto de elementos com estreita relação uns com os outros e conectados com outros setores sociais parcialmente distantes. A suposição de que nada é irrelevante, mesmo o bater das asas de uma borboleta, que pode originar consequências significativas em termos quantitativos, tem o mérito de mudar o foco para fatores que não são visíveis de imediato, ampliando de maneira significativa o horizonte de pesquisa. São inúmeras as hipóteses macrossociológicas funcionalmente básicas que procuram explicar o problema da evolução do direito, vinculando tipos relevantes de organizações no nível de toda a sociedade aos tipos de organizações relevantes no nível do direito, para demonstrar que ambos podem mudar de forma coordenada (coevolução).

Uma importante hipótese macrossociológica desse tipo foi enunciada por Henry Sumner Maine (1861). Sua teoria evolutiva procura destacar as implicações de um movimento geral da sociedade, do *status* ao contrato. A dissolução gradual das conexões que, em sociedades tendencialmente estáticas, implica assumir posições sociais transmitidas pelo nascimento, leva ao surgimento de sociedades nas quais a dinâmica das relações está centrada nas relações contratuais e nos vínculos individuais, independente do *status* original. A transição do *status* para o contrato é, portanto, comparada com duas formas típicas de direito: a primeira está enraizada na vida familiar e na propriedade da terra e é essencialmente baseada no costume; a segunda mostra-se aberta à convergência de diferentes vontades no contrato e baseia-se na ordem convencional de comércio e tráfego.

O modelo de transição do *status* para o contrato lembra a tese da diferenciação progressiva da sociedade, que para Durkheim (1893) consiste na passagem de uma diferenciação predominantemente segmentar, que caracteriza as sociedades compostas de uma pluralidade de agregados semelhantes (famílias múltiplas, tribos múltiplas, clãs múltiplos etc.), a uma diferenciação funcional, que caracteriza as sociedades compostas de uma pluralidade de agregados diferentes, em que cada um deles tende a se tornar cada vez mais autônomo, a fim de melhor desempenhar sua função.

Ambas as hipóteses macrossociológicas levam a um aumento decisivo na demanda por regulação social. Os símbolos generalizados da unidade social, recorrentes nas sociedades baseadas no *status* ou diferenciados por segmentos, perdem relevância, enquanto os requisitos específicos de regulamentação adequada são multiplicados para contemplar os diferentes tipos de contratos e as funções particulares deste ou daquele setor social.

Partindo, em particular, da hipótese de Durkheim de uma crescente diferenciação funcional, a sociologia do direito contemporâneo desenvolveu uma abordagem para o problema da evolução do direito utilizando as ferramentas da teoria geral do sistema. O problema fundamental a ser resolvido é a forma que permite combinar a mudança social e a manutenção da identidade do sistema, ou seja, os limites dentro dos quais um sistema, como o jurídico, pode experimentar até mesmo mudanças profundas sem perder sua identidade. Se no caso dos indivíduos o conceito de identidade, apesar das constantes mudanças relacionadas ao crescimento e à velhice, consegue manter limites claros e indiscutíveis, isso não ocorre no caso de um sistema cujos limites não são concretos, mas que é delimitado por critérios estabelecidos pelos próprios sistemas, de acordo com suas necessidades funcionais[1]. Niklas Luhmann merece especial menção entre os autores que adotam uma abordagem sistêmica. Em seus muitos escritos, que buscam, com um termo inovador, temáticas dos paradoxos da evolução (Luhmann, 1972, 1981, 1993), o conceito de sistema social está indissociavelmente conectado ao conceito de direito e é visto como a principal referência para uma evolução aberta e imprevisível. O sistema social apresenta-se como um conjunto de elementos inter-relacionados que, para sobreviver em um ambiente complexo, incontrolável e variavelmente flutuante, precisa desenvolver uma complexidade interna adequada, determinada pelos diversos subsistemas dos quais é composto e pelas relações entre eles.

Nesse contexto de relações externas, o sistema social exige a presença decisiva de um subsistema jurídico, cujas fronteiras são estabelecidas pela cultura jurídica interna, semelhante ao que a cultura econômica faz com o sistema econômico. Para isso, a codificação binária típica (no caso do direito: legal/ilegal, de acordo com a lei/não de acordo com a lei; no caso da economia: rico/pobre, útil/inútil) é necessária para traçar os limites de significado do sistema. As reivindicações de "pureza", uma vez vigorosamente apoiadas por Kelsen, podem ser de novo propostas de

---

[1] Em geral, sobre a teoria dos sistemas aplicada ao direito, ver Canaris (1969), Damm (1976), Villas Bôas Filho (2006), Lima (2012), Gonçalves (2013), Guerra Filho (2011).

uma maneira mais sofisticada e fundamentada na sociologia. Dado que o problema da evolução é crucial em uma perspectiva sistêmica, não é de surpreender que no trabalho de Luhmann seja abordado em três estágios diferentes, cada um levando em consideração os fatores de mudança no sistema decorrente de seu interior, de seu exterior e de ambas as faces.

Em particular, essas fases referem-se, respectivamente:

- aos fatores sociais que podem pressionar o direito a mudar si mesmo, a fim de continuar realizando suas tarefas específicas (razões de evolução);
- aos mecanismos do direito que, como os procedimentos, são capazes de produzir inovação mesmo em um quadro de continuidade (ferramentas de evolução);
- aos canais que permitem ao subsistema jurídico selecionar e traduzir internamente e em seu próprio idioma todos os pedidos de renovação provenientes da sociedade (filtros da evolução).

5.1 As razões da evolução

Entendido como um subsistema do sistema social mais amplo, o direito, como qualquer subsistema em um organismo vivo, é chamado a garantir benefícios ligados à sua própria evolução e à evolução do sistema social do qual o subsistema jurídico faz parte. Com suas estruturas regulatórias, ele realiza um desempenho evolutivo essencial, que consiste em fornecer critérios de orientação generalizados para os atores sociais. A evolução do direito é o resultado de um processo mais amplo que envolve todos os subsistemas sociais, e cada um deles deve se adaptar à complexidade do ambiente e, portanto, dos outros subsistemas. Assim, é possível afirmar que a evolução é resultado de um processo geral de adaptação mútua dos subsistemas e que nenhuma parte do sistema social, a partir do direito, pode escapar completamente dele, mesmo se os níveis de condicionamento são muito diferentes (Luhmann, 1993, pp. 239 ss.).

Em um sistema, como acontece em um corpo d'água, qualquer movimento se espalha para toda a sociedade, e o direito não pode permanecer indiferente a essas conexões. Usando o exemplo de Luhmann, se os nômades domam o cavalo, eles adquirem uma superioridade de guerra que pode mover outros povos a construir fortificações e aceitar uma organização política estável, com consequências também no campo do direito. Em suma, a partir de uma técnica relacionada a um setor de atividade limitado, podem surgir consequências difusas, possivelmente também relevantes para o direito. Mas, para identificar essas inter-relações e as consequentes mudanças na esfera jurídica, devemos primeiro nos perguntar: Por que uma lei é necessária em um sistema social em evolução? Ou, de maneira mais geral: Por que ainda há a necessidade de regulação em um sistema social? (Luhmann, 1972, p. 114).

Em resposta a essa pergunta, Luhmann descreve alguns mecanismos elementares que levam os sistemas sociais a perceber e satisfazer, em sua evolução, uma demanda fundamental por regulação. Em primeiro lugar, as estruturas regulatórias, para o autor, funcionam conectadas ao conceito de possibilidade (*ibid.*, pp. 29 ss.). Como vimos no sistema humano, o sistema sociedade é capaz de perceber apenas de modo parcial as possibilidades oferecidas pelo ambiente. Além disso, a situação existencial do sistema humano tem como ponto de partida um potencial muito limitado para a percepção atual e consciente do ambiente. Há, portanto, um desequilíbrio significativo entre as inúmeras possibilidades de experiência e ação oferecidas ao indivíduo pelo mundo em que ele vive e o limitado potencial de experiência e ação que ele organicamente possui (*ibid.*, p. 26).

O caráter fundamental da complexidade do mundo deriva dessa desproporção entre as possibilidades oferecidas pelo ambiente e a capacidade de implementar o sistema. A complexidade é, nesse sentido, um excesso de possibilidades com que todo indivíduo ou sistema social inevitavelmente depara.

A complexidade do mundo deve, portanto, ser "reduzida", e essa redução não pode ser deixada ao acaso, pois é necessário garantir que o sistema, embora menos complexo e, portanto, mais improvável do que seu ambiente, ainda seja capaz de sobreviver. Para isso, há sobretudo um caminho a percorrer: o sistema deve transformar a complexidade externa em complexidade interna, de acordo com o princípio fundamental geral de que, quanto maior a complexidade interna de um sistema, maior a porção do mundo que ele consegue captar, e, quanto mais diferenciadas as suas respostas, maiores as suas chances de sobrevivência (Ashby, 1956; Pannarale, 1988).

A estratégia de adaptação interna à complexidade externa é alcançada através do desenvolvimento de estruturas. Nessa perspectiva, a estrutura é o mecanismo utilizado para selecionar uma gama estreita de possíveis alternativas comportamentais, a fim de possibilitar a formação de expectativas (Luhmann 1972, p. 40). A estrutura deve, portanto, utilizar critérios que garantam certa previsibilidade, filtrando de todos os eventos abstratamente possíveis o conjunto mais estreito daqueles que provavelmente serão realizados. Apenas esses eventos podem ser objeto de expectativas. Nesse sentido, do ponto de vista de um sistema social e de um sistema individual, a estrutura serve para reduzir a quantidade de decepções que a complexidade do mundo pode causar.

Um importante exemplo de estrutura, de certa forma análoga ao direito, é a linguagem. Por si só, ela oferece grande número de possibilidades de expressão e, portanto, insere aqueles que a utilizam em um processo de seleção articulada. Depois de fazer uma primeira seleção, limitando as inúmeras possibilidades de articulação de sons que o sujeito comunicante possui, a linguagem permite que nesse campo, convencionalmente definido e, portanto, suscetível às expectativas, ele possa selecionar ainda mais os sinais e sons a utilizar em seus discursos. Em suma, a linguagem como tal completa uma dupla seleção de alternativas possíveis, selecionando em uma primeira fase o que os indivíduos deverão escolher em diferentes situações em uma segunda fase.

Essa complexa operação de seleção detalhada pode ser garantida por qualquer estrutura. A presença de estruturas, tanto para a sociedade quanto para o indivíduo, reduz, mas não exclui, a probabilidade de que as expectativas não sejam atendidas. O mundo, na verdade, além de complexo, é contingente. O termo "contingência" refere-se precisamente à possibilidade de que eventos prováveis, do ponto de vista de determinada estrutura, não se materializem ou ocorram de modo diferente do esperado. Em particular, há dois tipos de contingências: a chamada contingência "simples" serve para indicar a insegurança na realização de expectativas em relação a eventos físicos ou, em qualquer caso, independentes da vontade humana; já a chamada contingência "dupla" refere-se às relações entre sujeitos capazes de prever seus comportamentos e serve para indicar a insegurança de atender às expectativas relacionadas a eventos dependentes da vontade de outros (*ibid.*, p. 24).

Esse segundo tipo de contingência é, naturalmente, o mais relevante para um estudo sociológico do direito. Envolve, por um lado, a antecipação das perspectivas de outros assuntos e, portanto, uma enorme expansão da capacidade da experiência individual, mas, por outro lado, implica também o reconhecimento da liberdade dos outros e, portanto, maior probabilidade de decepção em relação às expectativas. Em outras palavras, o preço que você tem de pagar para passar do simples contingenciamento do campo da percepção de objetos ao duplo contingenciamento do mundo social é um aumento significativo da insegurança, e o sistema social responde a ele com a constituição de estruturas de expectativas mais complexas de segundo e terceiro nível (expectativas de expectativas), e assim por diante (*ibid.*, p. 33). O objeto de uma expectativa sociologicamente relevante não pode ser um fato simples, mas a expectativa que outro sujeito tem em relação a determinado fato.

Tudo isso pode parecer excessivamente complexo, mas, na realidade, é fácil alcançar um nível de reflexividade das expectativas, mesmo no cotidiano[2]. Assim, de acordo com o exemplo de Luhmann, é possível que uma esposa suponha que seu marido, ao retornar do trabalho à noite, espere um simples jantar frio (segundo nível); além disso, é possível que o marido (terceiro nível) conheça essa expectativa da sua esposa e, portanto, sabe que, se exigisse um jantar quente, ela realizaria uma ação inesperada (e poderia até prever as consequências de tal ação).

No entanto, se um triplo nível de expectativas for facilmente alcançado nas relações sociais, será perceptível o quanto é necessário para a estabilidade das expectativas sociais garantir a possibilidade de um entendimento entre os sujeitos e estabelecer as ferramentas eficientes para fortalecer a coesão social. É claro que, quanto mais complexas as estruturas de expectativa, maiores as possibilidades de erros e mal-entendidos, quando comparadas com as estruturas mais simples (Luhmann, 1969, p. 33). Os

---

[2] Lembremos, aqui, que o exemplo remete a um modo de viver não mais condizente com a realidade dos dias atuais.

elementos fundamentais da estrutura teórica aqui descritos podem ser resumidos no diagrama mostrado na Figura 6.

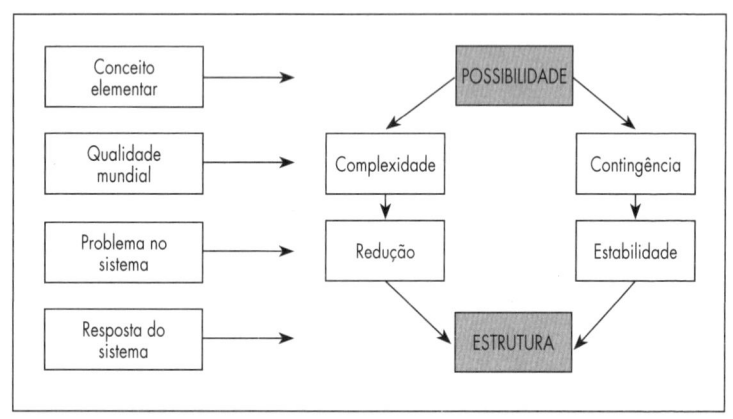

Figura 6. Funções da estrutura social.

Observa-se que os pressupostos teóricos indicados não excluem a possibilidade de decepções. Para Luhmann, as estruturas das expectativas são tipicamente expostas à decepção. É precisamente a partir disso que um impulso importante pode surgir para a correção das estruturas e, portanto, para sua evolução. De fato, é possível reagir à decepção quanto a uma expectativa usando duas estratégias: corrigir a expectativa não atendida para se adaptar à realidade (estratégia cognitiva), ou manter firme a expectativa, mesmo no caso de decepção (estratégia regulatória). Estratégias cognitivas e regulatórias são funcionalmente equivalentes, o que significa que ambas podem desempenhar, ainda que de maneira diferente, a mesma função de neutralizar os riscos decorrentes de expectativas não atendidas.

Essa intercambialidade é uma importante vantagem para o sistema, que pode adotar suas estratégias de forma alternativa ou simultânea em diferentes situações, o que faz aumentar sua flexibilidade em relação ao ambiente. Dependendo da importância e do significado da expectativa não atendida, podem prevalecer os requisitos cognitivos de adaptação à realidade ou de manutenção da expectativa.

Isso não significa que, entre as duas estratégias, a regulamentação seja muito mais fácil de usar em um mundo incerto. Se houvesse apenas a possibilidade de assumir uma atitude cognitiva, que permitisse um aprendizado constante, seria difícil suportar, no longo prazo, a carga pragmática contínua voltada para a produção de variações que isso implicaria. Uma atitude exclusivamente cognitiva, em princípio, só pode ser institucionalizada e generalizada em relação a campos específicos, como o da ciência. A ação regulatória, por outro lado, tanto no sistema humano quanto no da sociedade, pode se estender a um campo de aplicação muito mais amplo. Ser capaz de "classificar o comportamento das expectativas como desviante encontra segurança nessa possibilidade já no presente" (Luhmann, 1972, p. 129). Além disso, por meio dessa estabilização de expectativas, o número de ações que podem ser coordenadas entre si e, portanto, o número de ações socialmente possíveis, destinadas a não decepcionar, podem ser aumentados de acordo com o necessário. O argumento, até agora, segue a linha: adoção de estruturas regulatórias → aumento da capacidade redutiva do sistema → aumento da estabilidade interna do sistema, e sugere a hipótese de que, com a evolução do sistema, as normas assumem cada vez maior importância como instrumentos de orientação e coesão social (Luhmann, 1969, p. 30).

Um passo decisivo para alcançar aquelas estruturas regulatórias específicas que são as estruturas jurídicas é dado por Luhmann, ao distinguir, como acabamos de ver, estruturas de expectativas normativas de estruturas de expectativas cognitivas, em um contexto mais amplo. Essa distinção baseia-se em uma dimensão temporal, à luz da qual as estruturas cognitivas são mais instáveis ao longo do tempo, ao passo que as regulatórias são mais estáveis, pois não podem ser corrigidas após experiências diferentes. A não correção das estruturas regulatórias requer a disponibilidade de estratégias voltadas para a produção de consenso e a absorção das inevitáveis decepções, a fim de garantir a defesa das expectativas em qualquer caso.

Para ilustrar essas estratégias, que podem ou não ser sancionadas, Luhmann utiliza o exemplo de um compromisso perdido: "Se tenho um encontro com um amigo no bar e o encontro não acontecer, ficarei decepcionado, não apenas no que diz respeito a minhas expectativas cognitivas, mas também às normativas". De fato, a pontualidade (tendencial) é uma obrigação socialmente reconhecida. Dessa forma, é necessário um "tratamento" da decepção, e por isso inúmeras estratégias não sancionatórias estão disponíveis, como reclamar ao garçom e/ou a todos os presentes, buscando a confirmação do princípio da pontualidade violada, ou a estratégia de continuar esperando, na suposição de que mais cedo ou mais tarde o amigo chegará, para causar, na magnitude do dano sofrido, maior ressonância à violação da norma. Ademais, também é possível canalizar a decepção, sempre de forma não sancionatória, ignorando a violação da lei e, portanto, não tomando conhecimento dela. Tal estratégia pode ser chamada de "fingir não ver" e tem uma dupla vantagem: protege a norma de diferentes informações que a colocam em questão e, ao mesmo tempo, protege aqueles que se decepcionam com a necessidade de reagir (Luhmann, 1972, p. 49). Comum a todas essas estratégias é o ato de simplesmente tentar restaurar o caráter regulatório das expectativas não atendidas sem causar consequências desagradáveis para o infrator. Além de uma dimensão temporal, as estruturas das expectativas também possuem uma dimensão social, que diz respeito à sua capacidade de alcançar um consenso em determinado grupo humano. Luhmann ressalta que a atenção de cada membro do grupo limita-se à pluralidade de comportamentos socialmente relevantes. Isso torna quase impossível para um ator ter sempre todos os outros como espectadores, a menos que se trate de situações excepcionais, ou grupos em que todos conhecem todos, ou eventos que, como nos escândalos, atraem muito a atenção do grupo.

Daí a necessidade de mecanismos para formar consenso no interior do grupo (*ibid.*, p. 50). Esses mecanismos objetivam não obter um consentimento inatingível para todos, mas considerar o consentimento não expresso como se fosse expresso. Esses mecanismos levam à institucionalização do consenso, ou seja, à superestimação da consistência numérica real dos julgamentos favoráveis, a fim de torná-los expressão fictícia da vontade de todo o grupo.

Um mecanismo de institucionalização do consenso é constituído pelas manifestações em massa: o consenso visível dos presentes, neste caso, é usado para simbolizar o consentimento invisível dos ausentes. A institucionalização também é possível no sentido antitético, quando a inatividade política crônica de parte do grupo é considerada, unilateralmente, uma manifestação de uma dissidência tácita da maioria em relação às estruturas de poder em vigor (o argumento da chamada "maioria silenciosa").

A terceira dimensão das estruturas das expectativas não diz respeito nem à dimensão temporal e, portanto, à sua duração, nem à dimensão social e, portanto, ao consenso que elas são capazes de despertar, mas sim à identificação do seu conteúdo. Limitada às estruturas de expectativas normativas, nem é necessário ressaltar que elas apresentam diferentes níveis de abstração com base nos quais seu conteúdo pode ser determinado. Cada um desses níveis possui características particulares, e a escolha de um deles visa atender a certas necessidades ambientais. Por exemplo, uma norma muito concreta pode ter o defeito de limitar em excesso sua capacidade de aprendizado, enquanto uma norma abstrata demais pode impedir seu destinatário de fazer esforços efetivos para alcançá-la.

Dependendo do grau de abstração exigido, uma norma pode se referir a pessoas, papéis, programas, valores (*ibid*., p. 27). Caso as expectativas regulatórias se relacionem a uma pessoa, elas permanecerão em um nível tão concreto que não poderão ser generalizadas. Portanto, fica claro que esse tipo de identificação do conteúdo das regras é de particular importância em pequenos grupos, nos quais a interação entre os diversos membros permite o conhecimento direto e, portanto, uma referência às expectativas do indivíduo. Por outro lado, se forem necessárias expectativas regulatórias mais abstratas, elas poderão se referir a determinada função, ou seja, poderão ignorar caracteres individuais, levando em consideração apenas os caracteres típicos que entram na definição da função.

Os papéis, na verdade, são conjuntos de expectativas não destinadas a certos indivíduos, mas apenas à sua posição social. Um aumento adicional na abstração é alcançado ao referir-se a um conjunto de expectativas regulatórias de determinado programa, ou seja, a uma estrutura de decisão formulada em termos gerais e cujas condições de aplicação são especificadas de acordo com a situação. O programa, ao contrário de uma regra, tem a capacidade de ampliar ainda mais a margem de discricionariedade do destinatário, deixando a ele a tarefa de especificar certas variáveis (por exemplo, os meios a serem utilizados através de certos propósitos, ou os propósitos a serem determinados através dos meios).

Finalmente, um aumento adicional na abstração ocorre se um conjunto de expectativas regulatórias se relaciona com determinados valores. Ao contrário dos programas, os valores têm relações uns com os outros que não são fixadas de maneira definitiva, mas podem variar em caso de conflito, resultando em fatores que não são univocamente determináveis. Nessa perspectiva, os valores são pontos de vista que em si mesmos não especificam quais ações devem ser preferidas, apenas oferecem indicações de prioridades em grande parte indeterminadas e com diferentes interpretações (*ibid.*, p. 88). O conteúdo sobre o tamanho das estruturas de expectativas pode ser resumido como no esquema apresentado na Tabela 7.

Tabela 7. Dimensões das estruturas de expectativas

Dimensão das expectativas	Aspecto relevante	Mecanismo de controle típico
Temporal	Duração	Estandardização
Social	Consenso	Institucionalização
Material	Conteúdo	Abstração

Nesse diagrama, parece que essas três dimensões permitem compreender mais amplamente aspectos das estruturas das expectativas e os mecanismos sociais a elas associados. Juntos, esses mecanismos aparecem como instrumentos de "generalização", ou seja, como instrumentos que servem para tornar as estruturas das expectativas indiferentes a determinadas variações da realidade social. Assim, a padronização dá continuidade a uma expectativa, independente de os indivíduos estarem momentaneamente decepcionados; a institucionalização assume consenso geral, independentemente de os indivíduos discordarem uns dos outros; a abstração garante unidade de significado e coesão às expectativas, independente de sua heterogeneidade real. O fato de que todos os mecanismos vistos podem ser considerados mecanismos de generalização, no entanto, não garante sua consistência em todas as situações. Por exemplo, é possível supor que, em determinada sociedade, o mecanismo de padronização funcione além da sua capacidade real de institucionalizar o consentimento das normas em determinada situação.

E é justamente diante da possibilidade de tais desequilíbrios que surge a necessidade de um sistema jurídico, interno à sociedade, que possa garantir o funcionamento harmonioso dos mecanismos de generalização de expectativas. Assim, o direito pode ser definido como a estrutura de um sistema social cuja função consiste na "generalização congruente das expectativas normativas de comportamento", entendendo-se "generalização congruente" como a maneira de integrar o sistema social a fim de permitir a padronização, a institucionalização e a abstração de operar de forma mutuamente compatível com o mesmo conjunto de expectativas (*ibid.*, p. 94).

Essa tarefa do direito não é de forma alguma simples e deve necessariamente ser realizada de maneira diferente em situações históricas diferentes. Portanto, o direito deve necessariamente evoluir para poder enfrentar os problemas relacionados à diferenciação funcional que a própria sociedade produz. Luhmann acredita que o constante aumento da complexidade da sociedade tem efeitos significativos sobre os sistemas individuais dos quais é composta, já que provoca o fortalecimento simultâneo dos três mecanismos necessários para a evolução de sistemas complexos: os mecanismos que servem para produzir novas possibilidades de ação e experiência; os mecanismos utilizados para selecionar possibilidades utilizáveis e rejeitar as inutilizáveis; os mecanismos que servem para preservar e estabilizar as possibilidades escolhidas.

O processo evolutivo, desse modo, parece envolver, em uma investigação mais aprofundada, uma espécie infindável de avanços do direito em relação à sociedade, uma vez que o sistema que atingiu um nível mais elevado de complexidade interna também é capaz, por essa mesma razão, de perceber e, portanto, identificar como um problema uma maior parcela da complexidade ambiental. Da mesma forma, se você aumentar o cone de luz, a circunferência da sombra circundante também aumentará: mais luz não deixa de produzir mais sombra.

Então, a pergunta que deve ser feita nesse contexto é se o sistema jurídico é capaz de acompanhar o aumento geral da complexidade ou se encontra limites no aumento da sua complexidade interna e, portanto, se deve reagir ou isolar-se do processo de mudança social ou dar lugar a outros sistemas com maior elasticidade estrutural. Essa, evidentemente, é uma questão central para uma teoria da evolução do direito. Por um lado, há aqueles que teorizam, das mais diversas formas, o inevitável declínio do direito além de certo nível de complexidade social; por outro lado, outros acreditam que o direito pode aumentar ainda mais sua complexidade, realizando novas tarefas, como de planejamento e promocionais, bem como tarefas coercitivas tradicionais. A resposta de Luhmann é no sentido de admitir uma constante adaptação da complexidade interna do sistema jurídico à crescente complexidade externa produzida pela diferenciação funcional. Vamos ver a seguir como ele chega a tal solução.

5.2 As ferramentas evolutivas

A capacidade evolutiva do direito pode ser multiplicada com o uso de mecanismos jurídicos que, mantendo sua regulamentação característica, são projetados para produzir, com a contribuição de fatores externos, resultados imprevisíveis, capazes de inovar o direito. Segundo Luhmann, isso é possível sobretudo através do procedimento.

Para o autor, o termo "procedimento" refere-se não apenas ao direito processual, mas a qualquer sucessão juridicamente relevante de atos com desfecho incerto. Além do processo judicial, também as eleições políticas, o processo legislativo, os processos decisórios da administração pública são exemplos de processos. Em suma, embora o procedimento em geral seja definido enfatizando acima de tudo o aspecto da sucessão ordenada dos atos que o compõem, ele pode ser compreendido de modo mais adequado quando considerado uma espécie de sistema social que, em níveis relativamente avançados de desenvolvimento, desempenha a função particular de produzir decisões imprevisíveis e vinculativas para o futuro e que são, de alguma forma, inovadoras.

Assim como todos os sistemas sociais, o procedimento também é constituído pela delimitação de limites para um ambiente. Ou seja, o que é válido no mundo não se aplica ao processo, mas deve ser introduzido através de filtros específicos. Historicamente, houve uma mudança constante nos filtros que regem a entrada de informações no processo. Exemplos desses filtros podem ser, para o processo judicial, por um lado, o julgamento de Deus, que confia a decisão final a um único evento; por outro lado, o processo moderno, no qual inúmeros critérios de relevância constantemente exigem que o juiz desconsidere tudo o que não é importante para o julgamento. As partes, portanto, são obrigadas a deixar de fora do processo qualquer outro papel social que possam desempenhar. A incerteza do resultado é absorvida no decorrer do próprio procedimento "por meio de um processo seletivo de tomada de decisão", capaz de se legitimar.

A "teoria oculta" do procedimento evidencia que as inovações são produzidas através de decisões aceitas pelas partes interessadas, mesmo que não totalmente previsíveis. Essa teoria baseia-se no fato de inserir o indivíduo em um conjunto coordenado de "papéis internos" ao processo e, dessa forma, conseguir pressioná-lo a aceitar as decisões finais produzidas, independentemente do seu conteúdo e das motivações pessoais dos atores individuais.

Segundo Luhmann, esse resultado é alcançado ao transformar o conflito regulatório, que constitui o objeto real do procedimento, em uma questão cognitiva (*ibid.*, p. 27). Uma coisa julgada deve necessariamente ser aceita, pois não há mais possibilidade de alterá-la ou ignorá-la. A aceitação, no entanto, significa algo mais, ou seja, manifesta que o ressentimento e as decepções que podem resultar de uma sentença desfavorável não são institucionalizados, mas permanecem confinados a um nível privado, sem ganhar a relevância dos conflitos sociais. Se aquele que perdeu a causa tenta socializar a própria decepção, "assume a posição de desajustado, o queixoso; seu comportamento é considerado estranho e desviante, pois é o resultado de uma recusa em aprender a adaptar as expectativas de alguém ao resultado do julgamento" (*ibid.*, p. 128).

Para que o resultado do processo seja aceito, é necessário, portanto, desenvolver estratégias voltadas para o envolvimento da parte. Essas estratégias baseiam-se sobretudo no princípio da "coerência", responsável pela regulação das interações sociais (*ibid.*, p. 129). Espera-se, portanto, que todos os afiliados demonstrem certa medida de coerência na representação de si mesmos, como base de orientação e como premissa para a interação social de maneira duradoura. Assim, por exemplo, "aqueles que se apresentaram como não fumantes certamente não podem começar a fumar". No processo, essa expectativa social, que permanece consistente, exerce pressão significativa sobre as partes, vinculando-as. Além disso, mesmo as funções processuais assumidas apenas uma vez obrigam à consistência e limitam as variações disponíveis sem perder a identidade adquirida.

É evidente que, para que a parte se sinta vinculada a uma continuidade de autorrepresentação, ela deve se sentir livre em suas afirmações. Nesse contexto, as garantias processuais favorecem a vinculação da parte, ou seja, sua responsabilidade não seria assumida caso não pudesse decidir sobre seu comportamento e suas escolhas. Dessa maneira, o ônus de assumir, pelo menos de forma implícita, uma atitude de aceitação em relação ao resultado final é dispensada antecipadamente. Aqueles que aparecem acorrentados e falam sob chicotadas dizem, ao mesmo tempo, que suas afirmações não dependem deles (*ibid.*, p. 130) e podem, portanto, se desvincular do que foi dito ou feito durante o julgamento. Mas, se não for esse o caso, uma retratação tardia parece difícil de justificar.

O processo cerimonial também é um importante meio de envolver a parte. Ele desempenha a função de vincular progressivamente o comportamento dela como uma "cadeia de promessas", e isso é feito não apenas por meio de seus atos verbais, que transformam o comportamento das partes em "história" do procedimento e, portanto, em uma restrição para elas próprias, mas também através do clima do julgamento. A cena e o cerimonial do debate tornam-se, assim, produtores de normas e, às vezes, podem ser transformados em uma armadilha para as partes que não querem se comprometer a tal ponto. Aqueles que percebem que não podem prever as consequências de uma participação ativa são, portanto, induzidos a planejar estratégias de desengajamento, ou mesmo a silenciar, a última tentativa de escapar, de alguma forma, das implicações simbólicas, para o significado vinculante de sua presença (*ibid.*, p. 131).

Tudo isso se aplica tanto ao tribunal quanto aos demais participantes do processo, para os quais não deve se manifestar um "preconceito social" que possa desacreditá-los em seus outros papéis, além daqueles que constam no processo. "A incerteza do resultado do processo deve ser mantida e deve justificar visivelmente a ação de acordo com o papel [...]. Se o resultado já fosse claro *a priori*, o procedimento seria rígido, em um cerimonial organizado formalmente" (*ibid.*, p. 126).

No entanto, não se pode desconsiderar que o processo, algumas vezes, leva aqueles que estão enganados a entendê-lo e "pode disponibilizar um acordo àqueles que conhecem seu direito. Entretanto, nem produzir nem reconhecer erros constitui a verdadeira ideia de informação ou mesmo a função latente do procedimento do sistema". O processo é, por si só, capaz de inovar, e isso se deve justamente à sua característica de poder processar informações vindas de fora por conta própria, tornando-as vinculativas. Mas, pode-se perguntar, quais são as condições para que isso aconteça?

Luhmann ressalta que o procedimento se limita ao mundo exterior, ao nível dos temas e papéis, já que a receptividade dos sistemas sociais em relação às inovações jurídicas depende de as interdependências entre os diversos subsistemas não ser muito altas. Se tudo dependesse de tudo e não houvesse filtros intermediários entre um sistema e outro, a dispersão das consequências de uma decisão seria muito alta e, portanto, seria quase impossível produzir efeitos direcionados. Entre os fatores que, em um sistema social diferenciado, são capazes de interromper as reações em cadeia causadas por uma inovação jurídica e canalizar seus efeitos está a capacidade dos sistemas de se autorregular, reagindo com estratégias específicas a mudanças específicas. Torna-se assim possível limitar o trabalho de um hipotético engenheiro social, impedindo "que no momento da inovação do direito se pense e deseje alcançar além" (*ibid.*, p. 134).

Luhmann aborda também outros processos, paralelos aos judiciais. Em relação ao processo legislativo, ele observa que o programa de tomada de decisão não é o condicional ("se ... então"), mas um programa de propósito. Isso leva a um aumento na tomada de decisões, que neste caso é mantido dentro de limites aceitáveis graças a uma "estrutura dupla" na qual operam em conjunto tanto os procedimentos parlamentares formalmente pretendidos, com deliberações finais adotadas por maioria, quanto os arranjos decisórios concretos nos quais as relações pessoais e informais estão entrelaçadas. Quanto aos destinatários das decisões, eles podem aproveitar as mudanças introduzidas pelo processo legislativo no direito, mas em geral são submetidos a elas como eventos a ser tomados apenas cognitivamente. Assim, os destinatários mudam "suas expectativas de maneira correspondente, sem que grandes complicações ou discrepâncias ocorram nos papéis adicionais que desempenharam" (*ibid.*, p. 203).

Quanto aos procedimentos eleitorais, que permitem a interação entre atores institucionais (partidos) e sociais (eleitores), a canalização de possíveis decepções para formas institucionalizadas e não violentas de expressão é assegurada pelo fato de que "as eleições políticas oferecem a oportunidade de expressar discordâncias sem colocar em risco a estrutura". Eles fazem, portanto, parte dos "mecanismos de absorção de protestos" e, nessa perspectiva, "contribuem para o cumprimento da mesma função dos processos judiciais". Para que o processo eleitoral crie "precondições decisivas e contribuições parciais para o processo de legitimação do sistema político", devem ser respeitados os princípios da universalidade do acesso ao papel de eleitor, da igualdade do peso de todos os votos, além do sigilo da votação. Eleições que observam esses princípios podem institucionalizar certa "variabilidade independente" da política em relação a outros setores da sociedade, permitindo assim uma espécie de autonomia operacional da própria política.

Na verdade, nas eleições é reduzida a incerteza em relação ao resultado final, pois diminui a possibilidade de indivíduos, programas e partidos ganharem destaque (*ibid.*, p. 164). Além disso, nas eleições, o cidadão simplesmente vota, participando, de forma bastante genérica, de uma distribuição concreta de papéis. A democracia tem a grande vantagem de permitir que as decisões sejam tomadas sem eliminar a possibilidade de que sejam corrigidas no futuro, mantendo assim o sistema aberto a estágios de evolução, de modo que combine as necessidades de continuidade e mudança para que se mostrem suportáveis para o corpo social.

Outra maneira de inovar o direito é o procedimento administrativo, em geral regulado por programas mistos (tanto condicionais quanto propositais). Luhmann acredita que a administração está muito aberta à participação do usuário. A confiança da administração de que conseguirá o consentimento dos usuários implicaria, de fato, uma "renúncia às vantagens de uma diferenciação funcional entre política e administração" (*ibid.*, p. 213). Por outro lado, ao contrário de outros procedimentos, o processo administrativo não decepciona necessariamente as partes envolvidas. Portanto, os processos da administração pública devem ser "libertados da necessidade de se preocupar em excesso com sentimentos e legitimidade, e, em vez disso, devem ser organizados de forma puramente instrumental" (*ibid.*, p. 236).

Esses exemplos servem para destacar o grande valor, para a evolução jurídica, da adequada condução dos processos, que, por um lado, assegura certas regras do jogo e, por outro, não prejudica o resultado final e legitima-o. Em suma, o procedimento é entendido como um sistema de atos legalmente ordenados, sem resultado determinado, capaz de produzir decisões por vezes inovadoras e aceitá-las *a priori*, não tanto pela capacidade real ou potencial de proteger valores ancorados no ordenamento, como os da verdade e da justiça, mas sobretudo em virtude dos mecanismos para assumir papéis. Esses mecanismos sociológicos e os fatores psicológicos obrigam aqueles que participam do processo a aceitar seu resultado, pois, pelo menos em princípio, contribuíram para a sua produção e, portanto, os participantes tornam-se socialmente responsáveis pelo resultado obtido, na medida em que os procedimentos são utilizados em uma estrutura democrática.

O processo também significa que qualquer tipo de estabilização, assim que alcançada, pode, por sua vez, tornar-se motivo para uma nova mudança. Em particular, a solução judicial de um caso, além de ser por si só incerta, como visto, e portanto, até certo ponto, inovadora, é capaz de criar condições para inovações no tribunal ou mesmo na esfera legislativa, uma vez que o procedimento é, ao mesmo tempo, um fator de mudança e de estabilização do direito.

Não se deve ignorar, porém, que a legislação responsável pela adoção de uma racionalidade teleológica, ou orientada para fins teleológicos, normalmente possui apenas uma vaga ideia dos objetivos a serem perseguidos a curto e médio prazos e quase nenhuma ideia do que deve ser buscado a longo prazo. Mais do que isso, é capaz de avaliar, em certa medida, os efeitos imediatos de suas intervenções. Estes provavelmente deverão experimentar repetidas ações corretivas, pelo menos enquanto a questão a ser regulamentada atrair a atenção de uma opinião pública que, por um lado, é capaz de condicionar a cultura jurídica interna do legislador, mas, por outro lado, está condicionada por culturas jurídicas externas bem articuladas em uma sociedade diferenciada.

5.3 Os filtros da evolução

Para evitar que a evolução induzida pelo ambiente destrua a identidade do sistema de direito e redefina, por meio de aprovações subsequentes, todas as diferenças em relação ao restante do sistema social, ele não pode ser exposto sem proteções à onda de mudança social e, portanto, deve ser protegido pelos seus próprios filtros internos.

Uma importante consequência dessa abordagem é que os resultados do desenvolvimento jurídico, como em qualquer evolução, não devem ser considerados do ponto de vista determinístico, uma vez que não podem realizar totalmente um projeto predeterminado. Essa questão será retornada adiante. Ressalte-se aqui que a evolução, como tal, depende de uma pluralidade de fases que incluem processos sucessivos de "variação", capazes de abrir o horizonte do direito a novas possibilidades, portanto, não apenas à "seleção" dessas possibilidades, mas também à "estabilização" das seleções realizadas, em um processo circular de correções, adaptações e novas correções que podem ser divididas em uma miríade de pequenos passos dados por atores individuais. Para que tudo isso gere não o caos, mas inovações reconhecíveis como tal, é necessário permanecer na colmeia de um sistema capaz de oferecer um ponto de referência comum de significado aos vários atores que, sem se conhecerem e de maneira independente uns dos outros, competem para a sua evolução. Em suma, só é possível falar em evolução se e dentro dos limites em que existe um sistema de referência.

Para poder desmembrar os processos que regulam a correção das estruturas regulatórias que se consolidaram em determinado estágio de seu desenvolvimento, na última fase de sua produção teórica, Luhmann elabora alguns conceitos que correspondem a métodos de regulação de abertura e fechamento do sistema jurídico. Todos os sistemas, ele observa, possuem um "fechamento operacional" (Luhmann, 1993, pp. 34 ss.). Isso significa que as operações implementadas surgem e permanecem dentro do sistema, na medida em que guardam íntima relação com as operações anteriormente realizadas pelo mesmo sistema e com as operações que ele produzirá no futuro. Uma decisão jurídica é resultado de outra decisão jurídica, e um argumento semelhante pode ser aplicado a uma decisão política e a uma decisão econômica. Isso, é claro, não significa que mesmo fatos pertencentes ao ambiente, ou seja, a outros sistemas, possam ser considerados relevantes dentro de um sistema. Esses fatos, no entanto, para que sejam levados em conta em um sistema, como o sistema jurídico, devem necessariamente ser filtrados e reconstruídos com base em critérios legais. Quando o direito reconhece certos fatos como relevantes e, portanto, estabelece certas expectativas de comportamento, em geral percebidas pela sociedade como normativas, leva em consideração seus próprios critérios de seleção e seus próprios canais de comunicação, para que se possa dizer que, nesse caso, o direito só pode reconhecer o direito.

De fato, o operador encontra o que o seu olhar técnico-jurídico permite que veja. Ele não apenas não pode, mas não deve lidar com todo o resto. Nesse sentido, o programa condicional, com o típico esquema "se ... então", repousa dentro do sistema jurídico tanto no primeiro pilar (hipótese juridicamente formulada) quanto no segundo (consequência juridicamente definida), impedindo que a realidade não relevante para o direito passe sob essa ponte. Retomando a analogia empregada por Luhmann, a Torre Eiffel permanece fora do processo de produção da foto que a reproduz, processo que envolve de maneira direta outros fatores presentes no laboratório, como a câmera, o fotógrafo, o papel, o processo de desenvolvimento. Isso não implica um isolamento total do sistema jurídico de qualquer tipo de influência ou interdependência externa (*ibid.*, p. 44), mas torna adequada para esse sistema a orientação de cada operação jurídica para a rede global de operações.

No caso do sistema jurídico, o "fechamento operacional" pode, portanto, ser chamado de "fechamento regulatório", uma vez que se replica ao longo do tempo, através de referência às suas operações, mas não exclui a possibilidade de aprendizagem, desde que seletiva, da realidade externa. O sistema pode passar de um fechamento regulatório para uma "abertura operacional" desde que seja regulado, pois a capacidade de aprender não pode ser ilimitada. É evidente que o tribunal ou os legisladores podem aprender sob certas condições, mesmo que algumas pessoas se comportem de modo que se violem determinadas normas, e que a enorme quantidade de violações que qualquer ordem é forçada a tolerar no dia a dia já constitui uma importante reserva de aprendizado e autocorreção para os operadores.

Em suma, para o sistema jurídico, o aprendizado não constitui um problema se é pré-selecionado juridicamente, por meio de canais de aprendizado. Para isso, utiliza-se o conceito de conexão operacional (*ibid.*, pp. 440 ss.). Ao usar essa conexão, um sistema, embora não deixe seu escopo de relevância, pode realizar suas próprias operações, conectando-as com o ambiente de outro sistema. Isso ocorre, por exemplo, quando um relacionamento jurídico prevê a obrigação de um pagamento, entendido como uma operação econômica ou, no máximo, pré-jurídica. Neste caso, não é o comportamento individual que entra no sistema jurídico, mas é o sistema que seletivamente "percebe" certos comportamentos e os reconhece como capazes de produzir efeitos legais e ter reconhecimento legal. Conectado à conexão operacional, o conceito de conexão estrutural é responsável por definir a possibilidade de que um sistema "assuma de forma sustentável certas qualidades de seu ambiente, confiando estruturalmente neles" (*ibid.*, p. 441). Dinheiro ou tempo, por exemplo, podem sempre influenciar as estruturas do sistema jurídico de fora. É precisamente esse critério estrutural de relevância que é levado em conta pelo sistema. Ao ser confrontado com seu ambiente, com base na distinção fundamental entre o que é e o que não é relevante, a conexão estrutural pode facilitar ou dificultar a relação entre o sistema e o ambiente, conforme as circunstâncias. Os termos de uma prescrição podem aumentar ou diminuir ao longo do eixo temporal, o valor de uma multa pode aumentar ou diminuir ao longo do eixo da moeda. Independente dos casos individuais, um contato estrutural entre o direito e o tempo ou entre o direito e a moeda permanece insolúvel.

No que diz respeito ao tempo, também se pode observar que seu uso simultâneo por múltiplos sistemas não significa que estes estejam sincronizados. Compartilhar tempo não significa ter os mesmos horários. O tempo do direito pode variar dentro do sistema jurídico, mas não é necessariamente o mesmo da economia, da política, da família e outros. Em relação à família, pode-se dizer que representa um caso exemplar de conexão estrutural plural, presente no sistema jurídico e em uma variedade de outros sistemas sociais, em que cada um assume diferentes tempos e se correlaciona seguindo diferentes regras de comportamento e critérios para interpretá-las. Em todos esses casos há "interpenetrações" (*ibid.*, p. 90) entre sistemas. Esse termo, ao contrário do que pensa Parsons, indica a possibilidade de que imagens de outros sistemas apareçam na tela de um sistema, em particular no jurídico. Em vez de apurar as fronteiras entre sistemas diferentes, a interpenetração sugere um processo em que imagens de outros sistemas são captadas pelo sistema receptor (primeira seleção), traduzidas de forma compatível com as especificidades das operações desse sistema (segunda seleção) e com as estruturas que ordenam tais operações (terceira seleção) e, eventualmente, são usadas como fatores de inovação, na medida em que excedem os filtros estabelecidos pelos limites regulatórios para aprender sobre o sistema.

Correlativamente, o conceito de "irritação" (*ibid.*, pp. 69 ss.)[3], principalmente no sentido de estresse negativo, é empregado para indicar todas as mensagens externas que, superando as barreiras seletivas impostas pelo sistema em defesa de sua identidade, causam reações de rejeição ou pelo menos de neutralização, comparáveis àquelas produzidas por um sistema imunológico. Ao levar em consideração os elementos aqui destacados, é possível observar que, no trabalho de Luhmann, há uma atenção particular às possibilidades e limitações de uma concepção da relação entre os sistemas e seus ambientes, que hoje poderiam ser considerados "comunicativos". As estruturas e os procedimentos desenvolvidos no âmbito de um modelo de estado de direito são considerados legítimos não tanto por serem formalmente válidos, justos ou eficazes, mas porque atendem às necessidades funcionais de todo o sistema e, portanto, são capazes de evitar conflitos usando técnicas argumentativas e expressivas. Ao utilizar sua própria retórica específica em um contexto "sistêmico", o direito tende a se tornar cada vez mais sensível à lógica da comunicação.

O tipo de operação que, por meio das mutações imperceptíveis obtidas por atos individuais, redefine os limites do sistema, é

---

[3] Na teoria mais recente dos sistemas, os termos de origem latina são frequentemente preferidos, como a irritação (inglesa ou alemã, *irritation*). Traduzido literalmente como "irritação", eles podem, no entanto, ser ambíguos. Portanto, é preferível usar aqui um termo como "solicitação" ou "perturbação", se o sentido for claramente negativo.

atribuível à comunicação significativa, ou seja, que se caracteriza não apenas pela estrutura da linguagem ou pelas intenções do comunicador, mas também pela interpretação e previsão de seus possíveis efeitos sobre o tecido social. Pode-se dizer, portanto, que se a linguagem usada para comunicar as solicitações externas for reconhecida como normativamente relevante, elas poderão ser traduzidas para a linguagem do direito, e este poderá apropriar-se delas, transformando-as em comunicações jurídicas e, portanto, em fatores de produção legítimos.

Estrutura linguística, intenções, interpretações e previsões dos atores envolvidos no processo de comunicação contribuem como um todo para determinar os limites de um sistema jurídico dentro do qual existem não apenas as comunicações referentes ao direito, mas também os atos comunicativos provocados por tais comunicações, pelo menos até que o processo relacionado à reprodução da comunicação pela comunicação não perca em definitivo a referência original ao direito. Quando isso acontece, a comunicação deixa de conectar um sistema a outro, depois de passar por uma zona intermediária de relevância para diferentes sistemas.

Uma ferramenta simples, que permite controlar essa dificuldade para delimitar a comunicação intersistêmica, referindo-se às características essenciais do sistema jurídico e, ao mesmo tempo, evitando questões insolúveis relacionadas às reais intenções dos interlocutores, é o código binário típico do sistema jurídico: lícito/ilícito, legal/ilegal, de acordo com a lei/não de acordo com a lei. Mas esse código, ao ser aplicado, sugere que o sistema jurídico é capaz de observar a si mesmo. À luz dessa autopreservação, é possível determinar se e em que medida certos atos comunicativos abrangem esse código, que naturalmente será interpretado levando em consideração o outro código binário, o de expectativa/decepção, individualmente confiado aos destinatários das normas jurídicas.

Com a ajuda de tais estruturas binárias, torna-se possível combinar expectativas cognitivas e regulatórias em diferentes níveis. Assim, podemos esperar cognitiva ou legalmente e, em consequência, mudar ou não nossas expectativas no caso de experiências decepcionantes; podemos esperar normativamente para aplicar expectativas cognitivas, ou esperar cognitivamente para aplicar expectativas regulatórias. Em suma, o direito é um sistema pronto para se tornar cada vez mais aberto, sem renunciar a defender certa margem de fechamento, e é capaz de combinar momentos de padronização ou de endurecimento coercitivo em relação a comportamentos decepcionantes e desviantes, momentos de aprendizado ou de uso do desvio para modificar as expectativas não atendidas.

A legislação e a juridificação são, dentro da estrutura do sistema jurídico, os principais subsistemas em que essa dupla estratégia encontra-se mais explicitamente institucionalizada. A legislação, que é "o principal mecanismo de aprendizado" do sistema jurídico, "estimula" mudanças através de um processo interminável de autorreprodução. O resultado é uma reação em cadeia que pode sair do controle, na medida em que o simples esquema de "erro e correção" é aplicado de forma mecânica e ilimitada. Uma "situação caótica" poderia, portanto, ser gerada para escapar de uma reviravolta como a "desjuridificação", que ignora os pressupostos funcionais da juridificação e não parece uma receita completamente confiável.

A abordagem sistêmica de Luhmann tem o mérito de oferecer uma razão cada vez mais relevante para os sistemas jurídicos contemporâneos: a tensão entre a necessidade de diferenciação interna e recomposição de unidades externas, entre tendências estruturais para dividir os encargos decisórios dos operadores em seções caracterizadas por programas específicos e a necessidade do observador de ser capaz de qualificar o direito de forma unificada e complexa. A abordagem sistêmica, através de sua capacidade de se estender horizontalmente, absorvendo cadeias de conexões em princípio ilimitadas, e de desenvolver-se verticalmente, através de inúmeros processos reflexivos, como observações de observações, tem a peculiaridade de ser capaz de absorver abordagens mais simples, tornando-as complementares.

Em particular, os conceitos de fechamento operacional, conexão operacional, adequação estrutural e outros a eles relacionados não apenas recebem designações diferentes, parcialmente estáveis ou intermitentes, para abrir ou fechar o sistema com direito ao seu ambiente, mas também são diversas as formas de estabelecer seus limites.

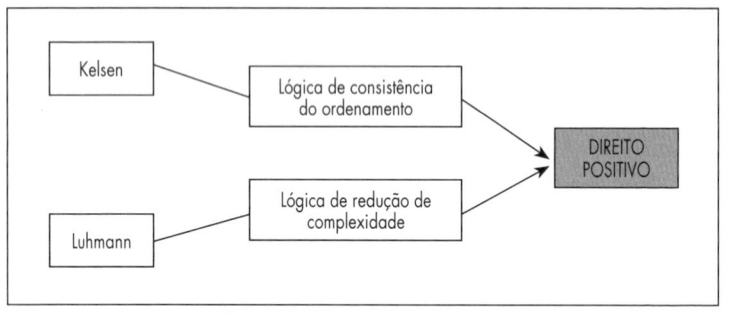

Figura 7. Luhmann e Kelsen.

No trabalho de Luhmann, prevalece o foco no funcionamento das estruturas do direito, em particular, no problema fundamental do seu estudo, entendido como uma análise da relação entre o estudo dogmático e o estudo sociológico do direito (Luhmann, 1974)[4]. Os dois tipos de estudos são reconhecidos por Luhmann em suas necessidades essenciais: o primeiro, sobretudo na orientação

---

[4] Para uma ampla reflexão sobre as relações entre sociologia do direito e sociologia da política, ver King e Thornhill (2006).

regulatória e autorreferencial, indispensável para a manutenção e reprodução do próprio sistema; o segundo, especialmente na abertura cognitiva do sistema ao ambiente. Deve-se lembrar também que, neste último, os motivos de Kelsen são particularmente evidentes, por meio de uma terminologia inspirada em uma concepção autopoiética que considera o direito como um sistema autorreferencial capaz de produzir decisões jurídicas a partir de outras decisões jurídicas e que, portanto, permanecem dentro do próprio sistema. No entanto, este não é um mero retorno a Kelsen, adiante da maior conscientização que o sistema jurídico deve assumir, levando em consideração a inevitável predisposição à mudança imposta pela lógica da redução de uma complexidade que incessantemente se autorreproduz (ver Figura 7).

A prevalência que Luhmann atribui ao problema da recomposição da unidade do sistema jurídico, apesar, ou melhor, precisamente através da distinção funcional entre programas decisórios típicos do Judiciário, do Legislativo e da administração pública, reserva apenas uma posição marginal para o que, sob essa luz, se apresenta como uma tendência cada vez mais frequente na realidade: a desestabilização dessa distinção funcional. Isso às vezes acontece tanto através de uma "jurisdicionalização" do Legislativo, chamado a resolver conflitos particulares e não gerais, quanto através de uma legalização do Judiciário, solicitado a compensar as lacunas legislativas ou pelo menos a manifestar a vontade do Estado de intervir em áreas em que a legislação inadequada efetivamente impede medidas mais severas.

Além disso, as dicotomias fundamentais nas quais Luhmann insiste – entre cognitivo e normativo, abertura e fechamento, teleológico e condicional – não são adequadas apenas para ser combinadas de formas mistas na administração pública, mas também para ser mais articuladas. Através de seus diferentes níveis de autoconsciência, o sistema jurídico parece cada vez mais inseguro com relação a sua identidade fundamental e não é de todo controlado por esse sentido de ferro do "eu" que é ou deveria ser garantido por dogmáticos jurídicos. Tudo isso sugere uma percepção diferente da unidade do sistema, cujos níveis de significado variam dentro das estruturas regulatórias de forma muito mais fragmentada do que o chamado "salva-vidas da forma" (Irti, 2007), o que se revela na prática.

5.4 Algumas implicações da abordagem sistêmica

A abordagem sistêmica, como visto, parte fundamentalmente da ideia de que a interação entre o ambiente e as estruturas regulatórias é completamente impessoal e que os resultados relevantes, do ponto de vista evolutivo, só podem ser produzidos através de um processo constituído por uma série de inúmeras microintervenções para a abertura e o fechamento do sistema, e sua sucessão e seu conteúdo real não são previsíveis nem projetáveis.

Para ilustrar essa abordagem, é possível utilizar o exemplo, extraído de outro contexto, de uma das típicas realizações arquitetônicas que todos podem admirar na paisagem urbana: a praça. Nela, as características essenciais, adaptadas de tempos em tempos a situações específicas (tamanho, forma geométrica, localização da sede das principais instituições, do município à igreja), são amplamente recorrentes. Essas características podem ser vistas como uma espécie de "jurisprudência" consolidada da praça, mas raramente podem ser atribuídas a um projeto específico, a uma "lei" atribuível a determinado sujeito ou a um único legislador. De maneira geral, devem ser atribuídas a um "direito natural" da praça, reconhecido pelo seu compromisso de facilitar as relações humanas, tanto quanto possível, ao permitir alta visibilidade, garantida por uma grande área aberta.

As praças italianas não são o resultado de um projeto criado por um único arquiteto, mas de uma série de contribuições às vezes mínimas, às vezes de longa data, que fizeram que crescessem e pudessem evoluir, traduzindo necessidades externas contingentes dentro de uma lógica funcional e dentro de cânones estéticos que, pelo menos em certo período da história italiana, foram amplamente compartilhados e, portanto, representavam o equivalente ao que, em certos momentos da sua evolução, as culturas jurídicas eram para o direito[5].

Isso significa que as solicitações individuais vindas de fora, tanto para o jurista quanto para o arquiteto, deverão parecer, ao mesmo tempo, não inteiramente repetitivas e, portanto, até certo ponto inovadoras, mas também não completamente inesperadas e, portanto, em alguma medida, antigas. Apenas superando essa antinomia aparente, um sistema como o jurídico poderá modificar suas estruturas normativas (para uma visão geral das antinomias próprias da teoria do direito, cf. Friedman, 1967, pp. 82 ss.).

No entanto, durante o curso da evolução histórica, as mudanças registradas pelos sistemas sociais individuais não são unidirecionais, mas podem permitir que ilhas de resistência persistam contra as tendências evolutivas dominantes. Em sociedades que atingiram níveis mais elevados de desenvolvimento, formas de nível inferior podem ser preservadas, embora com menor importância e difusão[6]. Quanto ao direito, as mudanças que experimenta podem ser parciais e atrasadas. Assim, fala-se de uma defasagem cultural crônica do direito (*cultural lag*), que faz a so-

---

[5] Essa analogia me foi sugerida por uma inesquecível aula de história da arquitetura de Manfredo Tafuri (2002; 2007).
[6] Entre os sociólogos do direito, Gurvitch (1942) é aquele que mais do que qualquer outro insiste na importância da presença de várias camadas de culturas jurídicas abaixo da superfície da cultura jurídica oficial.

ciedade ser a primeira a se mover, em uma perspectiva evolutiva (Ogburn, 1950). No entanto, também é possível verificar a hipótese oposta, ou seja, de que o direito, por sua vez, é capaz de antecipar as orientações da sociedade ou de parte dela. Exemplos em ambas as direções não faltam na experiência italiana. É possível que, na ausência de argumentos contrários, o legislador incorpore propostas e orientações culturais desenvolvidas em setores de elite relativamente restritos e quase ignorados pelo restante da sociedade, como foi o caso da legislação que aboliu as instituições de asilo. Entretanto, também diretrizes amplas, possivelmente transpostas através de pesquisas ou procedimentos formais específicos, como referendos, podem prevalecer em relação a propostas e orientações elaboradas em esferas culturais eminentemente técnicas, como aconteceu quando o plano de início da construção de usinas nucleares foi rejeitado. Além disso, também há casos em que a cultura do legislador está de acordo com as considerações de uma matriz ético-religiosa, conseguindo se impor a uma vasta sensibilidade cultural de sinal oposto, como ocorreu com a abolição das chamadas "casas fechadas". Há ainda ocorrências em que, por outro lado, são as orientações culturais mais compartilhadas que se impõem a considerações ético-religiosas, como no caso da legislação sobre divórcio e aborto.

Também não se deve esquecer que a mudança pode ocorrer através do transplante de partes de um sistema a outro, diferentes em história e cultura. Esse transplante às vezes é obra de uma cultura jurídica interna que vê de modo favorável as experiências jurídicas de outros países, mas pode ser apoiada por movimentos ativos na cultura jurídica externa dos potenciais receptores das normas. A integração europeia, por exemplo, foi produto de um movimento que, sem dúvida, envolveu, pelo menos em um primeiro momento, a cultura jurídica interna e externa dos novos países-membros, apesar da aceitação forçada de uma enorme massa de disposições vinculantes.

Para que um transplante jurídico se torne parte do novo sistema e execute de maneira efetiva as funções previstas, em geral as partes devem encontrar condições adequadas para desenvolver raízes culturais reais que as estabilizem, depois de possivelmente alterá-lo para evitar reações de rejeição. Também nesse caso, portanto, as culturas jurídicas podem ser vistas como fatores capazes de influenciar a evolução do sistema jurídico de várias maneiras. Elas podem ser colocadas em níveis culturais mais superficiais e rapidamente mutáveis, ou envolver camadas mais profundas, com uma série de efeitos que, por vezes, são de aceitação geral (aculturação), bem como de reinterpretação e adaptação de aspectos específicos (inculturação).

As instituições de direito penal revelam-se particularmente problemáticas nesse sentido, pois com facilidade podem provocar fortes reações ou resistências culturais generalizadas contra as normas formalmente implementadas, sobretudo se o ambiente cultural e religioso é diferente. Nesse contexto, são interessantes as diferenças entre o direito penal da Itália e dos Estados Unidos. Dados os diferentes contextos culturais, as ideias e práticas sancionadoras nos dois países não podem ser "exportadas e importadas livremente"[7]. O conceito de "enraizamento" permite isolar uma série de indicadores relevantes, a fim de analisar de maneira concreta a possibilidade de essas normas se enraizarem em um terreno culturalmente diferente: o nível de repressão dos sistemas jurídicos; o nível de disponibilidade de contratação dos tomadores de decisão para assumir a responsabilidade e, portan-

---

[7] Comentários de David Nelken (2006) sobre algumas contribuições de Dario Melossi (2000, 2001, 2002).

to, o receio de cometer erros ao estabelecer uma sentença de prisão; os condicionamentos religiosos ligados a uma "ideologia" protestante que pareceria mais pronta a impor sanções do que uma "ideologia" católica mais inclinada ao perdão; os diferentes tipos de normas a serem transplantadas, seus métodos de circulação e difusão; e, por fim, os fatores históricos, políticos e econômicos que tornam o quadro de variáveis extremamente amplo.

O resultado é que um transplante poderá ter sucesso não apenas se houver uma atitude favorável por parte da cultura jurídica interna, mas também se os fatores ambientais como um todo permitirem que as instituições transplantadas no novo organismo se enraízem.

As questões relacionadas à evolução do direito tratadas até agora mostram que a crescente complexidade das relações entre o sistema jurídico e a sociedade requer a superação de uma perspectiva meramente hierárquica e a adoção de outra interativa. Entre os autores que, embora de diferentes ângulos, abordaram o problema da evolução do direito, formulando propostas teóricas amplas e elaboradas sobre o tema, cabe mencionar Jürgen Habermas. Ele não apenas teve o mérito de expressar os principais motivos inspiradores da Escola de Frankfurt em uma linguagem mais moderna, mas também procurou reconstruir o funcionamento dos sistemas sociais começando não de dentro de suas estruturas, mas sobretudo a partir das estruturas externas, ou seja, do ponto de vista dos destinatários das normas.

Se a atenção está voltada para esses atores sociais, o problema central da evolução passa a ser se e como a autenticidade dos sistemas reguladores "espontâneos", produzidos diretamente pelas várias esferas da sociedade, pode ser ameaçada por uma padronização que é estranha a eles e, portanto, pode não ser capaz de respeitar e reconhecer suas necessidades. Na visão de Habermas, um papel importante é desempenhado pelos conceitos-chave de "mundo vital" e "colonização", utilizados para designar a relação que, nas sociedades caracterizadas por uma regulação jurídica cada vez mais incisiva, é estabelecida entre o direito e a realidade social. "Os imperativos dos subsistemas autônomos [entre os quais está o direito], assim que são despojados de seu véu ideológico, penetram do exterior para o mundo vital – como colonizadores em relação a uma sociedade primitiva – e impõem assimilação" (Habermas, 1981).

Habermas aponta as principais etapas do processo de evolução do direito, que parte de uma institucionalização do dinheiro e do poder (ou seja, da mídia que sustenta a diferenciação entre os sistemas da economia e da política) até um Estado democrático que acaba constitucionalizando as relações de poder. Os produtos desta última etapa da evolução são "a redução da jornada de trabalho, liberdade sindical e autonomia contratual, proteção contra demissões, seguro social etc.". Em todos esses casos a lei, voltada para si mesma, tenta equilibrar, através de novos regulamentos jurídicos, o poder produzido dentro de uma esfera de ação já juridicamente constituída (para uma análise mais aprofundada da reflexão de Habermas sobre esse assunto, cf. Günther, 1988).

Essa reconstrução faz que Habermas estabeleça a distinção entre dois tipos de direito: como meio e como instituição. O direito como meio simplesmente serve como uma ferramenta organizacional para os subsistemas que se autonomizaram e, portanto, pode ser legitimado "por meio de procedimentos", dada a dificuldade de encontrar uma justificativa material em qualquer caso. O direito como instituição, que inclui "os fundamentos do direito constitucional, os princípios do direito penal e o direito do processo penal, bem como todos os regulamentos de formas criminais contíguas à moral (como aquelas relacionadas ao assassinato, ao aborto, à violência carnal etc.)", não pode ser suficientemente legitimado "mediante o apelo positivista aos procedimentos", pois suas normas "pertencem aos sistemas legítimos do mesmo mundo vital" e constituem "o pano de fundo da ação comunicativa" (Habermas, 1981). Essa sobreposição do direito, pelo menos nos estágios mais avançados do seu desenvolvimento, em relação aos sistemas elaborados pelos mundos vitais, implica a formação, acima deles, de uma ordem artificial e coercitiva, com caráter inovador em relação à realidade social anterior que não se justifica por si só. Nesse contexto, a questão não é tanto por que os homens não obedecem, mas o motivo pelo qual obedecem a um novo comando jurídico que vem de fora de sua esfera de ação (Habermas, 1992).

Habermas descreve um processo de produção de consenso através do "discurso" que, utilizando ferramentas da teoria da linguagem, torna-se uma das razões norteadoras da sua análise. Desde seu primeiro trabalho, em que reconstrói o surgimento de uma esfera pública nas sociedades ocidentais do século XIX (Habermas, 1962), ele procura identificar ferramentas úteis para o desenvolvimento de uma democracia discursiva, capaz de colocar não apenas indivíduos ou grupos de especialistas, mas o maior número possível de sujeitos em posição para enfrentar as principais questões regulatórias, com a convicção de poder alcançar, mesmo nessa área, uma espécie de verdade. A possibilidade de assumir uma atitude cognitiva é, portanto, generalizada. Para se referir à pluralidade de culturas jurídicas heterogêneas, o direito deve garantir não apenas uma ordem social de conduta, mas também uma compatibilidade cultural das diferentes diretrizes, jurídicas ou extrajurídicas, capaz de equilibrar a matéria particulada e a anonimização generalizada, recorrendo a uma redefinição universal do ato comunicativo.

O modelo de Habermas (1992), desse ponto de vista, derruba a perspectiva antropológica da abordagem sistêmica. Enquanto essa abordagem observa a redução da complexidade como função fundamental das estruturas sociais, em particular das estruturas regulatórias, objetivando manter o equilíbrio entre a complexidade interna e externa do sistema, o modelo dele aborda as estruturas sociais, em particular as estruturas jurídicas, comprometidas em proteger a autêntica possibilidade de expressão dos mundos vitais. A visão predominante para Habermas é, portanto, a de conectar o sistema a uma perspectiva comunicativa, ainda não baseada, como em Luhmann, na necessidade de que ele mantenha sua adequação funcional, e sim na necessidade de desenvolver, mesmo no nível de atores individuais, relações discursivas racionalmente ordenadas e não condicionadas de forma atenuante. Em suma, a "antropologia dos limites" defendida por Luhmann, que enfatiza as funções positivas das estruturas reguladoras em termos de redução da complexidade, se opõe à "antropologia das possibilidades", que chama a atenção para as funções injustificadamente mortificantes que o direito pode jogar contra a capacidade das pessoas de agir.

Na abordagem de Habermas, portanto, por trás de um léxico sofisticado emergem motivos característicos do pluralismo de Ehrlich e de sua abordagem espontânea. A visão, implícita no trabalho de Ehrlich, de que as estruturas jurídicas do Estado representam uma limitação injusta imposta às necessidades dos homens, que seriam capazes de construir as estruturas regulatórias para orientar sua ação, é adotada por Habermas ao considerar, com desconfiança, um direito que se pretende portador de limites que podem levar à colonização de mundos vitais, frustrando sua autenticidade.

Ao considerar a intervenção regulatória do direito estatal como uma desordem real capaz de ameaçar a vida ordenada de um cosmos já suficientemente autorregulado, Habermas concentra-se na crise das ideologias que sustenta o Estado. Além disso, ele não observa no processo de crescente diferenciação característica das sociedades complexas contemporâneas uma perspectiva de melhoria das condições de vida, e sim a possibilidade de uma prevalência unilateral e coercitiva do direito, que poderia impor uma ordem superior de novas tensões e conflitos a um tecido social já capaz de se autorregular (Habermas, 1981). O direito como expressão de poder, em particular poder de Estado, longe de ser o instrumento indispensável de uma ordem impossível, torna-se um potencial disruptor de um ordenamento e de um equilíbrio que a sociedade e seus súditos seriam capazes de alcançar espontaneamente.

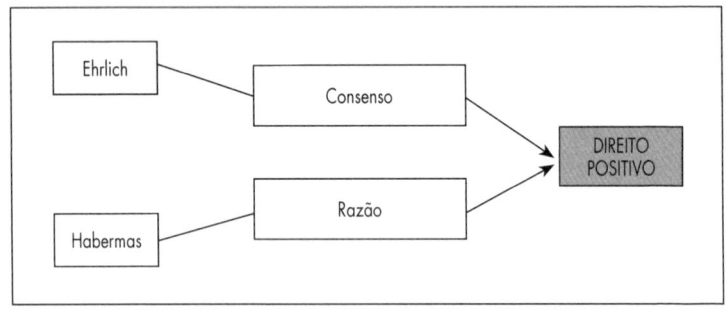

Figura 8. Habermas e Ehrlich.

A Figura 8 indica, em seus elementos essenciais, a profunda convergência entre o pensamento de Habermas e a concepção de Ehrlich. Ressalte-se que, do ponto de vista da autorregulação, tanto por meio de um consentimento concedido espontaneamente (Ehrlich) quanto através de um discurso baseado na razão (Habermas), o direito pode ser visto como um instrumento de ordem social não sustentado pela força e, portanto, capaz, mesmo sem usar o poder institucionalizado do Estado, de evoluir por conta própria, como defendido por Ehrlich. Esse processo, portanto, seria responsável pela diminuição do papel do direito positivo e do Estado.

Um retrato da evolução do direito, combinando os requisitos estruturais apontados por Luhmann com as necessidades dos sujeitos e seus mundos vitais pressupostos por Habermas, foi apresentado por Gunther Teubner. Ele tentou desenvolver a perspectiva predominantemente estrutural de Luhmann, distinguindo, na categoria geral de autorreferência, vários tipos de relacionamentos capazes de aumentar a complexidade de um sistema como o jurídico: auto-observação, autodescrição, auto-organização, autorregulação, até a chamada autopoiese, entendida como a autoprodução do direito e capaz de resumir todas elas (Teubner, 1989; 2019).

O primeiro componente do pensamento de Teubner está enraizado na dogmática jurídica e na análise, conduzida do ponto de vista interno, dos múltiplos mecanismos que o caracterizam. Em particular, esses mecanismos são submetidos a uma investigação crítica detalhada, ilustrada com vários exemplos. Na introdução do trabalho em que desenvolve a teoria do direito como um sistema autopoiético, para ilustrar a autorreferencialidade do direito, Teubner parte de uma narrativa que pode ser assim resumida: "Aconteceu uma vez, segundo esse relato, que os rabinos reunidos na sinagoga não conseguiram chegar a um acordo sobre a solução a ser dada a um problema jurídico inferido pelo Talmude. O rabino Eliezer, que se opôs à opinião da maioria, convencido da justiça de sua posição minoritária, disse que, se ele estivesse certo, uma árvore fora da sinagoga daria um passo. Isso aconteceu, mas os outros rabinos não ficaram impressionados. Então Eliezer argumentou que, se estivesse certo, um córrego próximo teria de fluir na direção oposta. Isso também aconteceu, mas os outros rabinos não mudaram de opinião. Neste momento, o próprio Deus fez uma voz celestial confirmar o direito da posição de Eliezer. Mas os rabinos mais uma vez não apoiaram sua opinião, tomando o cuidado de transformar o que poderia parecer uma desobediência aberta em um ato de obediência rigorosa. Na verdade, afirmaram que era impossível para eles ouvir a voz do céu, já que o próprio Deus havia escrito na Torá que era preciso se curvar à vontade da maioria. Neste momento, Deus disse rindo: 'Meus filhos me venceram!'" (*ibid.*).

Nessa história, a racionalidade formal pode até prevalecer sobre a opinião diferente de Deus Todo-Poderoso, que, de fato, é habilmente vinculada pelos sacerdotes, usando as regras que ele mesmo estabeleceu. Isso expressa a superioridade do princípio geral da coerência sobre o da justiça e, portanto, a força da ideia de autorreferência do direito.

O sistema jurídico, no entanto, não é visto por Teubner apenas como um sistema social, mas como um sistema que, usando as dicotomias legal/ilegal, lícito/ilícito, conforme à lei/não conforme à lei, é capaz de aplicar critérios jurídicos e, portanto, autorreferenciais, em relação a fatos e ações juridicamente relevantes, de acordo com os métodos predefinidos por lei. De fato, embora permaneça fechado, o sistema jurídico ainda é capaz de estabelecer uma espécie de comunicação indireta com o mundo exterior e, em particular, com outros sistemas. Para o direito, por exemplo, a evolução da economia, como outros fatos externos, representa um "ruído" em relação ao qual ela pode reconstruir de modo seletivo sua própria ordem. Na verdade, na medida em que o direito permanece em si, a reconstrução jurídica do desenvolvimento econômico pode fazer sentido para a própria economia. Nesse sentido, deve-se observar que as regras sobre controle de preços não constituem uma regulamentação rigorosa da economia pelo direito, uma vez que só poderão ter consequências econômicas se a reconstrução das prescrições jurídicas executadas pelo sistema econômico reconhecer essas prescrições como economicamente racionais. Se a evolução do sistema econômico chamar a atenção do legislador, isso acontecerá apenas de modo indireto, ou seja, utilizando critérios de seleção internos ao sistema jurídico.

Essa tradução para a linguagem de diferentes sistemas de ruídos nos permite emergir de uma espécie de condenação da total incomunicabilidade entre os sistemas, porque, para evoluir, eles não podem, como os personagens de uma comédia de Ionesco, sempre repetir as mesmas frases, como se estivessem falando sozinhos, independente do que os outros digam. Portanto, pode-se dizer que os sistemas estão abertos para o exterior, mas de uma maneira relativamente "cega", na medida em que suas mudanças são elaboradas e condicionadas pelo que eles podem ver do mundo externo. A capacidade do sistema jurídico de organizar-se e regular-se com base nos sinais fracos que conseguem alcançá-lo determina, portanto, a evolução do direito, através de uma série de filtros.

Existem vários modelos de direito que podem orientar a sua evolução. Em particular, Teubner, no seu trabalho, propõe três modelos, que apresentam soluções mais sofisticadas. Em uma primeira fase, ele lida com o modelo de direito reflexivo, que não se destina apenas à regulamentação da sociedade, mas também à regulação das autorregulamentações autônomas de diversas áreas do setor social (Teubner, 1983, 1985; Teubner & Willke, 1984). Isso é apresentado como uma ferramenta capaz de regular os sistemas sociais já regulados internamente, por meio de regras e processos organizacionais de distribuição de habilidades, a fim de coordená-los com outros sistemas sociais. Portanto, "sob o regime de direito reflexivo, o controle jurídico da ação social torna-se indireto e abstrato, na medida em que o sistema jurídico se limita a determinar as premissas e os procedimentos organizacionais da ação". Em suma, o direito reflexivo parece desempenhar sua função de guiar a sociedade fazendo apenas uso indireto das normas, como se quisesse curá-la usando ela mesma, como nas estratégias terapêuticas da medicina homeopática.

Em uma segunda fase, Teubner propõe o modelo de direito policontextual, que parece favorecer o momento de estabilização e, ao mesmo tempo, um pluralismo que pode ser considerado dialógico e não hierárquico, na medida em que se limita a regular as comunicações intersistêmicas após traduzi-las para a linguagem do direito.

Em uma terceira fase, propõe o modelo de direito de autopoiética, que parece favorecer o momento de variação e, ao mesmo tempo, um pluralismo que pode ser considerado metacomunicativo, pois, com base na alternância de momentos de abertura e de fechamento do direito ao ambiente social, parece comprometido em informar as comunicações recebidas do exterior.

Simplificando esse modelo, pode-se dizer que os componentes dos hiperciclos são, de um ponto de vista comparativo, os "formantes" de todo o direito positivo[8] que, como um todo, podem garantir a abertura regulada pelo direito autopoiético[9]. Utilizando-os nesse contexto, pode-se dizer que a fase de seleção é assumida pelos procedimentos administrativos; a fase de variação, pela legislação; e a fase de estabilização, pelos processos jurisprudenciais; por fim, a fase da autorrepresentação das estruturas dogmática-conceituais pode ser atribuída à doutrina, que exerce a tarefa de dar unidade e coerência a todo o sistema jurídico capaz de garantir, em altos níveis de evolução social, a auto-observação, a autoconsistência e o autocontrole do sistema jurídico.

---

[8] Para uma teoria dos "formantes", ver Sacco (1989).
[9] O esquema aqui proposto é bastante simplificado por razões expositivas.

Tabela 8. Os três níveis de complexidade do direito

Modelos	Tipos de pluralismo	Oposições internas	Momentos predominantes
Reflexivo	Ecológico	Cognitivo/normativo	Seleção
Policontextual	Dialógico	Funcional/disfuncional	Estabilização
Autopoiético	Metacomunicativo	Aberto/fechado	Valorização

Tabela 9. O hiperciclo do direito autopoiético

Momentos autopoiéticos	Circuito interno
Estabilização	Jurisprudência
Seleção	Administração
Variação	Legislação
Autorrepresentação	Doutrina

Além disso, Teubner dedica especial atenção à cultura jurídica interna, pois dá a devida importância à parábola, amplamente aplicável, do décimo segundo camelo, que empresta do próprio Luhmann, submetendo-o a uma ampla discussão (Rufino & Teubner, 2005). A parábola fala de um velho condutor de camelos que deixa todos os animais para os três filhos. No entanto, ele estabelece critérios de distribuição: metade para o primeiro filho, metade da metade para o segundo filho e um sexto para o terceiro filho. Todavia, uma vez que os camelos, na época da divisão, eram onze, imediatamente surgem conflitos entre os herdeiros. O primogênito alegava ter seis camelos, e não cinco, como os irmãos estavam dispostos a reconhecer isso. O cádi, juiz muçulmano chamado para resolver a disputa, apenas entregou o seu próprio camelo aos três irmãos, pressupondo que, ao final da distribuição, ele seria devolvido. Os camelos, agora em número de doze, podiam ser divididos sem problemas: seis para o primogênito, três para o segundo filho, dois para o terceiro e, em conformidade com o acordo, o décimo segundo camelo deveria ser devolvido para o cádi.

O décimo segundo camelo – e este é o ponto central – acabou desempenhando uma função simbólica essencial e, portanto, interpretável de várias maneiras. Isso pode ser visto como evidência do papel decisivo que a cultura jurídica interna de tipo técnico desempenha no momento da implementação da regra, uma vez que, diante de dificuldades aparentemente intransponíveis, é necessário compensar quaisquer inadequações e uma cultura jurídica externa estreita e egoísta, tomando decisões que, de outra forma, seriam mantidas inviáveis e impedindo o surgimento de conflitos. No entanto, o décimo segundo camelo também pode representar a entrada na polêmica de uma cultura não jurídica (a matemática, neste caso, pois a soma das cotas estabelecidas pelo pai é, desde o início, menor que a totalidade) e, portanto, a partir de sua contribuição decisiva para uma cultura jurídica impotente, a integração temporária da cota perdida poderia ser descendente.

Sem se estender sobre esse exemplo, deve-se ressaltar que o objetivo final de Teubner é colocar a cultura jurídica interna, desenvolvendo suas habilidades, em posição de alcançar uma síntese entre uma dimensão pragmática e cognitiva, a fim de tornar mais clara para os operadores uma nova forma de "produzir" o direito, através da "produção" de uma nova maneira de "conhecer" o direito.

Teubner também compartilha com Habermas a ideia de que a função do direito consiste em regular estruturas capazes de se autorregular para não distorcer seu conteúdo e não destruir, como temia Habermas, "padrões de comportamento estabelecidos na vida social".

Daí a importância particular que Teubner atribui ao "trilema regulatório", segundo o qual qualquer intervenção regulatória pode ser irrelevante, ou pode produzir efeitos negativos na área regulamentada, ou, ainda, pode produzir tais efeitos no âmbito do direito (Teubner, 1987). Essas alternativas, muitas vezes tratadas isoladamente, conseguem, como um todo, tornar os modelos de relações entre o direito e os sistemas sociais mais complexos e enfatizar que, para conhecer o impacto real dele nas diversas esferas sociais legalmente regulamentadas, é necessário, antes de tudo, saber como essas áreas elaboram, por meio de sistemas autônomos de regras, o que para eles são simples "informações regulatórias" provenientes do sistema jurídico.

Teubner constrói três hipóteses que devem abranger as principais variantes da relação direito/sociedade numa perspectiva evolutiva:

- A hipótese da "inconsistência" da realidade do direito no que diz respeito à realidade social e vice-versa, da realidade social em relação ao direito.
- A hipótese da hiperlegalização da sociedade, que ocorre quando o regulamento jurídico "influencia a ação interna dos elementos a ponto de comprometer sua autorregulação", causando "efeitos desintegrantes no campo regulado" que Habermas havia definido como "colonização".
- A hipótese de hipersocialização do direito que, diferentemente da posição de Habermas, ocorre quando o direito, e não a sociedade, sucumbe, ou seja, o seu esforço para alcançar o maior número possível de objetivos, dentro daqueles explicitados, repercute em sua estrutura interna, o que provavelmente o próprio direito não consegue mais controlar.

A consequência dessa última situação, que representa exatamente o oposto da hiperjuridificação, é, nesse caso, o direito "submisso", do lado de fora e, portanto, "politizado", "economizado", "pedagógico" etc., o que para Teubner significa, como resultado negativo, que "a autoprodução dos elementos regulatórios do direito está exposta a tendências desintegradoras".

Um exemplo do surgimento progressivo de um direito reflexivo hipersocializado é a regulamentação jurídica das associações privadas. A intervenção do Estado, nesses casos, não se destina apenas a nivelar suas relações internas de poder, mas também a conscientizá-las sobre os efeitos sociais de sua organização e desenvolver suas habilidades de autocontrole. No entanto, os grupos de interesses, inclusive devido ao impulso das inovações tecnológicas, que constituem uma variável independente capaz de criar convergências de objetivos não limitados pelas fronteiras dos Estados, tendem a expandir ainda mais a área de sua influência, tornando-se, por vezes, capazes de grandes agregações para poder atuar simultaneamente em vários Estados, mesmo que permaneçam fora da sede oficial do direito supranacional.

É evidente que os sistemas não podem ser construídos seguindo uma lógica de total abertura à mudança, sob pena de perder suas fronteiras e, portanto, desaparecer e se liquefazer em uma sociedade líquida indistinta, privada das meticulosas diferenças adquiridas ao longo do processo de evolução. No entanto, isso não significa que não possam construir estruturas adequadas para regular aquelas que surgiram de maneira espontânea e que, por outro lado, mais indivíduos possam construir suas próprias estruturas sociais de caráter normativo, mas não estatal, em uma visão pluralista. Além de superar o contraste entre racionalidade formal e racionalidade material, em geral ancorado no conflito entre regulação jurídica (formal) e autorregulação social (material), Teubner também propõe a hipótese de uma racionalidade jurídica que não consiste na escolha de um único ponto de orientação (sociedade em vez de direito), mas na inserção, dentro do direito, de vários momentos reflexivos capazes de combinar ambos.

Em suma, a abordagem de Teubner é muito complexa, pois, como vimos, ele está simultaneamente engajado em duas frentes: na frente de Luhmann, buscando enfatizar a importância da racionalidade formal para proteger a identidade do direito como um sistema, e, ao mesmo tempo, na frente de Habermas, a fim de aprimorar a natureza insubstituível da racionalidade material, de modo que se garanta a comunicação intersistêmica do direito. Além disso, essa abordagem parece tentar alcançar, com diferentes ferramentas, o projeto de Weber de síntese das duas formas de racionalidade, formal e material. Portanto, pode-se dizer que Teubner, coletando elementos da sociologia do direito clássico, combina-os com esquemas próprios não apenas da teoria geral dos sistemas, mas também tenta abordar sobretudo Max Weber, dado o caráter eclético de sua abordagem, que diminui, mas não rejeita, uma racionalidade jurídica formal.

Deve-se enfatizar que o próprio direito autopoiético, com sua capacidade característica de combinar abertura e fechamento em relação ao ambiente, é capaz de absorver internamente não só a tensão entre normas jurídicas e normas sociais, nas quais se baseiam todas as formas de pluralismo, mas também uma instância crítica fundamental, o critério da justiça. O controle da justiça, segundo Teubner (2008), parece fazer parte do modelo de direito autopoiético. De fato, esse direito é capaz de revisar, corrigir e reformular as próprias normas, a ponto de utilizar o mesmo critério de justiça, eliminando seu caráter potencialmente subversivo, na medida em que consegue identificar a capacidade das decisões jurídicas de se adaptar ao sistema social como um todo.

```
┌─────────────────────────────────────────────────────────┐
│  ┌────────┐     ┌──────────────────────┐                │
│  │ Weber  │────▶│ Racionalidade formal │                │
│  └────────┘     │ Racionalidade material│    ┌─────────┐│
│                 └──────────────────────┘ ──▶ │ DIREITO ││
│                 ┌──────────────────────┐ ──▶ │ POSITIVO││
│                 │ Hiperciclo           │     └─────────┘│
│  ┌────────┐     │ Constituições sociais│                │
│  │ Teubner│────▶└──────────────────────┘                │
│  └────────┘                                             │
└─────────────────────────────────────────────────────────┘
```

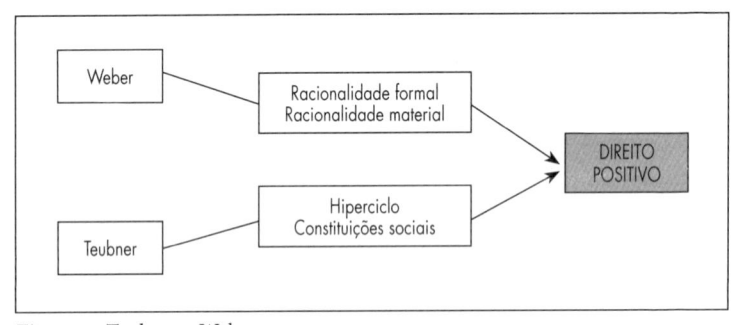

Figura 9. Teubner e Weber.

Diante desses argumentos, o controle da justiça pode ser considerado, não apenas no sentido de Teubner, uma espécie de irrupção da irracionalidade no mundo racional do direito, nem, mais tradicionalmente, um controle de igualdade e de reciprocidade, mas sim a soma dos critérios de eficiência e adequação típicos dos modelos de direito da sociologia do direito clássico. O controle da justiça exige o controle dos efeitos, e dos efeitos dos efeitos das decisões jurídicas que, para não ser indefinidamente repetidas, devem ser delimitadas de uma maneira percebida como "justa"[10]. A justiça poderia, portanto, ser entendida como uma espécie de critério, em um nível superior ao anterior, capaz de indicar se o grau de resistência de qualquer ineficiência e inadequação das normas positivas foi superado nas diversas áreas do setor social afetadas por certo padrão jurídico, ou se está causando situações desconfortáveis que podem ser consideradas "injustas"[11].

---

[10] Assim, de acordo com uma perspectiva intersistêmica, um turno noturno, mesmo bem remunerado, que comporte consequências negativas na esfera privada ou na coesão familiar dos trabalhadores, pode revelar-se injusto.

[11] Por exemplo, no caso da determinação de impostos de maneira proporcional ao lucro, o legislador que segue explícita e exclusivamente uma política de equidade tributária não terá apenas uma progressão que considere justa.

Isso significa que o critério mais visível socialmente parece ser a injustiça, e não a justiça. É a injustiça que costuma gerar reações fortes e generalizadas e pode provocar escândalos, ao acionar um alarme cultural contra regulamentos incompatíveis com seu ambiente social. Podemos, portanto, falar não tanto da alternativa justiça/injustiça, mas de maior ou menor justiça, tendo que identificar o grau de justiça ou de injustiça de acordo com um *continuum*, e não segundo uma simples alternativa binária[12].

Tabela 10. Modelo de direito na sociologia jurídica contemporânea

Abordagem	Objeto	Ponto de referência	Perspectiva	Fundação
Sistêmico	Estruturas	Fechamento predominante	Autorreferencial	Lógica binária
Dialógico	Atores	Abertura predominante	Comunicativa	Lógica discursiva
Misto	Critério de decisão	Fechamento/ abertura	Autocorretiva	Lógica intersistêmica

Para compreender as especificidades das diferentes posições dos autores vistas neste capítulo em relação ao problema da evolução do direito, é possível apontar três elementos básicos que aparecem de várias formas:

---

[12] Citando uma razão sociológico-jurídica implícita, recorrente nas aulas do meu professor de Instituições de Direito Romano, Gabrio Lombardi, devo lembrar aqui que a busca da justiça é temporalmente limitada e, portanto, não pode superar o valor absorvente da resolução oportuna de conflitos. Tendo em conta o tempo variável para avaliar a justiça de uma decisão, será necessário, no decurso de cada julgamento, equilibrar o maior grau de justiça obtido por meio da prorrogação do prazo processual, com os maiores custos sociais, também em termos de maior incerteza, que isso inevitavelmente acarreta.

1. o conjunto de *estruturas* que selecionam os sistemas regulatórios e as normas individuais que podem fazer parte de determinado processo de legitimação;
2. o conjunto de *sujeitos* individuais e coletivos interessados em utilizar essas estruturas;
3. o conjunto de *critérios* capazes de estabelecer uma conexão entre as estruturas e os sujeitos antes mencionados.

A solução *sistêmica*, portanto, está conectada às estruturas que garantem o fechamento do sistema em uma perspectiva autorreferencial, que permite uma série de níveis de autorreflexão, com base nos critérios de uma lógica estritamente binária que assegura a manutenção da identidade do sistema individual. A solução de *diálogo*, independente de intervenções internas, fortalece as capacidades seletivas das estruturas, por se basear na troca interativa e aberta de comunicação entre vários sujeitos, de acordo com os critérios de uma lógica discursiva. A solução de natureza *mista*, visando a mediação entre instrumentos reflexivos e comunicativos, busca o aprimoramento da capacidade de autocorreção dos critérios de decisão dos sujeitos e as estruturas de uma troca intersistêmica que garante uma alternância de momentos de abertura e de fechamento do sistema jurídico.

5.5 Constituição e evolução

Outra implicação, de particular relevância, para a sociologia do direito, das contribuições vistas neste capítulo é a questão da evolução da Constituição, considerada, ao mesmo tempo, suporte necessário e limite inevitável a mudanças no direito. Essencialmente, a Constituição é uma maneira de limitar o poder através do poder, mas no desempenho dessa função as Constituições revestem-se de formas bastante diferentes.

Se a Constituição, sobretudo nos séculos XVI e XVII, era percebida principalmente como prova de uma autolimitação voluntária da forma estatal, orientada pelo compromisso de proteger os valores fundamentais, nos séculos XVIII e XIX ela tende a se tornar, acima de tudo, um ato fundador do Estado nacional (Fioravanti, 2009), que assume a tarefa de determinar seu destino por meio de uma política de expansão de sua área de intervenção em escala global.

Na teoria constitucional do século XIX, a Constituição pode combinar diferentes significados, dependendo da principal tarefa que lhe é confiada. É entendida como um "limite" que seleciona e filtra o funcionamento dos órgãos e aparelhos do Estado; como um "contrato" que se supõe celebrado por todos os sujeitos envolvidos; e como um ponto de "equilíbrio", cuja definição é confiada a critérios extremamente gerais (Rebuffa, 1990). Isso implica que, embora por meio de uma série de ficções, e de um ponto de vista formal e hierárquico, a solução geral da relação Estado/sociedade poderia ser confiada a uma Constituição entendida de maneira única.

No século XX, as Constituições receberam interpretações diversas e revistas de modelos anteriores, desde o do Estado liberal, que concebe a Constituição como ferramenta para a proteção de escolhas individuais que não devem ser influenciadas por atores públicos, ao Estado programado, que, buscando objetivos considerados prioritários para todo o sistema social, pode justificar a redução drástica de áreas individuais de escolha. Após a Segunda Guerra Mundial, as novas Constituições estaduais, em alguns casos, passaram a representar uma descontinuidade em sua história na Europa e, portanto, um ponto de ruptura consciente em relação a organizações estatais anteriores, e, em alguns casos, um ponto de convergência para formas de integração ainda a ser definidas, como a União Europeia. Para uma perspectiva positivista centrada na lei do Estado, o termo "constituição" é usado para designar o ponto de fechamento do processo de reprodução interna de determinado ordenamento jurídico dotado de uma estrutura normativa hierárquica.

A função jurídica essencial da Constituição reside, portanto, não apenas em representar oficialmente a certidão de nascimento de certa estrutura estatal caracterizada por novos equilíbrios entre os vários poderes estabelecidos, mas também em permitir, pelo menos de maneira formal, o "encerramento" da ordem jurídica. Para ser inserida dentro da estrutura piramidal do sistema jurídico, uma norma deve fazer que sua fonte de validade derive de um padrão mais elevado. Isso implica um processo que se repete em todos os níveis do sistema até que seja alcançada uma norma final, a Constituição, capaz de atribuir validade a todas as outras normas sem, por sua vez, tirar validade de nenhuma delas. É evidente aqui, além das técnicas positivistas jurídicas, a analogia que vincula a Constituição a uma visão orgânica dos sistemas jurídicos. Também no que diz respeito à cadeia biológica da vida, um declínio capaz de se estender ao infinito só pode ser interrompido assumindo um elemento de fechamento que não se origina, mas dá origem a toda a criação.

Neste capítulo, aspectos semelhantes foram ressaltados sob uma perspectiva não formal ou hierárquica, à luz da qual a Constituição pode ser considerada uma espécie de sistema de segundo nível que, por um lado, sustenta o sistema jurídico e, por outro, baseia-se em um amplo espectro de culturas jurídicas externas ao sistema jurídico. Na Constituição, portanto, são definidas as estruturas regulatórias com suas limitações, os contratos sociais estabelecidos pelos sujeitos e os critérios de decisão adotados de maneira equilibrada. Desse modo, enquanto para o restante do ordenamento a estabilidade de apenas um desses elementos pode ser suficiente, a Constituição tende a exigir a estabilidade de mais de um desses elementos e, sempre que possível, sua variação harmônica e coerente, através de uma espécie de convenção interpretativa que leva em conta os diversos momentos históricos. É certo, no entanto, que a relação entre o sistema jurídico e o sistema político, diante da redução do papel de um Estado que assumiu a função de coordenação e unificação da produção regulatória, permanece mais fracamente controlada e, portanto, pode com facilidade alterar o papel da mesma Constituição.

A Constituição, portanto, não se apresenta simplesmente como o instrumento que garante a unidade do sistema jurídico no mais alto nível, ou o ponto a partir do qual um sistema jurídico pode ser reconhecido de fora, mas pode ser vista como o cruzamento de todos os principais canais internos e externos de comunicação do sistema. No sistema jurídico, desempenha a função fundamental de estabilizar previamente as possíveis mudanças no direito. O próprio Luhmann considera-a um exemplo de "acoplamento estrutural" (Luhmann, 1993, p. 266; Febbrajo & Harste, 2013) e, como tal, capaz de conectar o sistema político ao sistema jurídico.

Ao combinar cultura política com cultura jurídica, e regras de organização estatal com normas do direito, a Constituição apresenta-se como a parte mais jurídica do sistema político e, ao mesmo tempo, como a parte mais política do sistema jurídico. Parece capaz de atuar como garantidora suprema dos valores jurídicos da ordem e sua fonte fundamental de legitimidade. Não apenas mantém em constante contato o sistema jurídico e o sistema político, mas também tende a confiar sua atualização a uma espécie de "diálogo constitucional" entendido em um sentido amplo, em um nível interestadual, e afeta, em suas áreas de competência, outros sistemas jurídicos e não jurídicos, como os de economia ou religião.

Deve-se notar, no entanto, que a Constituição não é o único instrumento de acoplamento estrutural que pode ser imaginado no âmbito das relações intersistêmicas que partem do direito para as diversas áreas da sociedade. Seguindo essa linha de argumentação, também é possível identificar outras possíveis ferramentas de acoplamento estrutural que afetam o sistema jurídico. Outro modelo de acoplamento estrutural é a democracia, entendida como o lugar em que as normas da política e do direito estão entrelaçadas, à medida que emergem da cultura política e jurídica dos atores sociais. A democracia desempenha a função essencial de manter o sistema jurídico aberto às inovações de políticas, por meio de procedimentos, como o eleitoral, que permitem a quantificação periódica do consentimento, diante de uma possível alternância entre maioria/minoria.

A democracia assume, assim, a tarefa de não levar em conta as oportunidades de inovação não utilizadas no presente, deixando-as para o futuro e garantindo a constante mudança de decisões políticas, bem como a renovação periódica das classes dominantes e de seus programas. Como instrumentos de acoplamento estrutural, os procedimentos eleitorais tendem a assumir o papel de abrir estruturas políticas à contribuição decisiva das culturas jurídicas externas, garantindo, por meio da definição democrática das estruturas majoritárias que determinam a legislação, a possível alternância de novas fontes de variação no conteúdo das estruturas regulatórias que podem ser periodicamente revistas.

Quanto ao mercado, ele também é capaz de se apresentar como uma ferramenta de acoplamento estrutural, na medida em que, fazendo a mediação entre direito e economia, influencia as tendências de preços de maneira impessoal, através das normas jurídicas que as controlam. Contribui, em particular, para selecionar possibilidades de tomada de decisão juridicamente relevantes, por meio de uma pluralidade de decisões econômicas individuais que são arriscadas, pois incapazes de produzir, em geral, consequências completamente previsíveis do ponto de vista do ator individual. Em particular, o mecanismo de mercado baseia-se no acoplamento estrutural da cultura econômica e da cultura jurídica que, combinadas de maneira adequada, podem garantir uma seleção constante das diferentes possibilidades de tomada de decisão dos atores econômicos e jurídicos envolvidos. Nesse contexto, o principal meio é o dinheiro, quantificado através do preço dos produtos no mercado, por conexões intersistêmicas que selecionam as margens de tolerância, nas diversas áreas envolvidas, de quaisquer decisões de compra.

Entre os canais que garantem contatos constantes não apenas dentro das estruturas jurídicas, mas também no nível intersistêmico, para fazer circular as "solicitações" necessárias para o seu funcionamento, inclui-se o direito autopoiético, que faz uso de inúmeras conexões intersistêmicas, como a "interferência", quando diversos contextos sistêmicos são conectados por comunicações com diferentes significados em seus respectivos contextos, ou por "irritações" provenientes de outros sistemas que precisam ser traduzidas para a linguagem jurídica. Assim, em suas relações com a economia, o sistema jurídico pode construir sua própria ordem e suas próprias normas, adotando de modo seletivo solicitações ou "irritações" econômicas. Somente se e na medida em que permanece em si, sem sobrepor outros sistemas, o direito é capaz de elaborar uma reconstrução jurídica do desenvolvimento econômico que faça sentido para a própria economia.

Tabela 11. Ultraciclos intersistêmicos do direito autopoiético

Momento autopoiético	Circuito interno/ externo	Acoplamentos estruturais
Estabilização	Política/cultura jurídica interna	Constituição
Seleção	Economia/direito	Mercado
Variação	Política/cultura jurídica externa	Democracia

Hoje, a Constituição não parece capaz de desempenhar um papel que proporcione estabilidade, que evite o envolvimento direto nos processos evolutivos. A crescente percepção de que até mesmo as Constituições dos Estados, e não apenas o direito que as legitima, estão sujeitas ao condicionamento da sociedade e que as reivindicações de centralidade do Estado e da política devem ser fortemente redimensionadas, justifica o outro lado da moeda, o de surgimento de Constituições civis que, fora da política, atestam a capacidade de autorregulação dos mais diversos setores da sociedade. Essas Constituições são, portanto, diversificadas a partir de um constitucionalismo multinível, capaz de ressaltar os diferentes níveis, estatal e supraestatal, da atual organização constitucional, com particular referência às complexas relações entre as Constituições dos países-membros da União Europeia (Pernice, 2002) e à situação de "interlegalidade", dada a coexistência de múltiplas referências jurídicas estatais e supraestatais não organizadas hierarquicamente (Santos de Sousa, 2002).

De fato, com a expressão "Constituições civis", Teubner declina provocativamente o termo "Constituição" no plural, pretendendo sublinhar a superação de uma fase estadocêntrica em que a Constituição, no singular , é capaz de legitimar o ordenamento jurídico e se autolegitimar, representando a principal garantia da autorreferencialidade do direito. Portanto, ele faz ampliar o campo semântico do termo "Constituição" para incluir aquela série de Constituições civis que, de modo independente do Estado, são capazes de se conectar entre si de maneira não hierárquica, formando uma rede que contribui para oferecer uma estrutura autônoma à estrutura social (Teubner, 2005).

Quanto mais os processos autônomos de regulação de interesses são fortalecidos, como resultado de normas estabelecidas independentemente dos Estados, mais as Constituições civis são fortalecidas e, por sua vez, criam novas figuras jurídicas, capazes de se autorregular tanto no âmbito intraestadual quanto no supranacional. O complexo fenômeno da ruptura do elo exclusivo entre Constituição e Estado permite, em suma, focalizar melhor o fenômeno, agora amplamente percebido, do enfraquecimento do Estado e de o direito ser colocado contra a sociedade e as figuras coletivas que produz. O caso das Constituições civis pode, portanto, não apenas ajudar a perceber o potencial, mas também as dificuldades que os movimentos culturais externos ao direito e à política encontram para se tornar relevantes para seus respectivos sistemas de referência.

Voltando agora à Constituição do Estado, deve-se dizer que ela pode ser entendida como o sistema que "constitui" e regula o jogo do direito e, por meio disso, os jogos sociais. Nesse contexto, pode ser definida por elementos como: legitimidade; tarefas; formas de mudança; a duração que parece caracterizá-la hoje. Vamos agora examinar brevemente esses elementos, que podem contribuir para entender a importância da Constituição para a evolução do direito.

- Se, "do ponto de vista jurídico, o povo *tem* uma Constituição, do ponto de vista cultural mais amplo o povo *é* uma

Constituição (em parte boa)", pelo que contribuiu, ou deveria ter contribuído, com sua cultura. Na realidade, a Constituição, do ponto de vista sociológico, não é apenas uma norma original, mas encontra-se no topo de um complexo processo de síntese entre culturas que não são necessariamente homogêneas, implementadas de maneira coordenada e feitas para se tornarem os mais altos padrões de referência de um sistema jurídico. Isso não deixa de ter efeitos sobre a legitimidade da Constituição.

Abandonado o mito romântico de um sentimento nacional capaz de expressar, com base em uma memória cultural comum, esse plebiscito diário virtual em favor da Constituição de que Ernest Renan falou (1882), sentimo-nos compelidos a aceitar uma espécie de legitimação negativa que simplesmente se limita a deslegitimar aqueles que fazem uma tentativa de deslegitimar a Constituição. Isto é especialmente verdadeiro em relação ao papel da cidadela dos chamados "direitos fundamentais", que devem orientar as decisões dos operadores de tempos em tempos e traçar os caminhos destinados a dar as respostas mais inovadoras do sistema às mudanças sociais (Peces-Barba Martínez, 1991).

Esses direitos podem ser legitimados, naturalmente, por meio de estratégias argumentativas jusnaturalistas, centradas em valores, ou juspositivistas, baseadas em leis, limitadas ao ditado constitucional, ou mesmo a *tertium datur*, por argumentos focados nos prováveis efeitos na sociedade. Os direitos fundamentais – liberdade de movimento, de opinião e de imprensa, direitos humanos já reconhecidos internacionalmente (Alston, Bustelo & Heenan, 1999) – foram de fato considerados funcionalmente voltados sobretudo para uma ordem específica de uma sociedade específica, que, através da sua observância, seria capaz de fazer funcionar o modelo sociopolítico escolhido (Luhmann, 1965; Palombella, 2002).

- A Constituição pode ser entendida como o ponto de equilíbrio de uma síntese complexa na qual se juntam contribuições inovadoras dos mais diversos setores da sociedade. Em termos de teoria dos sistemas, ela realmente assume a tarefa geral de gerenciar duas fronteiras, interna e externa, de um ponto de vista cultural, em direção ao direito e à sociedade. A tarefa duplamente seletiva realizada pela Constituição deve assegurar a constante congruência da cultura jurídica, interna e externa, com relação aos textos constitucionais. A afirmação segundo a qual o intérprete procederia "principalmente" do texto é, portanto, "uma ficção indispensável", sobretudo se for levada em conta a uniformidade metodológica exigida pelos diversos níveis de interpretação. Por outro lado, o intérprete da Constituição deve, de fato, também "referir-se a esses 'cristais culturais' que se assentam além ou deste lado, a montante ou a jusante, do texto jurídico" (Häberle, 1982; trad. 2001, p. 33). Para garantir que essa dupla seleção ocorra de forma equilibrada, as Constituições modernas preveem instâncias de controle responsáveis por garantir a unidade de critérios interpretativos para aqueles que, no âmbito judiciário e no legislativo, podem cruzar os limites do significado da Constituição.

Do ponto de vista sociológico, no entanto, é legítimo perguntar se, considerando o texto escrito como a certidão de nascimento da Constituição à qual todo o sistema jurídico deve se adaptar, o papel central da cultura jurídica não é subestimado e, portanto, a causa não deve ser trocada pelo efeito. De fato, não há dúvida de que o termo "Constituição", mesmo em seu sentido mais estritamente jurídico, implica uma relevância sociológica confirmada pelas referências implícitas a ela, ou pelas principais abordagens para o estudo da sociedade. Os atuais desafios de origem social não podem ser cancelados ou resolvidos pela Constituição, mas a própria Constituição, embora pretendida como o mais alto símbolo da identidade e da continuidade do sistema, não parece capaz de ignorar a fase de transformação social e evolução jurídica que deve contribuir para absorver (Thornhill, 2011).

Um atalho frequente para permitir que a Constituição cumpra suas tarefas e se renove pode ser o recebimento de extensas partes de outras Constituições. Embora não sejam poucos os casos em que Constituições impostas ou transpostas do exterior conseguem permanecer vivas por décadas, essa estratégia pode mais criar do que resolver problemas. Por exemplo, a Constituição preparada por especialistas italianos para o novo Estado da Somália, destinada a substituir o protetorado da era colonial, embora tenha sido bem-sucedida em nível formal e literário, logo foi cancelada pela autoridade militar, devido à falta de condições mínimas indispensáveis para o seu transplante estrutural.

- Dada a mudança dos jogos sociais que a Constituição regula, não é de surpreender que preveja sua própria mudança desde o seu surgimento. De fato, o processo de adaptação da estrutura do Estado à Constituição, que começa logo após sua promulgação, exigiria uma Constituição já aceita, mas isso não é realista também porque o processo de legitimidade é sociologicamente contínuo. Nesses casos, a Constituição promoverá orientações culturais amplas que sinalizam a necessidade de adaptação à vontade do partido que prevaleceu e/ou a necessidade de iniciar um novo caminho no cenário internacional. Pode, portanto, tornar-se, pelo menos em seus primórdios, uma espécie de modelo construído de maneira abstrata, inatingível em sua totalidade, mas, exatamente por essa razão, capaz de traçar "uma situação normativa ideal" com relação à qual a realidade simplesmente apresentaria uma réplica pálida que é permitida de tempos em tempos pela situação factual (Häberle, 1982; trad. 2001, p. 31). Além disso, nas democracias recentes, uma lei aprovada por um parlamento eleito democraticamente pode desfrutar, na cultura jurídica interna e externa, uma legitimidade tão ampla que a intervenção restritiva de um órgão não eleito, como o tribunal constitucional, pode ser entendida como uma ameaça ao livre exercício da democracia parlamentar recém-adquirida (Sadurski, 2002).

No entanto, não se diz que, desde o início, esses objetivos sejam compartilhados por uma corrente cultural majoritária e apoiados de maneira convincente por setores significativos da estrutura do Estado. A Constituição recentemente foi mencionada de maneira imprópria para sinalizar novas soluções organizacionais na União Europeia, necessárias pelo alargamento, mais do que quadruplicado, em relação ao seu tamanho original (Priban, 2005; MacCormick, 2005; Joerges, Meny & Weiler, 2000).

O uso do termo "Constituição", em geral reservado, no campo jurídico, a momentos de renascimento ou regeneração de outra extensão, não conseguiu, em nenhum caso, garantir um efeito legitimador suficiente. Mesmo as Constituições surgidas conjuntamente com eventos traumáticos (sérios conflitos internos, guerras), embora não sejam capazes de produzir de imediato uma evolução cultural adequada, podem ao longo do tempo garantir bases cada vez mais amplas de consenso. Quanto à experiência italiana, parece desnecessário lembrar que ela resume muitas das características antes apontadas. Em 1948, no final de um longo e sangrento conflito mundial de proporções nunca antes conhecidas e após um curto período de transição, a Itália mudou sua Constituição e, com ela, sua própria forma de Estado e de governo. Essa refundação foi então compartilhada por muitos outros Estados europeus, cientes, como a Itália, de que se encontravam em uma fase histórica caracterizada por uma forte retração cultural, política e estratégica da antiga centralidade mundial da Europa. Paralelamente às pressões constitucionais nacionais, forças unificadoras peremptórias foram direcionadas à formação de uma entidade supranacional europeia, dotada de uma espécie de metaconstituição material e de habilidades específicas em setores de importância estratégica para a reconstrução e o desenvolvimento dos países que a fundaram (Itália, França, República Federal da Alemanha, Bélgica, Holanda, Luxemburgo)[13].

Portanto, pode-se dizer que, nos anos pós-guerra, o processo de constitucionalização iniciado foi, na verdade, duplo. Por um lado, foi direcionado ao presente e atribuiu aos Estados novas

---

[13] Ao final da Segunda Guerra Mundial, em que ocorreu o suicídio da Europa, os Estados Unidos, que não quiseram participar desse conflito, viram-se assumindo um papel de liderança mundial para o qual não estavam preparados. Desde então, os países europeus têm se empenhado na difícil tentativa de voltar a desempenhar um papel global por meio de várias formas de integração (jurídica, econômica, administrativa). No entanto, a persistente diversidade de seus interesses impediu até agora, apesar de alguns sucessos importantes, a realização de pré-requisitos essenciais para uma verdadeira união política, como a aprovação popular de uma Constituição comum, a afirmação de processos decisórios democráticos e não burocraticamente oligárquicos, a determinação de fronteiras territoriais compartilhadas do processo de alargamento em curso, a superação de conflitos internos devido ao excesso da capacidade industrial em relação à demanda atual do mercado, a criação de uma defesa comum autônoma, a identificação de uma política externa unitária (de fato, a Alemanha olha historicamente para o Oriente, a Espanha e Portugal olham para a América Latina, e a França olha para a África e para as ex-colônias). Esses limites, que parecem ser superados com uma maior solidariedade europeia, são objeto de recorrentes reflexões críticas por parte daqueles que continuam a acreditar em uma UE mais próxima dos seus ideais originais. Ver Weiler, J. *The Constitution of Europe*: Do the New Clothes have an Emperor?. Cambridge: Cambridge University Press, 1998; Mongardini, C. (rev.). *L'Europa come idea e come progetto*. Roma: Bulzoni, 2009.

bases constitucionais que respeitavam suas respectivas identidades nacionais; por outro lado, tendo em vista o futuro próximo, preocupou-se em criar o primeiro núcleo de uma realidade jurídica comunitária dentro do qual os Estados individuais estavam destinados a ser inseridos e eventualmente absorvidos. Ambos os processos de constitucionalização mostraram a fragilidade da tese de que um fato eminentemente jurídico, como a promulgação de uma nova Constituição, seria capaz não apenas de sancionar formalmente os princípios inspiradores de um novo Estado ou de uma comunidade de Estados, mas também de produzir as transformações sociais necessárias na realidade.

Além disso, como sabemos, a Constituição italiana surgiu de uma série de compromissos que combinam em um único texto várias tradições culturais, como as ideologias católicas, liberais e socialistas, como eram então politicamente representadas, o que se mostraria uma ferramenta útil para expandir a longevidade da Constituição. De fato, embora heterogêneas, diferentes culturas jurídicas em geral conseguem coexistir não apenas formalmente na Constituição, graças à coexistência de disposições de diferentes orientações ideológicas e políticas, mas também substancialmente na sociedade. No nível formal, essa coabitação contribui para uma abertura interpretativa adequada, fruto da cultura jurídica dos especialistas, que é desenvolvida e repassada nas universidades (cf. Calamandrei, 1995). É desnecessário lembrar que, para a Constituição italiana, a abertura às culturas jurídicas de sujeitos externos aos procedimentos legislativos sempre pode ocorrer, após a promulgação das leis, por meio de uma instituição, o referendo, com o objetivo de promover a revogação da lei que não está em conformidade, devido ao seu conteúdo ou a quaisquer efeitos produzidos, com a cultura jurídica predominante na sociedade.

Nesse contexto, a interpretação é um momento essencial na vida da Constituição, pois permite que sua forma permaneça inalterada, mesmo que sejam realizados contínuos ajustes substanciais, culturalmente orientados e necessários para mudar seu escopo ao longo do tempo. No caso da própria Constituição italiana, cujo processo de aplicação mostrou-se particularmente lento, uma das primeiras etapas de sua gradual implementação foi a criação de um tribunal constitucional. Como a experiência demonstrou, a estrutura composta do tribunal, na qual componentes do Judiciário operam ao lado de componentes universitários e políticos, com a duração excepcional do mandato e a ausência de formalização de parecer dissidente, têm facilitado o desempenho, sem grande resistência, de sua complexa tarefa, que não é apenas jurídica em sentido formal. Dessa maneira, foi produzida uma jurisdição visivelmente sensível ao problema dos efeitos previsíveis produzidos pelas decisões, em boa parte inspirada pela oportunidade política e jurídica de manter o equilíbrio institucional[14].

- Exatamente por serem colocadas em um nível um tanto elevado e atemporal, as Constituições parecem destinadas a valer por períodos muito mais longos do que os reservados para a legislação comum. Uma Constituição estatal, diferentemente das Constituições civis, que possuem uma expectativa de tempo de validade muito mais limitada, deve sobrepor-se ao tempo e às mudanças inevitáveis que são

---

[14] Além disso, para integrar as funções da Corte Constitucional, recorre-se há algum tempo a um conjunto de estruturas formalmente autônomas em relação ao governo e ao parlamento, as chamadas "autoridades administrativas independentes", que são dotadas de poderes de penetração e devem assegurar intervenções mais rápidas e operacionais em matérias constitucionalmente relevantes (Pepe, 2005).

gradualmente produzidas pela sociedade. A Constituição, na verdade, marca o surgimento de uma nova ordem, fundada e legitimada por si mesma, com a função de regular a vida não apenas da geração daqueles que viveram no mesmo momento histórico dos fundadores. Eles podem, portanto, sentir-se vinculados por um ato normativo que os viu nascer, mas também pelas gerações subsequentes, que deverão declinar-se à vontade das gerações anteriores, das quais inevitavelmente estarão separadas por uma significativa lacuna cultural (Alexander, 1998).

Esse paradoxo, no entanto, não significa que, com o passar do tempo, a Constituição estará destinada a rejeitar a evolução e se tornar a menos culturalmente enraizada das leis (Febbrajo & Corsi, 2016). De fato, pode-se argumentar que são exatamente os muitos e diversas vezes contraditórios elementos contidos em uma Constituição moderna que permitem manter essa mistura singular de rigidez e flexibilidade e que ela sobreviva ao seu tempo. Essa capacidade é muitas vezes conquistada ao preço de uma abstração simbólica cada vez maior e uma capacidade cada vez menor de encontrar soluções práticas de maneira unívoca. Também é possível adiar uma decisão essencial para certos assuntos constitucionais para momentos posteriores, recorrendo àquela fórmula que Carl Schmitt chamou de "compromisso dilatório" (Schmitt, 1932), isto é, formulação normativa pela qual o compromisso de posições não reconciliáveis ocorre por meio de uma decisão formal. A constante releitura e reinterpretação da Constituição formal deve, no entanto, permitir que a cultura jurídica interna dos operadores mantenha contato, ao longo do tempo, com a Constituição "material", o que, inevitavelmente, é o caso da sociedade (Mortati, 1940).

Também se deve ressaltar que as consideráveis dificuldades que uma Constituição encontra na combinação de diferentes regulamentações jurídicas e sociais, em uma visão não sistêmica, mas intersistêmica, que utiliza diferentes mídias como dinheiro, consentimento e legitimidade, é agravada por uma dificuldade adicional que surge da profunda diversidade de percepções do tempo nos vários sistemas[15]. O tempo parece ter se tornado, em uma sociedade complexa, um recurso problemático, não apenas pela sua escassez e impossibilidade de ser reintegrado, mas também pela variedade de maneiras de ser percebido. Nos vários subsistemas sociais, não é possível criar o equivalente a uma moeda única responsável pela medição dos valores temporais de maneira homogênea e generalizável. O tempo, portanto, que deve fornecer um quadro de referência comum, entra inevitavelmente em conflito consigo mesmo quando certos subsistemas exigem decisões rápidas, que devem lidar com procedimentos caracterizados por uma relativa lentidão e uma indiferença em relação ao exterior.

Esses conflitos temporais também podem ocorrer em instituições individuais, em especial se representam casos de acoplamento estrutural que, ao estabelecer linhas recíprocas de demarcação, podem produzir incompatibilidade e provocar crises funcionais. Assim, na universidade, os diferentes horizontes temporais inerentes à função de formação e pesquisa, e as complexas relações entre esses horizontes e os dos diferentes usuários dificultam muito a autoavaliação coerente da instituição.

A função de pesquisa, que exige um horizonte temporal extremamente amplo, está intimamente ligada à função de treinamento, que requer um horizonte temporal bem delimitado, o que pode levar a ignorar, na regulação dos processos de treinamento, os limites de tolerabilidade de possíveis extensões das es-

---

[15] Para uma discussão introdutória, ver Elias (1986), Lima (2010), Neves (2007), Neves (2013), Schwartz (2018).

calas de tempo institucionalmente planejadas para treinamento em relação aos sistemas indiretamente afetados de tempos em tempos (família, trabalho e outros). Portanto, parece apropriado afirmar a necessidade de regulação social, mas, sobretudo, de regulamentação jurídica, que tenha seu ápice na Constituição, para recuperar um nível mais alto de percepção em relação aos diferentes "tempos" de cada subsistema social e ser capaz de refletir sobre as diferenças no tempo que afetam o regulador de forma diferente da regulação, calibrando melhor, com base nessas diferenças, os tempos de possíveis ajustes.

Uma solução para esses desequilíbrios temporais não depende necessariamente de escolhas conscientes no nível da legislação estatal (ou supraestatal), nem de mudanças constitucionais difíceis e improváveis, nem de ajustes espontâneos que possam se consolidar de maneira que não seja totalmente programável, mas por meio de uma interação entre normas sociais e normas jurídicas que permita aumentar a sensibilidade temporal delas. Em geral, mesmo em momentos de crise, devido a situações de "necessidade", que exigem reações mais rápidas do que os tempos de deliberação da reação regulatória, ou em situações em que a estratégia de superação das crises pode levar a um uso mais longo, uma combinação de normas sociais e normas jurídicas poderia impedir a utilização da irracionalidade parcial, possivelmente produzida pelos subsistemas individuais, fora do alcance de qualquer intervenção por parte dos órgãos centrais, e poderia se fortalecer mutuamente e se reproduzir de maneira incontrolável.

Não se deve esquecer, porém, que se a Constituição é fundamentalmente "autolimitação" do poder, um campo de análise sociológica e culturalmente relevante ainda é constituído pelo estudo dos métodos de arquivamento de redundâncias, ou seja, as possibilidades de tomada de decisão que são descartadas por processos de autolimitação, mas não canceladas, em vista de sua eventual recuperação para mudanças de necessidades. De fato, todos os processos de constitucionalização exigem o que, segundo Luhmann, todo regime democrático faz quando não elimina as possibilidades regulatórias descartadas, a fim de deixá-las à disposição dos tomadores de decisão posteriormente eleitos. Além dos momentos de seleção, estabilização e inovação, considerados essenciais no processo autopoiético, é necessário levar em conta o momento de "armazenamento" e possível recuperação das gigantescas nuvens virtuais, ou dos buracos negros em que são utilizadas inúmeras possibilidades e depois descartadas ou simplesmente nunca consideradas por razões culturais contingentes.

Não apenas as Constituições estatais, mas também as sociais, podem recorrer a esse enorme patrimônio, que em certa medida é preservado e estabilizado na memória coletiva, com base em critérios que não coincidem necessariamente com os critérios de diferenciação funcional dos sistemas, a fim de inovar as escolhas feitas antes. Problemas com profundas raízes históricas e, portanto, apenas na aparência novos, podem, assim, ser solucionados com sucesso, usando-se, pelo menos em parte, soluções propostas em momento anterior[16]. O novo, de fato, nem sempre precisa ser respondido com o novo, e a gestão de um conjunto variado de possibilidades de tomada de decisão deixadas de lado pode ajudar a reconstruir o significado das Constituições estaduais e sociais e as culturas das quais elas continuam sendo expressão, mesmo após várias gerações.

---

[16] Um exemplo disso é oferecido pela fase de transição dos Estados-membros que aderiram recentemente à União Europeia. Nesses países, as circunstâncias ambientais alteradas sugeriram, durante a elaboração das novas Constituições, a recuperação de princípios e modelos que remontam a outras fases constitucionais e surpreendentemente não cancelados da cultura jurídica após mais de meio século (Febbrajo & Sadurski, 2010).

Atualmente, vários outros fatores tendem a reverberar o papel tradicional da Constituição. De fato, se por um lado ela continua sendo o mais alto critério jurídico de racionalidade das normas e o instrumento político mais influente para transformar legitimamente a vontade da maioria em vontade geral, por outro é cada vez mais confrontada com a necessidade de abordar problemas relevantes para diversos ordenamentos estatais e deve, portanto, superar os horizontes limitados de seu próprio ordenamento. A Constituição é, assim, levada a aceitar um "diálogo" com outras Constituições para substituir o "monoteísmo" imposto por uma visão limitada ao Estado único com uma perspectiva "pluralista", capaz de articular diferentes outros ordenamentos (estatal, internacional, supranacional, transnacional e local). O resultado é uma espécie de *transconstitucionalismo*, que, ao cruzar o âmbito territorial do Estado, amplia a área dos possíveis critérios interpretativos da constituição a ponto de ter de rever os tradicionais requisitos formais de coerência e previsibilidade[17].

Nesse complexo quadro, os diferentes modelos de transconstitucionalismo podem ser conectados, em particular, a diferentes perspectivas temporais: um modelo "tradicional", orientado para o passado, leva em conta principalmente as relações entre as Constituições estaduais e os conjuntos de normas tão profundamente enraizados na cultura local e na história de determinadas minorias que assumem o papel de verdadeiras e próprias Constituições; um modelo "simétrico", orientado para o presente, leva em conta principalmente as intensas relações entre Constituições de diferentes Estados com significativas convergências culturais; um modelo "teleológico", orientado para o futuro, leva em conta

---

[17] Para uma ampla discussão desse tópico do ponto de vista da teoria dos sistemas, ver Neves, M. *Transconstitucionalismo*. São Paulo: WMF Martins Fontes, 2009; e revista *Transcostitutionalism*, Oxford e Portland, 2013.

principalmente as exigências de organizações transnacionais que, para continuar a desempenhar suas funções específicas, devem ser capazes de esculpir suas próprias áreas, as quais serão impostas à Constituição do Estado; finalmente, podemos falar de um modelo "utópico", cujo futuro, ainda longe e difícil de alcançar, deve ser caracterizado por relações entre diferentes Constituições estaduais efetivamente inspiradas em valores e normas de significância global capaz de ser realmente afirmado mesmo em relação a Estados particularmente influentes, considerados mais Estados do que outros.

Esses modelos de transconstitucionalismo geralmente se referem, de acordo com seu âmbito prevalente, não tanto ao Estado, mas a) à *comunidade* cujos membros derivam sua própria identidade de sua história comum; b) a *pessoas* que veem sua capacidade de realizar-se autonomamente protegidas por vários estados; c) aos *papéis* específicos que são definidos por organizações interessadas em alcançar objetivos transnacionais; d) ao *indivíduo* que, com base no critério universalmente difundido, deve ser amparado por uma espécie de direito global (Galgano, 2005; Ferrarese, 2020).

Observa-se, no entanto, que, se em uma perspectiva transconstitucional a Constituição única se mostra capaz de superar os limites do Estado único, mesmo a democracia, apesar de suas limitações[18], deve transformar-se paralelamente em uma "transdemocracia" capaz de submeter os programas políticos correspondentes aos interesses de uma pluralidade de Estados à escolha dos cidadãos (Neves, 2017).

Isso, de fato, pode ocorrer se algumas questões, impostas por situações de "necessidade", forem consideradas elementos in-

---

[18] Sobre o tema, muito claro e referente não apenas à realidade italiana, Cassese, Sabino. *La democrazia e i suoi limiti*. Milano: Mondadori, 2017.

substituíveis da agenda política dos Estados. Hoje estão principalmente conectados, em uma perspectiva evolutiva, ao grande problema da "suportabilidade", intenso como a suportabilidade *natural* do aproveitamento de energia (ecologia) e a suportabilidade *social* da hospitalidade (migração).

Essas questões, no entanto, também considerando os horizontes estreitos das democracias atuais e da opinião pública a que se referem, parecem destinadas a ser mais discutidas do que concretamente abordadas, dada a tendência generalizada dos Estados individuais de reduzir ou desarregar ao externo os "custos" das soluções que de tempos em tempos se tornam necessárias[19].

---

[19] Um esquema argumentativo análogo vem seguido de Nimby (*Not In My Backyard*). Mesmo no nível dos Estados, bem como das autoridades locais, eles preferem hospedar os resíduos perigosos que produzem em outro lugar. Ver Spina, F. *Sociologia dei Nimby*. Nardò: Salento Books, 2010.

CAPÍTULO 6

CONCLUSÃO

O exame dos problemas de eficácia e evolução do direito permitiu constatar que somente superando a tela normativa do direito escrito é possível entender por que um direito não é aplicado e quais fatores impedem que evolua de acordo com o que exige o contexto social. Deve-se ressaltar também que, do ponto de vista da sociologia do direito, os dois problemas são distintos, mas interligados. Deixar de resolver o problema da eficácia pode afetar a solução do problema da evolução e vice-versa. Em particular, a ineficácia pode ser o resultado de uma falha na evolução do direito, por exemplo: a não aplicação de normas relativas a instituições, como o dote ou a vontade holográfica, de forma ampla, é provocada pelo reconhecimento intempestivo pelo legislador de que essas instituições haviam perdido sua razão cultural original (Ferrari, 1972). Por outro lado, a falha na evolução do direito pode ser resultado de uma ineficácia prolongada, por exemplo: é impossível inovar determinado sistema tributário eliminando ou reduzindo impostos que não possuem mais significado social se um alto nível de sonegação e, portanto, a ineficácia das normas relativas permanece (Leroy, 2011).

Deve-se ressaltar que as instituições sociais possuem diferentes capacidades reativas em relação ao direito. A família, por exemplo, devido às suas funções ligadas às necessidades básicas, em geral tende a criar regulamentos jurídicos externos que procuram modificá-la e, por outro lado, pode exercer pressões evolutivas decisivas sobre um legislador, que muitas vezes acaba incorporando-os (Maggioni, 1990; Pocar & Ronfani, 1991, 1992, 2004; Commaille, 1996; Ronfani, 2001).

Em outras palavras, enfrentar sociologicamente os problemas de eficácia e evolução significa abordar a questão da capacidade de interagir com as várias áreas da sociedade com uma estrutura relativamente rígida, como o direito escrito. No caso de ineficácia, a esfera social a ser regulamentada é "cega" em relação a certas normas jurídicas, comportando-se como se elas não existissem; no caso da não evolução, é o direito que, por outro lado, é "surdo" em relação às mudanças sociais que exigem ajustes regulatórios.

Tudo isso faz levantar outra questão: até que ponto o direito pode aprender com a sociedade sem perder a normatividade que, em retrospectiva, envolve essencialmente sua capacidade de resistir aos fatos, utilizando ferramentas coercitivas, se necessário, em vez de se adaptar a eles? Em outras palavras, como uma estrutura normativa, tal qual o direito, pode aprender a se comunicar com as várias esferas sociais?

A sociologia do direito sempre se preocupou em enfatizar a importância da comunicação entre o direito e a sociedade. Os problemas de eficácia e de evolução do direito podem, portanto, ser abordados seguindo um esquema comum: o direito escrito, que por si só é artificial e, portanto, exposto ao risco de ser ineficaz ou de não se adaptar à sociedade, podendo se comunicar indiretamente com ela por meio de "outro" direito intermediário, que deriva de fontes sociais capazes de produzir normas (por exemplo, de grupos ou culturas jurídicas). Desse modo, o direito oficial pode permanecer em constante harmonia com a sociedade, graças à formação paralela de regulamentos sociais, eficazes em si e capazes de evoluir com ela, localizados entre a própria sociedade e o direito oficial, ou ao lado deste último. Em outras palavras, os problemas da eficácia e da evolução do direito podem ser tratados cobrindo a sociedade com um traje regulador orgânico, tão próximo a ela que se compara a uma espécie de epiderme que se adapta com perfeição ao corpo social e cresce de modo espontâneo com ele, uma vez que não é imposta à sociedade de fora e não corre o risco de, com o tempo, se tornar muito larga ou muito justa.

Esse padrão é evidente sobretudo em Ehrlich, para quem o direito vivo se move diretamente das necessidades sociais organizadas em grupos, mas também em Weber, para quem perguntar por que obedecemos às leis (eficácia) ou por que as próprias leis são alteradas (evolução) significa remeter a fatores culturais que condicionam a legitimidade do direito em diferentes situações históricas. Os problemas da eficácia e da evolução do direito, no entanto, passam a cruzar-se explicitamente nas perspectivas de Durkheim e Geiger. O instrumento característico para proteger a eficácia dos ordenamentos jurídicos, a sanção, por sua vez, se torna objeto de evolução, modificando métodos e estratégias à medida que a sociedade se transforma, tanto que Durkheim, como vimos, estabelece um paralelo importante entre as estratégias de sanção (repressivas ou restauradoras) e os tipos de solidariedade social (mecânica ou orgânica).

Na época atual, a situação parece ter mudado bastante, devido à transformação geral da imagem do direito e do Estado. Na recente teoria dos sistemas, o direito escrito parece orientado não tanto para regular a autorregulamentação social de cima, mas para tentar não perturbá-la com intervenções desnecessárias.

A cultura jurídica interna, por sua vez, também abandonou a representação de um direito caracterizado sobretudo por um controle exercido hierarquicamente por meio de instituições estatais capazes de manter, pelo menos em nível formal, o monopólio do poder, e propôs um modelo de direito mais flexível, ou mais ameno e esperançosamente fraterno, comprometido em garantir o cumprimento das regras de comunicação não conflitantes entre diferentes culturas, em particular entre diferentes culturas jurídicas (Zagrebelsky, 1992; Resta, 2002, 2008).

A novidade teórica, tanto para sociólogos quanto para juristas, reside no fato de que o elo final na cadeia de comunicações, voltado para a prevenção de casos de ineficácia ou deficiências evolutivas, não é mais considerado direito estatal, já que o Estado atualmente vem modificando suas relações com a sociedade e não parece mais gozar de uma posição comunicativa privilegiada. De fato, a atual propagação de uma inflação real de mensagens com interesses e visões setoriais tende a tirar do Estado e do direito por ele produzido a posição preeminente ocupada no passado.

O Estado agora tem dificuldade em impor sua voz aos outros órgãos sociais e parece destinado a perder a autoridade. O contraste entre o direito artificial do Estado e as regras sociais, portanto, não se limita ao equilíbrio, mas acaba questionando até mesmo o papel do próprio Estado, que há muito tempo está definido. Essa renovação teórica, embora ainda não claramente delineada, não parece resultar de um narcisismo teórico implementado por meio de uma operação autorreferencial de desconstrução sistemática dos conceitos tradicionais, nem da necessidade objetiva de abordar, com ferramentas adequadas, os novos problemas que o exame das atuais relações direito/sociedade não deixa de apontar. Mas quais são os principais problemas que na época atual exigem que a sociologia do direito revisite suas categorias, a fim de garantir maior capacidade de aprendizagem a um direito estatal que, de muitas formas, é considerado desnecessariamente invasivo, mas ainda aparentemente capaz de unificar de maneira formal o conteúdo das normas jurídicas e proteger sua identidade?

6.1 Os "novos" problemas

A gravidade da atual "crise" do Estado e do seu direito vem sendo atribuída a uma série de variações que, simultaneamente, afetam a relação entre normas jurídicas e esferas sociais. Essas mudanças atingem: a) os pilares da representação tradicional do Estado (soberania, território, povo); b) a imagem externa das normas incluídas na ordem estatal, que parecem cada vez menos consistentes, unitárias e reconhecíveis; c) os principais elementos dos sistemas jurídicos, vistos anteriormente, isto é, o conjunto de estruturas que estabilizam os sistemas regulatórios; o conjunto de atores individuais e coletivos interessados na utilização dessas estruturas, através da inserção, com base em suas necessidades, de elementos inovadores; e o conjunto de critérios capazes de selecionar as possibilidades de decisão; d) as relações renovadas entre direito e economia, direito e política, direito e ciência, que não permitem mais utilizar cláusulas para a leitura da comunicação direito/sociedade testada no passado. Tudo isso traz à tona alguns problemas de difícil resolução.

a) O primeiro problema está particularmente vinculado à relação entre direito e economia. Os fenômenos relacionados à globalização do direito põem em causa as fronteiras tradicionais do Estado, cada vez mais chamado a resolver questões da economia global que possuem dimensões muito maiores do que o seu território. Isso implica maior complexidade estrutural das relações entre direito e sociedade, que desloca a distinção entre normas jurídicas estaduais e regras sociais para fora do Estado. Ao mesmo tempo, a oposição público/privado, já bastante problemática, pela crescente complexidade das relações jurídicas em sistemas individuais, é elaborada pelos novos atores transnacionais da economia global que, com frequência, motivados por interesses privados, contribuem para uma relevância transversal do direito privado e público, como fica evidente nos recentes riscos de catástrofes que atingiram os mercados financeiros globais (Kjaer, Teubner & Febbrajo, 2011).

Nesse contexto, a crise do Estado revela suas raízes econômicas também devido à crescente volatilidade das fontes tradicionais de financiamento. A estabilidade das fontes de tributação, antes vinculadas a ativos indissociáveis, ligados ao território estatal, como terrenos ou edifícios, adquiridos em caso de necessidade identificada e atribuída a certos proprietários, é inevitavelmente diminuída quando grande parte da riqueza do patrimônio dos Estados é acumulada em capital que com facilidade e rapidez pode ser transferido de um continente a outro. Portanto, o Estado que teve o capital efetivamente protegido durante grande parte do século passado perde de maneira inexorável a estabilidade da oferta de recursos financeiros de que há muito tempo desfrutava, sobretudo no Ocidente, onde Constituições capazes de garantir liberdades individuais de empreendimento econômico haviam proporcionado um pré-requisito indispensável para o desenvolvimento econômico (Luhmann, 1965).

Tais questões, que afetam setores "privados" da sociedade mundial, não podem entrar na esfera de controle de um único Estado. Além disso, as tentativas de efetiva regulação das atividades econômicas em nível multinacional, por exemplo, protegendo o exercício da efetiva liberdade de comércio de acordo com princípios como a concorrência, podem apenas em parte receber apoio. Em vista da afirmação, desejada por alguns e temida por outros, de um verdadeiro direito global, para o qual seriam necessários elementos ainda não difundidos, como uma cultura jurídica dotada de adequados níveis de abstração e de adequado poder sancionador, seriam delineadas numerosas áreas nas quais a proteção dos princípios estabelecidos pelas suas respectivas Constituições seria confiada a autoridades internacionais capazes de reunir legisladores nacionais ou conjuntos de regras supranacionais baseadas em procedimentos quase judiciais.

b) O segundo problema diz respeito, acima de tudo, à relação entre direito e política. A complexidade relacional que caracteriza a vida social no Estado agora excede a rígida dicotomia de pertencimento/estranheza construída para o predominante pluralismo intraestatal e, em vez disso, empurra para que seja levado em conta o enfraquecimento do princípio de identidade subjacente ao conceito de povo. A suposta homogeneidade cultural desse conceito com frequência é articulada em uma infinidade de instâncias heterogêneas, difíceis de rastrear de volta a histórias, sensibilidades e memórias comuns. Além disso, na União Europeia, os processos de codificação supranacional em geral são acompanhados pela consolidação de normas regionais que levam em conta regionalismos e localismos (re)emergentes. Nesse caso, ainda mais do que no caso da globalização e internacionalização, podemos falar de fenômenos não apenas econômicos e administrativos, mas também culturais, que a abordagem centrada no Estado não tinha superado completamente.

Tal "regionalismo cultural, não imposto de cima, mas consciente das verdadeiras e profundas razões culturais da diferenciação", deveria "conseguir apresentar marcos comuns em nível nacional" capazes de dar sentido àquele passado multicultural nacional sobre o qual, e aqui a referência é a Itália, "múltiplas culturas urbanas e muitas paisagens culturais deixaram uma 'herança cultural única' no mundo" (Häberle, 2003, p. 91).

Diante de uma pluralidade de identidades, a capacidade da cultura política de produzir símbolos e projetos de interesse geral mostra-se cada vez mais inadequada, também em razão da menor capacidade de mediação dos organismos intermediários tradicionais. Em particular, os partidos políticos burocratizados encontram cada vez mais dificuldades para interceptar novas correntes de opinião com a prontidão necessária, o que favorece o aumento dos pedidos de participação direta nos procedimentos de produção legislativa, nem sempre suficientemente legitimados. Além disso, a disseminação de novos meios de comunicação, que só podem ser minimamente institucionalizados (internet), parece ampliar a possibilidade de uma dupla seleção relacionada a questões e opiniões. Ainda, mesmo na presença de temas gerais capazes de, com o apoio da mídia tradicional, atuar como oportunidade de diálogo além das fronteiras culturais de um Estado, é fácil registrar a fragmentação de opiniões em decorrência da complexidade dos problemas, da variedade de soluções possíveis, da espontaneidade das respostas (Fici, 2002).

c) O terceiro problema diz respeito à relação entre direito e ciência. A proliferação de fontes de conhecimento cada vez mais ricas em dados, nem sempre verificáveis, dificulta cada vez mais, em nível substancial, as decisões das estruturas do Estado e, portanto, dos operadores e do legislador, bem como as previsões dos destinatários das normas. A princípio, é tão difícil estabelecer se e como intervir em questões emaranhadas em termos de causalidade que eles nem sequer reconhecem qual nó deve ser cortado; é difícil prever não apenas como, mas também se determinada questão pode ser juridicamente resolvida (Grimm, *in* Zagrebelsky, Portinaro & Lutero, 1996, pp. 129-66).

Cadeias longas e complexas de conexões de causa-efeito relacionadas ao passado, ou projeções ainda mais desiguais relacionadas ao futuro, podem se tornar juridicamente relevantes, sem oferecer elementos apreciáveis de certeza. Isso leva a um aumento significativo na percepção dos riscos do direito, que se torna superabundante em comparação com a capacidade das estruturas jurídicas de dar respostas e produzir decisões. No entanto, deve-se enfatizar que a sensibilidade aos efeitos das intervenções regulatórias tende agora a ultrapassar as fronteiras dos campos de ação diretamente sujeitos à regulamentação e, portanto, sua capacidade de risco, entendida como uma lacuna entre a certeza esperada e a certeza oferecida institucionalmente, também pode ser percebida em áreas adjacentes àquelas originalmente envolvidas (Ladeur, 2004).

Nesse sentido, é necessário fazer uma distinção entre risco e perigo. Ao contrário do risco, o simples perigo não seria percebido nem avaliado ou quantificado, pois não requer, por mais limitado que seja, o controle do ambiente. Na sociedade atual, a verdadeira novidade não reside tanto na presença e na frequência dos perigos, mas na crescente capacidade de transformá-los em riscos percebidos (Luhmann, 2003; Marinelli, 1993). Obviamente, a distinção não está imune ao condicionamento de fatores culturais que podem contribuir para tornar invisíveis ou subdimensionar situações perigosas, o que impede que sejam percebidas como arriscadas. Basta pensar nos diversos riscos não suficientemente percebidos como tais – o alto número de acidentes de trânsito em determinados dias da semana e em certos horários não impede que muitos jovens dirijam o carro nas situações mais arriscadas – ou os riscos que, embora percebidos como tais, são ignorados com base em condicionamentos e pressões sociais que influenciam o tomador de decisão individual – o fato de que comprar medicamentos sem receita pode causar danos à saúde nem sempre leva a uma redução do seu consumo, embora os custos sejam economicamente relevantes; o alto número de graduados que não encontram trabalho adequado nem sempre direciona as suas escolhas de maneira diferente ao se matricularem na universidade.

Riscos como os ecológicos, que, embora causados pelas pessoas, afetam potencialmente toda a humanidade, parecem difíceis de controlar e com frequência são mencionados sem levar em conta as avaliações feitas pelos fóruns científicos que chamam a atenção para eles de forma unívoca ou, pelo menos, para que possam ser adequadamente combatidos. A crescente sensibilidade aos efeitos manifestos ou latentes do progresso tecnológico, que podem ser entendidos como uma ferramenta universal para adaptar a natureza às necessidades humanas, mas também para manipulá-la de maneira contraproducente ou arriscada em relação às suas necessidades fundamentais, parece destinada a permanecer sem respostas, a menos que se recorra a soluções arriscadas que vão além dos limites da soberania dos Estados individuais (Beck, 1986).

Considerados em conjunto, os problemas que tratamos estão ligados a um aumento da complexidade social, que exige que as relações do direito com a ciência, a economia e a política sejam mais visíveis do que no passado. Eles apontam sumariamente algumas deficiências do modelo de direito tradicional, que exigem: a) estruturas regulatórias mais adequadas aos níveis atuais de globalização para lidar com questões que não coincidem com os limites espaciais do território do Estado; b) atores não mais compreendidos no conceito tradicional de povo, mas inseridos em tendências de caráter cosmopolita; c) critérios de tomada de decisão mais articulados e coordenados, que devem exceder os limites de decisão do Estado, a fim de gerenciar o aumento das incertezas e riscos dentro de uma estrutura regulatória mais ampla. As conexões indicadas aparecem resumidas na Tabela 12.

Tabela 12. Implicações jurídicas dos "novos" problemas sociais

Dimensão dos elementos de Estado	Dicotomias	Objeto	Laços intersistêmicos
Espacial (território)	Da vertical à horizontal	Estrutura	Economia
Relacional (povo)	Da cidadania à rede	Atores sociais	Política
Substancial (soberania)	Da certeza à incerteza	Critério de decisão	Ciência

Diante de um direito que, devido à evidente erosão do papel do Estado, parece cada vez menos dotado de uma organização hierárquica eficiente e de autoridade suficiente, é necessário um retorno ao tema inicial, ou seja, a definição do conceito de direito, agora a ser reexaminado à luz dos problemas que, pelo menos implicitamente, condicionam recentes pesquisas sociológico-jurídicas (Friedman, 1999).

6.2 Endereços de pesquisas emergentes

Os processos de globalização e transnacionais com os quais lidamos exerceram crescente pressão social sobre os sistemas jurídicos que a sociologia do direito não pode ignorar. Comparado à sociologia clássica, deve haver um pluralismo capaz de mudar o centro de gravidade dos problemas e suas causas para fora do Estado. A ênfase da pesquisa passa, assim, de uma sociologia destinada a enfatizar os limites do direito estatal para uma sociologia voltada a identificar as perspectivas de um direito pós-estatal emergente. Essa mudança de perspectiva foi pontualmente sublinhada no trabalho realizado pelos sociólogos jurídicos nas últimas duas décadas (Arnaud, 2013; Cotterrell, 2013). Nesse período, o foco passou de uma perspectiva voltada para a instrumentalidade do direito, direcionada sobretudo à pesquisa, que busca melhorar o desempenho do aparato estatal, para uma perspectiva baseada na redefinição da atuação do direito, voltada sobretudo para o esclarecimento do papel do direito estatal, agora abertamente confrontado por um novo pluralismo fora do Estado. Estamos, portanto, testemunhando o crescimento de um transnacionalismo jurídico que concentra a atenção dos sociólogos do direito em um direito ainda incipiente, com fronteiras indefinidas.

Tabela 13. Novos endereços de pesquisa

Dimensão	Perspectiva clássica	Perspectiva contemporânea
Espacial	Institucionalização interna	Institucionalização generalizada
Relacional	Multiculturalismo limitado	Multiculturalismo ilimitado
Substancial	Regulação unitária	Regulação fragmentada

Ao mesmo tempo, a cultura jurídica também foi atravessada por uma multiplicidade de correntes e direções, que atestam a grande necessidade de rever as lentes tradicionais de observar o direito, abandonando uma visão centrada no Estado. Tendo em vista os poderes limitados disponíveis para Estados individuais, para um Maquiavel do século XXI, um poder regulador que realmente atenda aos problemas a serem enfrentados em âmbito internacional deve exigir a transferência de ações soberanas em favor de um superpríncipe que, portanto, seria capaz de governar uma sociedade soberana de forma não apenas jurídica, mas também eficaz, eficiente e adequada. No entanto, a institucionalização de uma *reductio ad unum* do poder anteriormente atribuído ao Estado parece um empreendimento muito difícil, pois precisa lidar com uma série de canais que tomam o poder do Estado e o desviam para outras instituições, sem um desenho unitário.

Os dois pontos de vista, o sociológico, próprio de um observador externo, e o jurídico, próprio dos operadores internos, podem, portanto, ser combinados em um modelo de direito mais amplo, no qual as diretrizes de pesquisa convergem influenciadas pelas opiniões do público[1], que desempenham importante papel na formação do clima cultural no qual ocorre o cotidiano do direito. Com isso, os novos problemas, substanciais, espaciais e relacionais, passariam a ser abordados sob a perspectiva transnacional emergente, concentrando a atenção: a) em uma institucionalização generalizada, devido ao colapso das fronteiras anteriores re-

---

[1] Essa direção de pesquisa há muito atrai a atenção de vários estudiosos: Podgórecki *et al.* (1973); Tomeo, Cerutti & Biancardi (1975); Carzo (1977); Giasanti & Maggioni (1979); Supiot (1990); Commaille (1994). Deve-se lembrar também que recentemente ganhou autonomia uma linha de investigação particularmente promissora que considera não apenas as opiniões do público, mas também as obras literárias, um indicador privilegiado das culturas jurídicas presentes em determinados contextos sociais (ver, por exemplo, Ward, 1995, e Mittica, 1996).

lacionadas ao Estado; b) em um multiculturalismo ilimitado, conectado a uma névoa de identidades culturais em vastas regiões do globo; c) em uma regulamentação fragmentada, devido ao excesso de complexidade externa que as estruturas jurídicas não podem mais reduzir de maneira coerente e unitária.

a) **Institucionalização generalizada.** A mudança no equilíbrio da relação entre direito e economia, tradicionalmente organizada pelos Estados, já evidenciou "uma ruptura significativa em relação ao período da história europeia marcado pela absoluta preeminência do Estado. A globalização representa uma espécie de fuga da economia do contêiner estatal e uma tendência em afirmar sua autonomia e autossuficiência em relação ao processo político" (Ferrarese, 2000, 2002; ver também Heydebrand, 2001; Marconi, 2002).

No impulso da globalização, espalhou-se uma *lex mercatoria* renovada, que de fato excede as áreas de soberania dos Estados, apresentando-se como uma espécie de metarregulação destinada a controlar, além das fronteiras estaduais, um tráfego internacional cada vez mais intenso, devido à presença simultânea, em diversos contextos nacionais, de sujeitos capazes de evitar controles efetivos por parte de Estados individuais. O quadro comum da chamada "globalização" altera, em particular, as condições em que as formas de pressão de alguns Estados em relação a esses atores econômicos são implementadas, sobretudo quando os conflitos são tão importantes que não podem ser resolvidos através da mediação de órgãos de terceiros. Ao mesmo tempo, as frentes dos conflitos entre Estados estão se tornando mais fluidas do que no passado, principalmente devido à crescente heterogeneidade dos países industrializados e às diferentes cadências de seus ciclos econômicos, que permitem o rápido surgimento de Estados destinados a desempenhar um papel não mais de coadjuvantes no cenário do comércio mundial (Galgano, 2005).

Embora o papel dos Estados no cenário internacional precise ser redesenhado, deve-se levar em conta que a economia não pode prescindir de um direito ainda amplamente produzido pelos Estados, seja de maneira individual ou dentro de comunidades de diferentes tamanhos. O quadro geral de referência, portanto, parece ser o de uma transição gradual de um estatismo do passado, não totalmente morto, para um pós-estatismo do presente, ainda a ser definido, que reconhece que os Estados têm um papel em muitos aspectos relevantes, mas não decisivos (Sassen, 2007).

Nesse contexto, embora o uso de conflitos de guerra seja cada vez mais improvável, devido aos desequilíbrios intransponíveis entre os aparatos militares, se ainda ocorrerem, como razão extrema, tenderão a se tornar um instrumento para resolver, possivelmente com o apoio da comunidade internacional e de forma local e indireta, questões direta ou indiretamente econômicas, porém ligadas a um renascimento de diferentes modos daquela organização oligárquica que durante séculos orientou as relações internacionais (Febbrajo & Gambino, 2013; Fischer Lescano & Teubner, 2004).

Nesse contexto, a controversa constitucionalização da proibição dos déficits financeiros no âmbito estadual da União Europeia pode ter o efeito preventivo de atribuir legitimidade às intervenções destinadas a limitar o gasto público, ou a função terapêutica de justificar intervenções drásticas em situações em que a dívida já acumulada deve ser reduzida a estágios forçados, e mesmo assim confirma, em nível simbólico, a ambiguidade das limitações da ação de cada Estado pela União Europeia, na medida em que ela pretende impor externamente aos Estados a internalização de compromissos em nível constitucional, apresentando-os como limites internos (Bifulco & Roselli, 2013).

b) **Multiculturalismo ilimitado.** A presença de atores sociais com posição indeterminada no cenário político, devido à heterogeneidade cultural, torna-se mais visível pela circulação acelerada de indivíduos em um espaço agora transnacional. Em particular, eventos como as recentes ondas de migração, produto de múltiplos fatores (Mancini, 1998; Belvisi, 2000; Facchi, 2001), tornam o conceito de "cidadania" ainda mais fluido. Há situações de marginalização que chegam a criar verdadeiros subsistemas delimitados étnica e culturalmente por fronteiras que, por um lado, afastam aqueles que fazem parte deles de qualquer controle e, portanto, representam uma ameaça potencial para a proteção da segurança do restante da população e, por outro lado, não garantem o pleno gozo dos direitos básicos àqueles que fazem parte desses subsistemas (Marci, 2008).

Nesse contexto, também são propostas questões como a expansão limitada dos processos de democratização em nível global, para os quais ainda não se desenvolveu uma cultura adequada, devido à desproporção entre a vastidão transnacional da dimensão do problema e os instrumentos jurídicos disponíveis, que ainda estão sendo utilizados para problemas muito mais limitados (Morlino, 2003). No que diz respeito à União Europeia, a padronização dos novos Estados-membros com base nesses requisitos, muitas vezes como resultado de uma adaptação ao acervo comunitário em relação aos princípios de abrangência universal, mostra-se potencialmente contraditória.

Essas diferentes formas de padronização, baseadas em uma cultura jurídica "futurista", caracterizada pela aspiração a uma dimensão transnacional e a um alcance universal, estimularam o ressurgimento de culturas jurídicas "tradicionais" voltadas para o passado e caracterizadas por raízes fortes e bem consolidadas na história e na identidade de cada país. Dessa maneira, foi possível testemunhar um crescimento simultâneo de direitos locais e universais, ao contrário do que um simples raciocínio em termos de vasos comunicantes poderia sugerir (Febbrajo & Sadurski, 2010).

Por outro lado, essas formas de padronização são recusadas de várias maneiras pela cultura jurídica interna, que com frequência coleta e relata estímulos e sensibilidades sociologicamente orientados no campo da ciência jurídica oficial, questões como a relação entre liberdade de imprensa e privacidade, ou entre técnica e moral, que se referem a problemas mais gerais, relacionados aos direitos já não do homem cidadão, mas do homem como tal, tendo em vista sobretudo a proteção de sua esfera irreprimível de liberdade (Rodotà, 2012). A busca por valores que atuam como uma bússola em nível transnacional, no entanto, torna-se tão urgente que um conceito como o de "pessoa" é usado repetidamente e definido à luz de uma esfera de direitos intangíveis de natureza jurídica e extrajudicial, apresentados como incompatíveis com uma aceitação dos efeitos produzidos pelas leis positivas e dos pedidos relacionados ao progresso da sociedade (Rescigno, 1987; Perlingeri, 2003).

c) **Regulamentação fragmentada**. A escala dos problemas associados à globalização requer uma cooperação internacional mais estreita, pois o conceito de soberania do Estado individual não pode ser deixado intacto, tanto que na época atual devemos falar em soberania limitada. De fato, para uma série de questões regulatórias, uma ação isolada, limitada ao potencial de um único Estado, não é proporcional ao tamanho das questões a abordar, mas requer colaboração internacional que consiga impor limites de decisão em troca de melhores resultados práticos e menores riscos de falha (MacCormick, 2002; Walker, 2006).

No que diz respeito às estratégias regulatórias, o gerenciamento de riscos elevados, com o uso de ferramentas de tomada de decisão ineficazes, pode favorecer uma cultura jurídica de detalhes, difundida sobretudo na União Europeia, com o objetivo de reduzir as margens de incerteza na aplicação das normas. Dessa forma, busca-se promover uma interpretação burocrática-impessoal, aparentemente capaz de superar as diferenças culturais de possíveis intérpretes com base no pressuposto de que, quanto mais precisas forem as normas, maior a previsibilidade do controle que elas conseguirão alcançar. Também é possível priorizar a transferência de risco do autor das normas para o intérprete e a partir daí para o destinatário, como é o caso do uso de um genérico princípio de precaução que, substancialmente baseado em uma não decisão, também parece adaptado para defender, diante dos sujeitos diretamente expostos a possíveis riscos, os aparatos burocrático-administrativos que carregam o ônus de tomar decisões arriscadas, mesmo não dispondo dos dados necessários (Ladeur, 2006; Feenan, 2002).

Mais importante, a mudança de ênfase do governo para a governança, em vários níveis, levou a uma maior demanda de participação que, em muitos casos, está destinada a permanecer insatisfeita (D'Albergo & Segatori,

2012; Ferrarese, 2010; Costabile, Fantozzi & Turi, 2006). De fato, quando a incerteza de uma decisão não pode ser resolvida fora da esfera jurídico-institucional (como é o caso da realocação de plantas potencialmente prejudiciais à saúde "em outros lugares"), o recurso à consulta poderá não ser conclusivo se não deixar prevalecer o interlocutor politicamente mais forte (Spina, 2009).

Do ponto de vista sociológico, no entanto, o direito estatal não é a única estrutura capaz de desempenhar a função de regular e absorver riscos. Em comparação com a gestão de riscos, que envolve quase todas as instituições sociais, de diferentes maneiras, ele pode ser considerado uma estrutura residual, no sentido de que apenas é chamado a intervir para regular os riscos que outras estruturas sociais não conseguem regular de maneira legítima, generalizável e não confrontante.

A família, por exemplo, como grupo original, tradicionalmente desempenha a função de proteger seus membros dos riscos fundamentais da existência, proporcionando, em tempos de necessidade, não apenas apoio econômico, mas também psicológico. A proteção contra possíveis riscos requer uma vasta rede de proteção que, para desempenhar uma função substituta em relação à família, vem sendo cada vez mais confiada a soluções espontâneas e participativas provenientes de diferentes jurisdições que não do Estado. Dessa maneira, é possível recorrer a instituições caracterizadas por uma orientação moral e não jurídica, como no caso de agências sem fins lucrativos (Donati & Colozzi, 2004).

Em geral, na consciência das muitas fontes de indecisão que tornam o direito não apenas incerto quanto aos efeitos produzidos e, portanto, inseguro, mas também incerto quanto ao conteúdo da decisão e, portanto, imprevisível, chegamos a sugerir abertamente um distanciamento gradual e cada vez mais aberto do mito da segurança jurídica. Isso não pode mais ser assegurado de modo satisfatório com o emprego de estratégias univocamente técnico-jurídicas para reduzir a intervenção de influências culturais externas nas estruturas jurídicas, mas deve ser substituído pela função latente e muito mais realista de manter a incerteza dentro de margens suportáveis. A consequência disso foi o surgimento de um verdadeiro "niilismo jurídico" que, observando que "nada é mais firme e necessário", considera que, nos casos em que outras decisões não são possíveis e torna-se arriscado não decidir, a lei é forçada a deixar "os antigos limites dos códigos", sem se importar mais com o "valor da unidade" do ordenamento (Irti, 2004).

A premissa comum dessas diretrizes de pesquisa, ou seja, o enfraquecimento do direito estatal e a crescente conscientização em relação à inadequação do controle centralizado, aumenta a importância de papéis "intersticiais" que, dentro e fora do ordenamento, desempenham a função de verdadeiros mediadores entre diferentes culturas. As competências mais articuladas que o direito parece ter em relação a outros sistemas regulatórios não jurídicos tendem a atribuir a ele a tarefa não de simplesmente impor ordens ou diretrizes, mas de combinar uma série de níveis de regulamentação: a regulação dos fatos pelas normas; a regulação de normas por culturas jurídicas; a regulação das culturas jurídicas por valores que, por sua vez, permitem decifrar fatos sociais.

Nesse contexto, as profissões jurídicas desempenham papel decisivo para a proteção transcultural do valor da justiça, assim como outras ordens profissionais o fazem em relação a outros bens (por exemplo, a ordem dos médicos e o bem da saúde). Esses serviços fundamentais são sustentados e orientados por um conjunto de conhecimentos, bem como por códigos de ética (Febbrajo, 1987a; Danovi, 2000) que podem permitir extensas áreas de substituição do Estado, compensando, ainda que em parte, as disfunções crônicas para assumir as funções essenciais de resolução de conflitos e mediação cultural (Schultz & Shaw, 2003).

Também não se deve esquecer que a perda generalizada de confiança na capacidade do direito de resolver os conflitos a ele sujeitos de forma justa e dentro de prazos aceitáveis causa uma crescente propensão a contornar os longos e arriscados instrumentos da justiça comum e usá-los, talvez também de modo arriscado, mas sem dúvida em tempo menor, no lugar daqueles de uma justiça informal baseada em soluções consensuais também em nível transnacional (Feenan, 2002; Matthews, 1988; Abel, 1982).

6.3 Para uma sociologia do direito crítica

A crescente consciência do declínio do Estado e a necessidade de analisar esse processo utilizando um conceito adequado de direito não podem deixar de influenciar o desempenho da tarefa "crítica" que a sociologia do direito vem tentando realizar, desde os seus primórdios. Se criticar significa analisar um objeto de estudo com o uso de ferramentas externas, a sociologia do direito é em si crítica, já que, estudando o direito por um ângulo sociológico, é capaz de compreender conexões que mesmo aqueles que operam dentro do próprio direito nem sempre conseguem perceber, como peixes que não veem a água em que estão imersos (Febbrajo, 1984).

Na atual fase, caracterizada por uma grande heterogeneidade das abordagens disponíveis, o que paradoxalmente parece coincidir com um êxtase na produção de novas ofertas teóricas, não se deve, contudo, ter receio de prosseguir com enxertos e hibridizações, na esperança de alcançar resultados estimulantes para o desenvolvimento de futuras pesquisas. A anedota do bêbado que procurou as chaves de sua casa sob um poste de luz é bem conhecida, e quando questionado por que olhou ali, respondeu que era a única parte iluminada da calçada. A resposta, sem dúvida desarmante, pode fazer sorrir, mas pede que se evitem encontros produzidos por modas e que se tente mover, sempre que possível, sob novas luzes da rua. A sociologia do direito deve, portanto, dar mais alguns passos, tentando mover as pedras não removidas que encontra em seu caminho, sem medo de tropeçar por falta de iluminação.

Isso, é claro, também requer uma disposição adequada à aprendizagem por parte do sociólogo do direito. Independente dos objetos escolhidos, a intensificação da pesquisa pode ajudar a superar um grande obstáculo do desenvolvimento de qualquer disciplina sociológica, ou seja, a interação insuficiente entre pesquisa teórica e pesquisa empírica. Tal interação, se realmente aberta a correções de ambos os lados, pode trazer benefícios cognitivos significativos, de modo que a pesquisa empírica não apenas comprove uma hipótese teórica já conhecida, mas também faça o ponto de partida da pesquisa coincidir necessariamente com o da chegada.

Para que uma sociologia do direito crítica seja assim entendida, algumas precondições devem ser observadas:

a) A sociologia do direito deve interpretar a linguagem dos fatos, colocando-a em uma estrutura normativa de referência, na consciência de que os chamados "fatos do direito" não são imediatamente conhecidos pelo pesquisador, mas tornam-se conhecidos apenas no contexto de uma conexão sensorial estabelecida de acordo com as necessidades e com base em alguma referência regulatória. Se houver falta de conexão, a qualidade da pesquisa empírica ficará comprometida e os sociólogos do direito não serão capazes de compreender as razões jurídicas dos fatos estudados. Para que isso ocorra, é necessário passar, pelo menos implicitamente, de um conceito de direito que inclua um direito extralegislativo e extraestatal e que, no entanto, refira-se a um escopo mais amplo do conceito usual do direito centrado no Estado dos juristas.

A heterogeneidade de perspectivas das quais a capacidade crítica da abordagem sociológico-jurídica depende em relação ao seu objeto não implica, portanto, um contraste absoluto com o mundo das normas jurídicas.

Uma das razões que sustentaram as fortunas da sociologia do direito foi o fato de os operadores do direito proporem uma forma diferente de conhecer os ordenamentos jurídicos, capaz de superar as recorrentes crises de identidade de sua cultura e ajudá-los a decidir melhor, ou pelo menos de maneira mais consciente. Da mesma forma, uma sociologia da educação não pode ignorar o padrão de educação adotado pelos educadores, e uma sociologia da religião não pode ignorar o modelo religioso dos sacerdotes. De fato, quaisquer diferenças nesses modelos e em outros (por exemplo, em relação aos estudantes ou aos fiéis) podem constituir uma ferramenta útil para entender o funcionamento das instituições a eles relacionadas.

b) A pluralidade de possíveis abordagens críticas é evidenciada pela mesma sociologia do direito que, ao longo de sua história, mudou o foco de sua pesquisa de acordo com as situações em que os autores individuais operam. Passando de um "contraste" explícito com relação às ciências jurídicas tradicionais para a crítica do direito positivo, foi alavancada a gênese de um direito cujo centro de gravidade também se encontra sobretudo fora do Estado (Ehrlich); a conexão entre diferentes culturas que conseguem se reconciliar na sociedade moderna, produzindo normas legítimas (Weber); o acúmulo quantitativo de comportamentos individuais que estatisticamente produzem normas de sanção (Geiger); a possibilidade de produzir direito dentro de um sistema cuja lógica é decifrada por uma "iluminação sociológica" (Luhmann); a possibilidade de impedir o direito de reduzir as habilidades expressivas de sujeitos imersos em comunicações intersistêmicas (Habermas).

Não é por acaso que a sociologia do direito historicamente tem variado os métodos de realização de sua vocação crítica e se apresentado como heterogênea em relação à cultura jurídica oficial, adotando instrumentos que, dentro de uma pluralidade de abordagens, sugerem diferentes objetivos de pesquisa a serem utilizados de forma "multidimensional" (Podgórecki & Loś, 1979).

Devemos agora nos perguntar até que ponto as propostas apresentadas podem ser usadas para abordar criticamente a situação atual. O contraste entre as regras sociais e o direito estatal continua válido, apesar do enfraquecimento deste último, e muitas das propostas teóricas subsequentes, sobretudo nesta fase atual de globalização, demonstram a necessidade de pesquisas que permitam avaliar antecipadamente as dificuldades de aplicação e os custos sociais das intervenções regulatórias em diversos níveis em que o direito é chamado a intervir.

c) Para garantir a implementação satisfatória de suas múltiplas tarefas críticas, a sociologia do direito não pode permanecer isolada, mas deve necessariamente estar aberta a contribuições de disciplinas a ela relacionadas. Em outras palavras, é importante que não se isole em si mesma comprometendo sua vocação interdisciplinar e sua potencial capacidade crítica, limitando em excesso seus instrumentos e suas perspectivas.

Em particular, a sociologia do direito pode manter relações úteis com a teoria do direito que, sendo capaz de perceber diretamente as orientações da cultura jurídica interna, desempenha a tarefa essencial de desenvolver as autorrepresentações do direito consideradas mais adequadas[2]; com a sociologia política, que representa um ponto de referência obrigatório para enfrentar os problemas cruciais da legitimidade política das normas e o papel efetivo do poder estatal em diferentes sistemas políticos[3]; com a história do direito, que contribui para fazê-los adquirir aquele desapego temporal e a perspectiva comparativa que pode evitar tentações ideológicas ou crônicas[4]; e com a filosofia e a antropologia do direito, a fim de poder se adequar ao tema fundamental da interpretação das necessidades dos destinatários das normas, começando pela necessidade fundamental de justiça para a qual os diferentes sistemas jurídicos são aparentemente orientados, embora se distingam nas diversas estratégias adotadas[5].

---

[2] Para uma tentativa de estabelecer um léxico comum entre teoria e sociologia do direito, ver Arnaud (1993), Macedo Junior (2017) e Vesting (2015).

[3] Um tratamento sociológico-jurídico bem-sucedido centrado no conceito de poder encontra-se em Chambliss e Seidman (1971). Sobre o mesmo tema, ver também Strazzeri (2003).

[4] Sobre a importância de abrir a sociologia do direito aos estudos da história do direito, ver Dilcher & Horn (1978), Febbrajo (1984) e Lopes (2014).

[5] Para uma discussão conjunta das disciplinas, intimamente relacionadas entre si, ver por exemplo Díaz (1971). Essa conexão é exemplificada pelo próprio trabalho de Treves (ver Tanzi, 1988).

Tudo isso pode ser feito de forma mais incisiva, desagregando o lado jurídico da sociologia do direito, de modo que leve em conta as especificidades dos diferentes ramos do direito positivo, incluídos na mesma ordem, mas caracterizados por diferentes estágios de abertura ao mundo dos fatos sociais. Houve épocas de grande sensibilidade sociológica no direito do trabalho, que nem sempre coincidiram com passos semelhantes na sociologia do direito administrativo ou do direito constitucional.

A sociologia do direito pode ser proposta como uma contribuição que amplia as perspectivas disciplinares também do lado sociológico e, portanto, permite ter uma sociologia (política) do direito constitucional ou uma sociologia (econômica) do direito do trabalho. Além disso, é evidente que, no triângulo do direito, a política e a economia podem encontrar pontos de encontro proveitosos para juristas e sociólogos interessados em aprofundar as mesmas questões.

Por outro lado, as questões específicas aqui tratadas devem ser abordadas não apenas a partir da experiência de cada país. Deve-se evitar, portanto, falar de uma sociologia "italiana" (ou "brasileira") do direito, mas em mais de uma sociologia do direito "italiano" (ou "brasileiro"), não fechada para a comparação com tópicos semelhantes tratados no âmbito de outras tradições histórico-culturais[6]. Parece desnecessário acrescentar, nesse contexto, que a saída de um quadro nacional ainda é exigida por um conceito jurídico caracterizado por um escopo transnacional

---

[6] Uma possível convergência das várias sociologias nacionais para temas e hipóteses teóricas comuns, obviamente com diferentes soluções concretas, tem sido destacada por Treves (1966, 1968).

e, às vezes, universal. No entanto, isso não deve nos fazer esquecer que a ampliação das questões não corresponde necessariamente a um aprimoramento adequado das lentes disponíveis.

d) Finalmente, deve-se notar que uma sociologia do direito não poderá ser crítica se não for também autocrítica. A sociologia do direito contemporâneo está ciente de que, fora de certas áreas políticas, econômicas e juridicamente homogêneas, é fácil encontrar realidades profundamente diferentes que não compartilham as mesmas coordenadas interpretativas e, portanto, é possível que objetos de pesquisa não relacionados a uma cultura sejam abordados a partir de uma espécie de etnocentrismo maligno oculto que se estende às nossas nobres, mas não generalizáveis, categorias mentais relacionadas à ligação entre o direito e a sociedade em culturas distantes das europeias e ocidentais.

Para evitar o perigo de simplificações e aprovações excessivas, que levam à repetição dos mesmos passos explicativos por força da inércia, deve-se lembrar que o direito de muitos países segue linhas de desenvolvimento completamente diferentes e conhece diversas condições de eficácia.

Esta abordagem relativística lembra a abordagem de Renato Treves que, não surpreendentemente, reserva um lugar importante para um pluralismo metodológico, teórico e disciplinar, no âmbito de uma visão comparativa da sociologia do direito:

> O sociólogo do direito deve, antes de tudo, estar ciente de que a avaliação ético-política se refere a valores e concepções gerais da sociedade que não possuem um caráter absoluto e de-

finitivo, mas um caráter relativo e temporário, condicionado por fatores históricos, sociológicos, psicológicos e assim por diante. A sociologia do direito de que estamos falando também deve trazer à tona esses valores e concepções que frequentemente intervêm no estado latente.

Em suma, a vocação da sociologia do direito não consiste em criticar a sociedade quando ela não se adapta às representações autolegitimadoras do direito nem em criticar o direito quando este não se adequa às expectativas simplificadoras da sociedade. Consiste em observar o observador por suas próprias lentes específicas para identificar, por meio dessa observação de segundo nível, os obstáculos que, no contexto dos elevados níveis de complexidade alcançados pela diferenciação sistêmica, tornam mais difícil o recíproco adequamento da sociedade e do direito.

Uma última observação: a necessária interpenetração das duas dimensões, a da "crítica" e a da "autocrítica", de particular relevância para a sociologia do direito, que, como vimos, é parte integrante da cultura jurídica que estuda e aborda o modelo sociológico do direito crítico de que Treves fala, ao que Alvin Gouldner chama de sociologia "reflexiva" ou "radical". Essa sociologia não é constituída, diz Gouldner (1970), simplesmente por uma crítica ao mundo exterior. "O teste decisivo de uma sociologia radical não é dado por sua atitude em relação a problemas distantes da vida do sociólogo" (Gouldner 1970; trad. 1972, pp. 726 ss.), mas a qualidade de seu radicalismo também deve vir à tona pela maneira como "reage dia a dia às disfunções do ambiente cotidiano". À luz dessa forma autocrítica de argumentar, o estudante que grita palavras de ordem nas manifestações em apoio a revoluções no exterior, mas não faz nada para mudar a situação da universidade em que vive, ou o professor que denuncia o imperialismo, mas não se esforça para entender seus alunos, revelam uma descontinuidade entre teoria e prática, que contrasta, como em uma dupla moral, o que é "pessoal" ao que é "público e coletivo".

A disposição para preferir os custos que cada escolha coerente implica às vantagens, em geral reconhecidas na nossa sociedade, por aqueles que apenas imitam tais atitudes, pode ser justificada não apenas em termos éticos, mas também funcionais, como ferramenta indispensável para garantir credibilidade e prestígio a qualquer pesquisa sociológica capaz de ser conscientemente "crítica".

REFERÊNCIAS BIBLIOGRÁFICAS

ABEL, R. L. *The Politics of Informal Justice*. New York: Academic Press, 1982.

ABEL, R. L.; LEWIS, P. S. C. (org.). *Lawyers in Society*. Berkeley, Calif.: University of California Press, 1988. 3v.

ADLER, M. *Die Staatsauffassung des Marxismus. Ein Beitrag zur Unterscheidung von soziologischer und juristischer Methode*. Wien, Verlag der Wiener Volksbuchhandlung, 1992.

ALEXANDER, L. (org.). *Constitutionalism. Philosophical Foundations*. Cambridge: Cambridge University Press, 1998.

ALSTON, P.; BUSTELO, M.; HEENAN, J. (org.). *The EU and Human Rights*. Oxford: Oxford University Press, 1999.

ALTHUSSER, L. *Lénine et la philosophie*. Paris: Maspero, 1969.

ANDRINI, S. *La pratica della razionalità. Diritto e potere in Max Weber*. Milano: Angeli, 1990.

ARNAUD, A.-J. *Critique de la raison juridique*. Paris: Librairie Générale de Droit et de Jurisprudence, 1981.

ARNAUD, A.-J. (org.). *Dictionnaire encyclopédique de theorie et de sociologie du droit*. 2. ed. Paris-Bruxelles: Librairie Générale de Droit et de Jurisprudence, 1993.

ARNAUD, A.-J. The Transplanetary Journey of a Legal Sociologist. *In*: FEBBRAJO, A.; HARSTE, G. (2013).

ASHBY, W. R. *An Introduction to Cybernetics.* London: Chapman & Hall, 1956.

ATIENZA, M. *Introducción al derecho.* Alicante: Universidad de Alicante, 1998.

AUBERT, V. Alcune funzioni sociali della legislazione. *Quaderni di Sociologia*, XIV, 1965, pp. 313-38.

AUBERT, V. (org.). *Sociology of Law. Selected Readings.* Harmondsworth: Penguin, 1969.

BALLONI, A.; MOSCONI, G.; PRINA, F. *Cultura giuridica e attori della giustizia penale.* Milano: Angeli, 2004.

BALOSSINI, C. E. *La rilevanza giuridica delle regole sociali.* Milano: Giuffrè, 1980.

BARATTA, A. *Criminologia critica e critica del diritto penale.* Bologna: Il Mulino, 1982.

BARBERA, A. *Le basi filosofiche del costituzionalismo.* Roma-Bari: Laterza, 1997.

BARCELLONA, P. (org.). *L'uso alternativo del diritto.* Roma-Bari: Laterza, 1973.

BARCELLONA, P.; HART, D.; MÜCKENBERGER, U. *L'educazione del giurista. Capitalismo dei monopoli e cultura giuridica.* Bari: De Donato, 1973.

BECK, U. *Risikogesellschaft auf dem Weg in eine andere Moderne.* Frankfurt a.M.: Suhrkamp, 1986.

BELVISI F. *Società multiculturale, diritti, costituzione. Una prospettiva realista.* Bologna: Clueb, 2000.

BETTINI, R. *Il circolo vizioso legislativo. Efficacia del diritto ed efficienza degli apparati pubblici in Italia.* Milano: Angeli, 1983.

BETTINI, R. (org.). *Informale e sommerso. Devianza, supplenza e cambiamento in Italia.* Milano: Angeli, 1987.

BIFULCO, R.; ROSELLI, O. (org.). *Crisi economica e trasformazione della dimensione giuridica. La costituzionalizzazione del pareggio di bilancio tra internazionalizzazione economica, processo di integrazione europea e sovranità nazionale.* Torino: Giappichelli, 2013.

BISI, R. (org.). *Vittimologia. Dinamiche relazionali tra vittimizzazione e mediazione*. Pref. di A. Balloni. Milano: Angeli, 2004.

BLACK, D. *The Behavior of Law*. New York: Academic Press, 1976.

BLANKENBURG, E.; KLAUSA, E.; ROTTLEUTHNER, H. (org.). Alternative Rechtsformen und Alternativen zum Recht. *Jahrbuch für Rechtssoziologie und Rechtstheorie*, 6, 1980.

BOBBIO, N. *Teoria della norma giuridica*. Torino: Giappichelli, 1958.

BOBBIO, N. *Teoria dell'ordinamento giuridico*. Torino: Giappichelli, 1960.

BOBBIO, N. *Giusnaturalismo e positivismo giuridico*. Milano: Edizioni di Comunità, 1965.

BOBBIO, N. Max Weber e Hans Kelsen. *Sociologia del Diritto*, VIII, 1, 1981, pp. 135-54.

BORUCKA-ARCTOWA, M. *Die gesellschaftliche Wirkung des Rechts*. Berlin: Duncker & Humblot, 1975.

BRUINSMA, F.; NELKEN, D. (org.). *Explorations in Legal Cultures*. Gravenhage: Reed Business, 2007.

CALABRESI, G. *The Costs of Accidents. A Legal and Economic Analysis*. New Haven, Conn.: Yale University Press, 1970.

CALAMANDREI, P. *Questa nostra Costituzione*. Milano: Bompiani, 1995.

CAMPILONGO, Celso Fernandes. *O direito na sociedade complexa*. São Paulo: Max Limonad, 2000.

CAMPILONGO, Celso Fernandes. *Interpretação do direito e movimentos sociais*. Rio de Janeiro: Elsevier, 2012.

CANARIS, C.-W. *Systemdenken und Systembegriff in der Jurisprudenz, entwickelt am Beispiel des deutschen Privatrechts*. Berlin: Duncker & Humblot, 1969.

CAPOGRASSI, G. *Il problema della scienza del diritto*. Ed. rev. e org. por P. Piovani. Milano: Giuffrè, 1962 (1. ed., 1937).

CAPPELLINI, P. *Systema juris. Genesi del sistema e nascita della scienza delle pandette*. Milano: Giuffrè, 1984-5.

Carbonnier, J. *Flexible droit. Textes pour une sociologie du droit sans rigueur*. 4. ed. Paris: Librairie Générale de Droit et de Jurisprudence, 1979.

Carbonnier, J. *Sociologie juridique*. 3. ed. Paris: Colin, 1994.

Carcaterra, G. *Il problema della fallacia naturalistica. La derivazione del dover essere dall'essere*. Milano: Giuffrè, 1969.

Carcaterra, G. *La forza costitutiva delle norme*. Roma: Bulzoni, 1979.

Carrino, A. *L'ordine delle norme. Politica e diritto in Hans Kelsen*. Napoli: Edizioni Scientifiche Italiane, 1984.

Carrino, A. *Fatto e valore nella sociologia del diritto. Saggi sulla scienza sociale tedesca tra Vienna e Weimar*. Napoli: Edizioni Scientifiche Italiane, 1992.

Carzo, D. *La società codificata. Simboli normativi e comunicazione sociale*. Bari: Cacucci, 1977.

Cassese, S. *Cultura e politica del diritto amministrativo*. Bologna: Il Mulino, 1971.

Cassese, S. *Il diritto globale. Giustizia e democrazia oltre lo Stato*. Torino: Einaudi, 2009.

Cassese, S. *La democrazia e i suoi limiti*. Milano: Mondadori, 2017.

Castellano, C.; Pace, C.; Palomba, G.; Raspini, G. *L'efficienza della giustizia italiana e i suoi effetti economico-sociali*. Bari: Laterza, 1970 (1968).

Castignone, S. *La macchina del diritto. Il realismo giuridico in Svezia*. Milano: Edizioni di Comunità, 1974.

Chambliss, W. J.; Seidman, R. B. *Law, Order and Power*. Reading, Mass.: Addison-Wesley, 1971.

Chiassoni, P. *Law and Economics. L'analisi economica del diritto negli Stati Uniti*. Torino: Giappichelli, 1992.

Clark, D. S. Italian Styles. Criminal Justice and the Rise of an Active Magistracy. *In*: Friedman, L. M.; Pérez Perdomo, R. (org.). *Legal Culture in the Age of Globalization. Latin America and Latin Europe*. Stanford, Calif.: Stanford University Press, 2003, pp. 238-84.

COASE, R. H. *The Firm, the Market and the Law*. Chicago, Illinois: University of Chicago Press, 1988.

COHEN, G. A. *Karl Marx's Theory of History*. Oxford: Oxford University Press, 1978.

COHEN, M. R. *Law and the Social Order*. Hamden, Connecticut: Archon Books, 1967.

COLLINS, H. *Marxism and Law*. Oxford: Oxford University Press, 1982.

COMMAILLE, J. *L'exercice de la fonction de justice comme enjeu de pouvoir entre justice et médias*. Droit et Société, XXIV, 1994, pp. 11-8.

COMMAILLE, J. *Misères de la famille, question d'État*. Paris: Presses de la Fondation Nationale de Sciences Politiques, 1996.

COMTE, A. *Cours de philosophie positive*. Org. de E. Littré. Paris: Borrani et Droz, 1835-52. 6v. (1864).

CONTE, A. G. Parerga Leibnitiana. *In*: MARTINO, A. A.; MARETTI, E.; CIAMPI, C. (org.). *Logica, informatica, diritto*. Firenze: Le Monnier, 1978, pp. 245-55.

CONTE, A. G. Konstitutive Regeln und Deontik. *In*: MORSCHER, E.; STRANZINGER, R. (org.). *Ethik. Grundlagen und Anwendungen*. Wien: Hölder-Pichler-Tempsky, 1981.

CONTE, A. G. Minima deontica. *Rivista internazionale di filosofia del diritto*, LXV, 1988, pp. 425-75.

COSTA, P. *Lo stato immaginario. Metafore e paradigmi nella cultura giuridica italiana fra Ottocento e Novecento*. Milano: Giuffrè, 1986.

COSTABILE, A.; FANTOZZI, P.; TURI, P. (org.). *Manuale di sociologia politica*. Roma: Carocci, 2006.

COSTANTINO, S. *Criminalità e devianze. Società e divergenze, mafie e Stati nella seconda modernità*. Roma: Editori Riuniti, 2004.

COTTERRELL, R. *The Sociology of Law. An Introduction*. London: Butterworths, 1984.

COTTERRELL, R. The Growth of Legal Transnationalism. *In*: FEBBRAJO, A.; HARSTE, G. (2013, pp. 31-50).

D'ALBERGO, E.; SEGATORI, R. *Governance e partecipazione politica. Teorie e ricerche sociologiche.* Milano: Angeli, 2012.

D'ALESSANDRO, L. *Pouvoir, savoir. Su Michel Foucault.* Napoli: Guida, 1981.

DAMM, R. *Systemtheorie und Recht. Zur Normentheorie Talcott Parsons'.* Berlin: Duncker & Humblot, 1976.

DANDEKER, C. *Surveillance, Power and Modernity. Bureaucracy and Discipline from 1700 to the Present Day.* Cambridge: Polity Press, 1990.

DANOVI, R. *Codici deontologici.* Milano: Egea, 2000.

DIAZ, E. *Sociología y filosofía del derecho.* Madrid: Taurus, 1971.

DI FEDERICO, G. *Il reclutamento dei magistrati. La giustizia come organizzazione.* Bari: Laterza, 1968.

DI FEDERICO, G. *La Corte di Cassazione. Giustizia come organizzazione.* Bari: Laterza, 1969.

DI FEDERICO, G. (org.). *Ordinamento giudiziario. Uffici giudiziari, CSM e governo della magistratura.* Padova: Cedam, 2008.

DILCHER, G.; HORN, N. (org.). *Sozialwissenschaften im Studium des Rechts, Rechtsgeschichte.* München: Beck, 1978. v. IV.

DONATI, C. (org.). *Dizionario critico del diritto.* Roma: Savelli, 1980.

DONATI, P. P.; COLOZZI, I. *Il privato sociale che emerge. Realtà e dilemmi.* Bologna: Il Mulino, 2004.

DURKHEIM, É. *De la division du travail social.* Paris: Presses Universitaires de France, 1893.

DUX, G. *Rechtssoziologie. Eine Einführung.* Stuttgart: Kohlhammer, 1978.

ECKMANN, H. *Rechtspositivismus und sprachanalytische Philosophie. Der Begriff des Rechts in der Rechtstheorie H. L. A. Harts.* Berlin: Duncker & Humblot, 1969.

EDELMAN, B. *Ownership of the Image. Elements for a Marxist Theory of Law.* London: Routledge & Kegan Paul, 1979.

EHRENZWEIG, A. A. *Psychoanalytische Rechtswissenschaft.* Berlin: Duncker & Humblot, 1973.

EHRLICH, E. *Die stillschweigende Willenserklärung*, rist. anast. Berlin: Darmstadt, 1893.

EHRLICH, E. *Freie Rechtsfindung und freie Rechtswissenschaft*, rist. anast. Aalen: Scientia, 1903.

EHRLICH, E. *Grundlegung der Soziologie des Rechts*. München: Duncker & Humblot, 1913 / *I fondamenti della sociologia del diritto*. Org. de A. Febbrajo. Milano: Giuffrè, 1976.

EHRLICH, E. *Die juristische Logik*. Tübingen: Mohr, 1925.

EHRLICH, E. *Recht und Leben*. Berlin: Duncker & Humblot, 1967.

EHRLICH, E.; KELSEN, H. *Scienza giuridica e sociologia del diritto*. Org. de A. Carrino. Napoli: Edizioni Scientifiche Italiane, 1992.

ELIAS, N. *Über die Zeit*. Frankfurt a.M.: Suhrkamp, 1986.

EVAN, W. M. (org.). *The Sociology of Law. A Social-structural Perspective*. New York-London: The Free Press/Macmillan, 1980.

FACCHI, A. *Diritto e ricompense. Ricostruzione storica di un'idea*. Torino: Giappichelli, 1994.

FACCHI, A. *I diritti nell'Europa multiculturale*. Roma-Bari: Laterza, 2001.

FARIA, José Eduardo; CAMPILONGO, Celso Fernandes. *A sociologia jurídica no Brasil*. Porto Alegre: Sergio Antonio Fabris, 1991.

FEBBRAJO, A. *Funzionalismo strutturale e sociologia del diritto nell'opera di Niklas Luhmann*. Milano: Giuffrè, 1975.

FEBBRAJO, A. Pene e ricompense come problemi di politica legislativa. *In: Diritto premiale e sistema penale*. Milano: Giuffrè, 1983, pp. 97-119.

FEBBRAJO, A. Storia e sociologia del diritto. *Quaderni fiorentini*, XIII, 1984, pp. 7-31.

FEBBRAJO, A. The Rules of the Game in the Welfare State. *In*: TEUBNER, G. (org.). *Dilemmas of Law in the Welfare State*. Berlin-New York: De Gruyter, 1986, pp. 128-50.

FEBBRAJO, A. Struttura e funzioni delle deontologie professionali. *In*: TOUSIJN, W. (org.). *Le libere professioni in Italia*. Bologna: Il Mulino, 1987a, pp. 55-86.

FEBBRAJO, A. Kapitalismus, moderner Staat und rational-formales Recht. In: REHBINDER, M.; TIECK, K.-P. (org.). *Max Weber als Rechtssoziologe*. Berlin: Duncker & Humblot, 1987b, pp. 55-78.

FEBBRAJO, A. From Hierarchical to Circular Models in the Sociology of Law. Some Introductory Remarks. *European Yearbook in the Sociology of Law*, 1988, pp. 3-21.

FEBBRAJO, A. (org.). *Verso un concetto sociologico di diritto*. Milano: Giuffrè, 2010.

FEBBRAJO, A. (org.). *Le radici della sociologia del diritto*. Milano: Giuffrè, 2013.

FEBBRAJO, A. (org.). *Law, Legal Culture and Society*: Mirrored Identities of the Legal Order. London; New York: Routledge, 2020.

FEBBRAJO, A.; CORSI G. (org.). *Sociology of Constitutions*: A Paradoxical Perspective. London; New York: Routledge, 2018.

FEBBRAJO, A.; GAMBINO, F. (org.). *Il diritto frammentato*. Milano: Giuffrè, 2013.

FEBBRAJO, A.; HARSTE, G. (org.). *Law and Intersystemic Communication. Understanding Structural Coupling*. Farnham: Ashgate, 2013.

FEBBRAJO, A.; LA SPINA, A.; RAITERI, M. (org.). *Cultura giuridica e politiche pubbliche in Italia*. Milano: Giuffrè, 2006.

FEBBRAJO, A.; SADURSKI, W. (org.). *Central and Eastern Europe after Transition.Towards a New Sociological Semantics*. Farnham: Ashgate, 2010.

FEENAN, D. *Informal Criminal Justice*. Aldershot: Ashgate, 2002.

FERRARESE, M. R. *L'istituzione difficile. La magistratura tra professione e sistema politico*. Napoli: Edizioni Scientifiche Italiane, 1984.

FERRARESE, M. R. *Diritto e mercato. Il caso degli Stati Uniti*. Torino: Giappichelli, 1992.

FERRARESE, M. R. *Le istituzioni della globalizzazione. Diritto e diritti nella società transnazionale*. Bologna: Il Mulino, 2000.

FERRARESE, M. R. *Il diritto al presente. Globalizzazione e tempo delle istituzioni*. Bologna: Il Mulino, 2002.

FERRARESE, M. R. *Diritto sconfinato. Inventiva giuridica e spazi nel mondo globale.* Roma-Bari: Laterza, 2006.

FERRARESE, M. R. *La governance tra politica e diritto.* Bologna: Il Mulino, 2010.

FERRARI, V. *Successione per testamento e trasformazioni sociali.* Milano: Edizioni di Comunità, 1972.

FERRARI, V. (org.). *Developing Sociology of Law. A World-wide Documentary Enquiry.* Milano: Giuffrè, 1990.

FERRARI, V. *Diritto e società. Elementi di sociologia del diritto.* Roma-Bari: Laterza, 2004a.

FERRARI, V. *Lineamenti di sociologia del diritto. Azione giuridica e sistema normativo.* Roma-Bari: Laterza, 2004b.

FERRARI, V.; RONFANI, P.; STABILE, S. (org.). *Conflitti e diritti nella società transnazionale.* Milano: Angeli, 2001.

FERRAROTTI, F. *Max Weber. Fra nazionalismo e democrazia.* Napoli: Liguori, 1995.

FICI, A. *Internet e le nuove forme della partecipazione politica.* Milano: Angeli, 2002.

FIORAVANTI, M. *Costituzionalismo. Percorsi della storia e tendenze attuali.* Roma-Bari: Laterza, 2009.

FISCHER LESCANO, A.; TEUBNER, G. Regime-collisions: The Vain Search for Legal Unity in the Fragmentation of Global Law. *Michigan Journal of International Law,* XXV, 2004, pp. 999-1046.

FORTE, F.; BONDONIO, P. V. *Costi e benefici della giustizia italiana. Analisi economica della spesa pubblica per la giustizia.* Bari: Laterza, 1970.

FOUCAULT, M. *Surveiller et punir. Naissance de la prison.* Paris: Gallimard, 1975.

FOUCAULT, M. *La verità e le forme giuridiche.* Org. de L. D'Alessandro. Napoli: La Città del Sole, 1994.

FRANZONI, L. A. *Introduzione all'economia del diritto.* Bologna: Il Mulino, 2003.

FRIEDMAN, L. M. *The Legal System. A Social Science Perspective.* New York: Russell Sage Foundation, 1975.

FRIEDMAN, L. M. *Crime and Punishment in American History.* New York: Basic Books, 1993.

FRIEDMAN, L. M. *The Horizontal Society.* New Haven: Conn.-London: Yale University Press, 1999.

FRIEDMAN, L. M. *Impact*: How Law affects Behavior. Cambridge: Harvard University Press, 2016.

FRIEDMAN, L. M.; MACAULAY, S. *Law and the Behavioral Sciences.* Indianapolis, Ind./ New York: The Bobbs-Merrill Co., 1969.

FRIEDMAN, W. *Legal Theory.* 5. ed. London: Stevens & Sons, 1967.

FUCHS, E. *Juristischer Kulturkampf.* Karlsruhe: Braun, 1912.

GALGANO, F. *La globalizzazione nello specchio del diritto.* Bologna: Il Mulino, 2005.

GEIGER, T. *Debat med Uppsala on Moral og Ret.* Lund: Boktryckeri, 1946.

GEIGER, T. *Ideologie und Wahrheit. Eine soziologische Kritik des Denkens.* Stuttgart-Wien: Humboldt, 1952.

GEIGER, T. *Vorstudien zu einer Soziologie des Rechts.* Neuwied: Luchterhand, 1964.

GEIGER, T. *Saggi sulla società industriale.* Torino: Utet, 1970.

GESSNER, V.; CEMBUDAK, A. (org.). *Emerging Legal Certainty. Empirical Studies on the Globalization of Law.* Aldershot: Ashgate, 1998.

GHEZZI, M. L. *Diversità e pluralismo. La sociologia del diritto penale nello studio di devianza e criminalità.* Milano: Cortina, 1995.

GIASANTI, A. (org.). *Marxismo e funzionalismo. Materiali per un'analisi.* Messina: Edas, 1977.

GIASANTI, A. (org.). *Controllo e ordine sociale.* Milano: Giuffrè, 1985.

GIASANTI, A.; MAGGIONI, G. (org.). *Opinione pubblica e devianza in Italia.* Milano: Angeli, 1979.

GIULIANI, A. Sistematica e "case-method" come metodi di istruzione giuridica. *Jus*, 1957, VIII, 4, pp. 1-7.

GONÇALVES, Guilherme Leite. *Direito entre certeza e incerteza*: horizontes críticos para a teoria dos sistemas. São Paulo: Saraiva, 2013.

GONÇALVES, Guilherme Leite; VILLAS BÔAS FILHO, Orlando. *Teoria dos sistemas sociais*: direito e sociedade na obra de Niklas Luhmann. São Paulo: Saraiva, 2013.

GOULDNER, A. W. *The Coming Crisis of Western Sociology*. New York: Basic Books, 1970.

GOVERNATORI, F. *Stato e cittadino in tribunale. Valutazioni politiche nelle sentenze*. Bari: Laterza, 1970.

GROSSI, P. (org.) *La "cultura" delle riviste giuridiche italiane. Atti del Primo Incontro di studio, Firenze, 15-16 aprile 1983*. Milano: Giuffrè, 1984.

GROSSI, P. (org.). *Società, diritto, stato. Un recupero per il diritto*. Milano: Giuffrè, 2006.

GROSSMAN, J. B.; TANENHAUS, J. (org.). *Frontiers of Judicial Research*. New York: Wiley, 1969.

GRUTER, M. *Die Bedeutung der Verhaltensforschung für die Rechtswissenschaft*. Berlin: Duncker & Humblot, 1976.

GUARNIERI, C.; PEDERZOLI, P. *La magistratura nelle democrazie contemporanee*. Roma-Bari: Laterza, 2002.

GUASTINI, R. *Il giudice e la legge. Lezioni di diritto costituzionale*. Torino: Giappichelli, 1995.

GUERRA FILHO, Willis Santiago. Posição das cortes constitucionais no sistema jurídico: pequena contribuição para discutir fundamentos racionais do pensar nos tempos de judicializar do direito a partir da teoria de sistemas sociais autopoiéticos. *In*: LIMA, Fernando Rister de Sousa; MARTINS, Otávio Henrique; OLIVEIRA, Rafael Sérgio Lima de. (coord.). *Poder Judiciário, direitos sociais e racionalidade jurídica*. São Paulo: Campus Jurídico, 2011.

GÜNTHER, K. *Der Sinn für Angemessenheit*. Frankfurt a.M.: Suhrkamp, 1988.

GURVITCH, G. *Sociology of Law*. New York: Philosophical Library, 1942.
HÄBERLE, P. *Verfassungslehre als Kulturwissenschaft*. Berlin: Duncker & Humblot, 1982.
HÄBERLE, P. *Wahrheitsprobleme im Verfassungsstaat*. Baden-Baden: Nomos, 1995.
HÄBERLE, P. *Cultura dei diritti e diritti della cultura nello spazio costituzionale europeo*. Milano: Giuffrè, 2003.
HABERMAS, J. *Strukturwandel der Öffentlichkeit*. Neuwied: Luchterhand, 1962.
HABERMAS, J. *Zur Rekonstruktion des historischen Materialismus*. Frankfurt a.M.: Suhrkamp, 1976.
HABERMAS, J. *Theorie des kommunikativen Handelns*. Frankfurt a.M.: Suhrkamp, 1981.
HABERMAS, J. *Faktizität und Geltung. Beiträge zur Diskurstheorie des Rechts und des demokratischen Rechtsstaats*. Frankfurt a.M.: Suhrkamp, 1992.
HAKAN H. *Sociology of Law as the Science of Norms*. London; New York: Routledge, 2022.
HART, H. L. A. *The Concept of Law*. Oxford: Oxford University Press, 1961.
HARTWIEG, O. *Rechtstatsachenforschung im Übergang. Bestandsaufnahme zur empirischen Rechtssoziologie in der Bundesrepublik Deutschland*. Göttingen: Vandenboeck & Ruprecht, 1975.
HATTENHAUER, H. (org.). *Thibaut und Savigny. Ihre programmatischen Schriften*. München: Vahlen, 1973.
HAURIOU, M. *Aux sources du droit. Le pouvoir, l'ordre et la liberté*. Paris: Bloud & Gay, 1933.
HECK, P. *Das Problem der Rechtsgewinnung*. Berlin: Technische Universität, 1912.
HECK, P. *Begriffsbildung und Interessenjurisprudenz*. Tübingen: Mohr, 1932.

HERTOGH, M. (org.). *Living Law. Reconsidering Eugen Ehrlich*. Oxford: Hart, 2009.

HEYDEBRAND, W. *Globalization and the Rule of Law at the End of the 20th Century. In:* FEBBRAJO, A.; NELKEN, D.; OLGIATI, V. (org.). *Social Processes and Patterns of Legal Control*. Milano: Giuffrè, 2001, pp. 25-127.

HILLGENBERG, H. A Fresh Look at Soft Law. *European Journal of International Law*, X, 1999, pp. 499-515.

HIRSCH, E. E. *Das Recht im sozialen Ordnungsgefüge. Beiträge zur Rechtssoziologie*. Berlin: Duncker & Humblot, 1966.

HIRSCH, E. E.; REHBINDER, M. Studien und Materialen zur Rechtssoziologie. *Kölner Zeitschrift für Soziologie und Sozialpsychologie*, Sonderheft 11, 1967.

HOEBEL, E. A. *The Law of Primitive Man. A Study in Comparative Legal Dynamics*. Cambridge, Mass.: Harvard University Press, 1954.

HUGHES, G.; EDWARDS, A. (org.). *Crime Control and Community. The New Politics of Public Safety*. Portland, Or.: Willan, 2002.

HUIZINGA, J. *Homo ludens*. 4. ed. Milano: Il Saggiatore, 1983 (1938).

HYDÉN, H. *Sociology of law as the Science of Norms*. London-New York: Routledge, 2021.

ILLUM, K. *Lov og ret*. København: Nyt Nordisk Forl, 1945.

IRTI, N. *Nichilismo giuridico*. Roma-Bari: Laterza, 2004.

IRTI, N. *Norma e luoghi. Problemi di geodiritto*. Roma-Bari: Laterza, 2006.

IRTI, N. *Il salvagente della forma*. Roma-Bari: Laterza, 2007.

JENKINS, I. *Social Order and the Limits of Law. A Theorethical Essay*. Princeton, N.J.: Princeton University Press, 1980.

JOERGES, C.; MENY, Y.; WEILER, J. H. H. (org.). *What Kind of Constitution for What Kind of Polity? Responses to Joschka Fischer*. Firenze-Cambridge, Mass.: European University Institute/Harvard Law School, 2000.

KAFKA, F. *Il processo*. Milano: Mondadori, 2010 (1925).

KANTOROWICZ, H. *Der Kampf um die Rechtswissenschaft.* Heidelberg: Winter, 1906.

KANTOROWICZ, H. *The Definition of Law.* London: Cambridge University Press, 1958.

KANTOROWICZ, H. *Rechtswissenschaft und Soziologie. Ausgewählte Schriften zur Wissenschaftslehre.* Org. de T. Würtenberger. Karlsruhe: Müller, 1962.

KAUPEN, W. *Die Hüter von Recht und Ordnung. Die soziale Herkunft, Erziehung und Ausbildung der deutschen Juristen. Eine soziologische Analyse.* Neuwied-Berlin: Luchterhand, 1969.

KAUPEN, W.; RASEHORN, Th. *Die Justiz zwischen Obrigkeitsstaat und Demokratie.* Neuwied-Berlin: Luchterhand, 1971.

KELLERMANN, P. *Kritik einer Soziologie der Ordnung. Organismus und System bei Comte, Spencer und Parsons.* Freiburg: Rombach, 1967.

KELSEN, H. *Über Grenzen zwischen juristischer und soziologischer Methode.* Tübingen: Mohr, 1911.

KELSEN, H. *Reine Rechtslehre.* Wien: Deuticke, 1960.

KELSEN, H. *Der soziologische und der juristische Staatsbegriff. Kritische Untersuchung des Verhältnisses von Staat und Recht.* Aalen: Scientia, 1962 (1928, 2. ed.).

KENNEDY, D. Breve storia dei Critical legal studies negli Stati Uniti. *Rivista Critica del Diritto Privato*, X, 1992, pp. 639-46.

KERCHOVE, M. van de; OST, F. *Le droit ou les paradoxes du jeu.* Paris: Presses Universitaires de France, 1992.

KING, M.; THORNHILL, C. (org.). *Luhmann on Law and Politics. Critical Appraisals and Applications.* Oxford: Hart, 2006.

KIRCHHEIMER, O. *Political Justice. The Use of Legal Procedure for Political Ends.* Princeton, N.J.: Princeton University Press, 1961.

KIRCHMANN, J. H. von. *Die Wertlosigkeit der Jurisprudenz als Wissenschaft.* Berlin, 1938 (1848).

KJAER, P.; TEUBNER, G.; FEBBRAJO, A. (org.). *The Financial Crisis in Constitutional Perspective. The Dark Side of Functional Differentiation*. Oxford: Hart, 2011.

KLAUSA, E.; RÖHL, K. F.; ROGOWSKI, R.; ROTTLEUTHNER, H. Rezension eines Denkansatzes: die Conference on Critical Legal Studies. *Zeitschrift für Rechtssoziologie*, I, 1980, pp. 85-125.

KRAWIETZ, W. Begründung des Rechts, anthropologisch betrachtet. Zur Institutionentheorie von Weinberger und Schelsky. *In*: *Theorie der Normen. Festgabe für Ota Weinberger zum 65. Geburtstag*. Berlin: Duncker & Humblot, 1984, pp. 255-71.

KRAWIETZ, W. Der soziologische Begriff des Rechts. *Rechtshistorisches Journal*, 1988, VII, pp. 157-77.

KURCZEWSKI, J. *Ethnographic Approach. In*: PODGÓRECKI, A. *Law and Society*. London-Boston, Mass.: Routledge & Kegan Paul, 1974.

LADEUR, K. H. *Abwägung. Ein neues Paradigma des Verwaltungsrechts*. Frankfurt a.M.: Campus, 1984.

LADEUR, K. H. *Public Governance in the Age of Globalization*. Aldershot: Ashgate, 2004.

LADEUR, K. H. *Der Staat gegen die Gesellschaft. Zur Verteidigung der Rationalität der "Privatrecht Gesellschaft"*. Aldershot: Ashgate, 2006.

LA SPINA, A. *La decisione legislativa. Lineamenti di una teoria*. Milano: Giuffrè, 1989.

LAUTMANN, R. *Soziologie vor den Toren der Jurisprudenz. Zur Kooperation der beiden Disziplinen*. Stuttgart (u.a.): Kohlhammer, 1971.

LEONARDI, F. *Il cittadino e la giustizia*. Padova: Marsilio, 1968.

LEONI, B. *Il problema della scienza giuridica*. Torino: Giappichelli, 1940.

LEONI, B. *Scritti di scienza politica e teoria del diritto*. Milano: Giuffrè, 1980.

LEROY, M. The concrete rationality of taxpayers. *Sociologia del Diritto*, 2, 2011, pp. 33-60.

LÉVY-BRUHL, H. *Sociologie du droit*. 7. ed. Paris: Presses Universitaires de France, 1990. / *Istituzioni di sociologia del diritto. Con un'appendice sui problemi della sociologia criminale.* Org. de M. Strazzeri. Lecce: Pensa MultiMedia, 1997.

LIMA, Fernando Rister de Sousa. *Sociologia do direito*: o direito e o processo à luz da teoria dos sistemas de Niklas Luhmann. 2. ed. rev. e atual. Curitiba: Juruá, 2012.

LIMA, Fernando Rister de Sousa. Constituição Federal: acoplamento estrutural entre os sistemas político e jurídico. *Direito Público.* Porto Alegre, Síntese, ano 7, n. 32, pp. 20-1, mar./abr. 2010.

LLEWELLYN, K. N. The Normative, the Legal, and the Law-jobs. The Problem of Juristic Method. *The Yale Law Journal*, XLIX, 8, 1940, pp. 1355-400.

LOPES, José Reinaldo de Lima. *O direito na história. Lições introdutórias.* 5. ed. São Paulo: Atlas, 2014.

LOSANO, M. G. *Forma e realtà in Kelsen.* Milano: Edizioni di Comunità, 1981.

LUHMANN, N. *Grundrechte als Institution.* 2. ed. Berlin: Duncker & Humblot, 1999 (1965). / *I diritti fondamentali come istituzione.* Org. de G. Palombella e L. Pannarale. Bari: Dedalo, 2002.

LUHMANN, N. Normen in soziologischer Perspektive. *Soziale Welt,* XX, 1969, pp. 28-48.

LUHMANN, N. *Soziologische Aufklärung.* Opladen: Westdeutscher Verl., 1970. / *Illuminismo sociologico.* Org. de D. Zolo. Milano: Il Saggiatore, 1983.

LUHMANN, N. *Rechtssoziologie.* Reinbek bei Hamburg: Rowohlt, 1972. / *Sociologia del diritto.* Org. de A. Febbrajo. Roma-Bari: Laterza, 1977.

LUHMANN, N. *Rechtssystem und Rechtsdogmatik.* Stuttgart: Kohlhammer, 1974. / *Sistema giuridico e dogmatica giuridica.* Org. de A. Febbrajo. Bologna: Il Mulino, 1978.

LUHMANN, N. *Stato di diritto e sistema sociale.* Org. de A. Febbrajo. Napoli: Guida, 1984.

LUHMANN, N. *Ausdifferenzierung des Rechts. Beiträge zur Rechtssoziologie und Rechtstheorie*. Frankfurt a.M.: Suhrkamp, 1981. / *La differenziazione del diritto. Contributi alla sociologia e alla teoria del diritto*. Org. de R. De Giorgi. Bologna: Il Mulino, 1990.

LUHMANN, N. *Legitimation durch Verfahren*. Frankfurt a.M.: Suhrkamp, 1983. / *Procedimenti giuridici e legittimazione sociale*. Org. de A. Febbrajo. Milano: Giuffrè, 1995.

LUHMANN, N. *Soziale Systeme. Grundriß einer allgemeinen Theorie*. Frankfurt a.M.: Suhrkamp, 1984. / *Sistemi sociali. Fondamenti di una teoria generale*. Org. de A. Febbrajo. Bologna: Il Mulino, 1990.

LUHMANN, N. *Das Recht der Gesellschaft*. Frankfurt a.M.: Suhrkamp, 1993.

LUHMANN, N. *La costituzione come acquisizione evolutiva*. In: ZAGREBELSKY, G.; PORTINARO, P. P.; LUTHER, J. (org.) *Il futuro della costituzione*. Torino: Einaudi, 1996.

LUHMANN, N. *Soziologie des Risikos*. Berlin-New York: De Gruyter, 2003.

LUMINATI, M. *Priester der Themis. Richterliches Selbsverständnis in Italien nach 1945*. Frankfurt a.M.: Klostermann, 2007.

MACCANNELL, D.; MACCANNELL, J. F. *The Time of the Sign. A Semiotic Interpretation of Modern Culture*. Bloomington: Indiana University Press, 1982.

MACCORMICK, D. N. *Questioning Sovereignty. Law, State and Nation in the European Commonwealth*. Oxford: Oxford University Press, 2002.

MACCORMICK, D. N. *Who's Afraid of a European Constitution?* Exeter: Imprint Academic, 2005.

MACCORMICK, D. N.; WEINBERGER, O. *Grundlagen des institutionalistischen Rechtspositivismus*. Berlin: Duncker & Humblot, 1985.

MAGGIONI, G. *Il divorzio in Italia. Studio dell'applicazione di una legge nuova*. Milano: Angeli, 1990.

MAGGIONI, G.; POCAR, V.; RONFANI, P. *La separazione senza giudice. Il conflitto coniugale e gli operatori del diritto*. Milano: Angeli, 1988.

MAINE, H. S. *Ancient Law*. London: Dent; New York: Dutton, 1972 (1861).
MANCINI, L. *Immigrazione musulmana e cultura giuridica. Osservazioni empiriche su due comunità di egiziani*. Milano: Giuffrè, 1998.
MARCI, T. *L'"altra" persona. Problemi della soggettività nella società contemporanea*. Milano: Angeli, 2008.
MARCONI, P. I diritti della globalizzazione. *Sociologia del Diritto*, XXIX, 1, pp. 17-35, 2002.
MARINELLI, A. *La costruzione del rischio. Modelli e paradigmi interpretativi nelle scienze sociali*. Milano: F. Angeli, 1993.
MARRA, R. *Il diritto in Durkheim. Sensibilità e riflessione nella produzione normativa*. Napoli: Edizioni Scientifiche Italiane, 1986.
MARRA, R. *Dalla comunità al diritto moderno. La formazione giuridica di Max Weber, 1882-1889*. Torino: Giappichelli, 1992.
MARSHALL, T. H. Citizenship and Social Class. *In: Sociology at the Crossroad*. London: Heinemann, 1963 (1949).
MARX, K. Il Capitale. Critica dell'economia politica. Org. de R. Fineschi. *In*: MARX, K.; ENGLES, F. *Opere complete*. Napoli: La Città del Sole, 2011. v. XXXI.
MASIA, M. *Il controllo sull'uso della terra. Analisi socio-giuridica sugli usi civili in Sardegna*. Cagliari: Cluec, 1992.
MASTROENI, G. *Giuseppe Capograssi tra filosofia del diritto e sociologia*. Messina: Peloritana, 1983.
MATTEI, U.; MONATERI, P. G.; PARDOLESI, R. *Il mercato delle regole. Analisi economica del diritto civile*. Bologna: Il Mulino, 1999.
MATTHEWS, R. (org.). *Informal Justice?* London: Sage, 1988.
MAYNTZ, R. *Soziologie der öffentlichen Verwaltung*. Heidelberg: Müller, 1978.
MELLINI, M. Intorno all'ignoranza. *Il Giusto Processo*, 13, 2004, pp. 95-106.
MELOSSI, D. Translating Social Control. Reflections on the Comparison of Italian and North American Cultures. *In*: KARSTEDT, S.;

Bussmann, K. (org.). *Social Dynamics of Crime and Control. New Theories for a World in Transition*. Oxford: Hart, 2000, pp. 143-56.

Melossi, D. The Cultural Embeddedness of Social Control. Reflections on the Comparison of Italian and North American Cultures concerning Punishment. *Theoretical Criminology*, 5, 4, 2001, pp. 403-24.

Melossi, D. *Stato, controllo sociale, devianza*. Milano: Bruno Mondadori, 2002.

Merryman, J. Lo stile italiano. *Rivista Trimestrale di Diritto e Procedura Civile*, 4, 3, 1966-1967, pp. 1169-216, 709-54.

Mittica, P. *Il divenire nell'ordine. L'interazione normativa nella società omerica*. Milano: Giuffrè, 1996.

Moccia, L. L'esperienza inglese della partecipazione dei laici all'amministrazione della giustizia. *Rivista di Diritto Processuale*, XXXIII, 4, 1978, pp. 741-64.

Moriondo, E. *L'ideologia della magistratura italiana*. Bari: Laterza, 1967.

Morisi, M. *Anatomia della magistratura italiana*. Bologna: Il Mulino, 1999.

Morlino, L. *Democrazie e democratizzazioni*. Bologna: Il Mulino, 2003.

Mortati, C. *La Costituzione in senso materiale*. Milano: Giuffrè, 1940.

Mörth, U. *Soft Law in Governance and Regulation. An Interdisciplinary Analysis*. Cheltenham: Elgar, 2004.

Mosconi, G. *Criminalità, sicurezza e opinione pubblica nel Veneto*. Padova: Cleup, 2000.

Mulligan, G.; Lederman, B. Social Facts and Rules of Practice. *American Journal of Sociology*, LXXXIII, 1977, pp. 539-50.

Nader, L. *Law in Culture and Society*. Chicago, Ill: Aldine, 1969.

Nagel, S. S. *The Legal Process from a Behavioral Perspective*. Homewood, Ill: Dorsey Press, 1969.

Nelken, D. (org.). *The Futures of Criminology*. Thousand Oaks, Calif.: Sage, 1994.

NELKEN, D. (org.). *Comparing Legal Cultures*. Aldershot: Dartmouth, 1997.

NELKEN, D. (org.). Riflessioni intorno al "radicamento" di un sistema penale. *In*: FEBBRAJO, A.; LA SPINA, A.; RAITERI, M. (org.). *Cultura giuridica e politiche pubbliche in Italia*. Milano: Giuffrè, 2006, pp. 447-82.

NELKEN D.; FEBBRAJO, A.; OLGATI V. (org.). *Social Processes and Patterns of Legal Control, European Yearbook in the Sociology of Law*. Milano: Giuffrè, 2000.

NELKEN, D.; FEEST, J. (org.). *Adapting Legal Cultures*. Oxford: Hart, 2001.

NEPPI MODONA, G. *Sciopero, potere politico e magistratura, 1870-1922*. Bari: Laterza, 1969.

NEVES, M. *Entre Hidra e Hércules*: princípios e regras constitucionais. São Paulo: WMF Martins Fontes, 2013.

NEVES, M. *A constitucionalização simbólica*. São Paulo: Martins Fontes, 2007.

NEVES, M. *Transconstitucionalismo*. São Paulo: WMF Martins Fontes, 2009. / *Transconstitucionalism*. Ed. atual. Oxford; Portland: Hart Publishing, 2013.

NOLL, P. *Gesetzgebungslehre*. Reinbek bei Hamburg: Rowohlt, 1973.

NONET, P.; SELZNICK, P. *Law and Society in Transition*. New York: Harper & Row, 1978.

NUSSBAUM, A. *Die Rechtstatsachenforschung*. Berlin: Duncker & Humblot, 1968.

ODORISIO, R.; CELORIA, M. C.; PETRELLA, G.; PULITANÒ, D. *Valori socio-culturali della giurisprudenza*. Introd. de L. Bianchi d'Espinosa. Bari: Laterza, 1970.

OGBURN, W. F. Social Change with Respect to Culture and Original Nature. *Technology and Culture*, XLV, 2, 1950, pp. 396-405.

OLGIATI, V. *Saggi sull'avvocatura. L'avvocato italiano tra diritto, potere e società*. Milano: Giuffrè, 1990.

OLGIATI, V. *Le professioni giuridiche in Europa. Politiche del diritto e dinamica sociale.* Urbino: QuattroVenti, 1996.

OLGIATI, V. (org.). *Higher Legal Culture and Postgraduate Legal Education in Europe.* Napoli: Edizioni Scientifiche Italiane, 2007.

OPOCHER, E. *La filosofia del diritto di Giuseppe Capograssi.* Napoli: Guida, 1991.

OPP, K. D. *Soziologie im Recht.* Reinbek bei Hamburg: Rowohlt, 1973.

PALAZZO, F.; ROSELLI, O. (org.). *I professionisti della giustizia. La formazione degli operatori dell'amministrazione della giustizia.* Napoli: Edizioni Scientifiche Italiane, 2007.

PALOMBELLA, G. *L'autorità dei diritti. I diritti fondamentali tra istituzioni e norme.* Roma-Bari: Laterza, 2002.

PANNARALE, L. *Il diritto e le aspettative.* Napoli: Edizioni Scientifiche Italiane, 1988.

PAPPALARDO, S. *Gli iconoclasti. Magistratura Democratica nell'ambito dell'Associazione Nazionale Magistrati.* Milano: Angeli, 1987.

PARSONS, T. *The Social System.* Glencoe, Ill: The Free Press, 1951.

PARSONS, T. The Law and Social Control. *In*: EVAN, W. M. (org.). *Law and Sociology. Exploratory Essays.* New York: The Free Press of Glencoe, 1962.

PASHUKANIS, E. The General Theory of Law and Marxism, in *Selected Writings on Marxism and Law.* Org. de P. Beirne e R. Sharlet. London: Academic Press, 1980 (1924).

PATTARO, E. *Il realismo giuridico scandinavo.* Bologna: Clueb, 1975.

PECES-BARBA MARTÍNEZ, G. *Curso de derechos fundamentales. I: Teoría general.* Madrid: Edema, 1991.

PENNISI, C. *Istituzioni e cultura giuridica.* Torino: Giappichelli, 1998.

PEPE, V. *Il processo di istituzionalizzazione delle autorità indipendenti. L'antitrust.* Milano: Angeli, 2005.

PERLINGIERI, P. *Il diritto dei contratti fra persona e mercato:* problemi del diritto civile. Napoli: Edizioni Scientifiche Italiane, 2003.

Pernice, I. Multilevel Constitutionalism in the European Union. *European Law Review*, XXVII, 2002, pp. 511 ss.

Petrazycki, L. *Law and Morality:* Leon Petravycki. Intro. de N. Timasheff. Cambridge, Mass.: Harvard University Press, 1955.

Petrucci, V. *Alle origini della sociologia giuridica. Leon Duguit.* Napoli: Istituto Italiano per gli Studi Filosofici, 1984.

Pigliaru, A. *Il banditismo in Sardegna. La vendetta barbaricina come ordinamento giuridico.* Milano: Giuffrè, 1959.

Pitch, T. *La devianza.* Firenze: La Nuova Italia, 1982.

Pocar, V. *Gli animali non umani. Per una sociologia dei diritti.* Roma-Bari: Laterza, 1998.

Pocar, V.; Ronfani, P. (org.). *Forme delle famiglie, forme del diritto. Mutamenti della famiglia e delle istituzioni nell'Europa occidentale.* Milano: Angeli, 1991.

Pocar, V.; Ronfani, P. (org.). *Coniugi senza matrimonio. La convivenza nella società contemporanea.* Milano: Cortina, 1992.

Pocar, V.; Ronfani, P. (org.). *Il giudice e i diritti dei minori.* Roma-Bari: Laterza, 2004.

Podgórecki, A. *Law and Society.* London-Boston, Mass.: Routledge & Kegan Paul, 1974.

Podgórecki, A. *A Sociological Theory of Law.* Milano: Giuffrè, 1991.

Podgórecki, A.; Alexander, J.; Shields, B. (org.). *Social Engineering.* Ottawa: Carleton University Press, 1996.

Podgórecki, A.; Kaupen, W.; Van Houtte, J.; Vinke, P.; Kutschinsky, B. *Knowledge and Opinion about Law.* London: M. Robertson, 1973.

Podgórecki, A.; Loś, M. *Multidimensional Sociology.* London-Boston, Mass.: Routledge & Kegan Paul, 1979.

Popitz, H. *Über die Präventivwirkung des Nichtwissens. Dunkelziffer, Norm und Strafe.* Tübingen: Mohr Siebeck, 1968.

POSNER, R. A. Review of Guido Calabresi. The Costs of Accidents. A Legal and Economic Analysis. *University of Chicago Law Review*, 37, 1970, pp. 636-48.

POUND, R. Law in the Books and Law in Action. *American Law Review*, XLIV, 1910, pp. 1-12.

POUND, R. The Scope and Purpose of Sociological Jurisprudence. *Harvard Law Review*, XXV, 1912, pp. 489 ss.

POUND, R. *Social Control through Law*. New Haven, Conn.-London: Yale University Press/Humphrey Milford/Oxford University Press, 1942.

PRIBAN, J. European Union Constitution-Making, Political Identity and Central European Reflections. *European Law Journal*, XI, 2, 2005, pp. 135-53.

PRIGOGINE, I. *La fin des certitudes. Temps, chaos et les lois de la nature*. Paris: Odile Jacob, 1996.

QUASSOLI, F.; STEFANIZZI, S. I magistrati italiani. Un'analisi esplorativa delle caratteristiche socio-demografiche e dei percorsi di mobilità. *Sociologia del Diritto*, XXIX, 1, 2002, pp. 89-115.

RAISER, T. Einführung in die Rechtssoziologie. *Juristische Arbeitsblätter*. Sonderheft, 9, 1973.

RAISER, T. *Grundlagen der Rechtssoziologie*. 4. ed. rev. Tübingen: Mohr Siebeck, 2007.

RAITERI, M. *Il giudice selettore. Riformulazione degli assetti di interessi e determinazione di equilibri socio-giuridici*. Milano: Giuffrè, 1990.

RAWLS, J. Two Concepts of Rules. *The Philosophical Review*, LXIV, 1955, pp. 3-32.

REASONS, C. E.; RICH, R. M. *The Sociology of Law. A Conflict Perspective*. Toronto: Butterworths, 1978.

REBUFFA, G. *Costituzioni e costituzionalismi*. Torino: Giappichelli, 1990.

REBUFFA, G. *Nel crepuscolo della democrazia. Max Weber tra sociologia del diritto e sociologia dello stato*. Bologna: Il Mulino, 1991.

REBUFFA, G. *La funzione giudiziaria*. Torino: Giappichelli, 1993a.

REBUFFA, G. Culture juridique. *In*: ARNAUD, A.-J. *Dictionnaire Encyclopédique de Théorie et de Sociologie du Droit*. Paris-Bruxelles: Librairie Générale de Droit et de Jurisprudence, 1993b, pp. 139-41.

REHBINDER, M. *Die Begründung der Rechtssoziologie durch Eugen Ehrlich*. Berlin: Duncker & Humblot, 1967.

REHBINDER, M. Die Rechtstatsachenforschung im Schnittpunkt von Rechtssoziologie und soziologischer Jurisprudenz. *In*: LAUTMANN, R.; MAIHOFER, E.; SCHELSKY, H. (org.). *Die Funktion des Rechts in der modernen Gesellschaft*. Bielefeld: Bertelsmann Universitätsverlag, 1970, pp. 333-59.

REHBINDER, M. Le funzioni sociali del diritto. *Quaderni di Sociologia*, 1973, pp. 103-24.

REHBINDER, M. *Rechtssoziologie*. Berlin-New York: De Gruyter, 1993.

REINER, R. *The Politics of the Police*. Oxford: Oxford University Press, 2000.

RENAN, E. *Qu'est-ce qu'une nation?* Paris: Lévy, 1882. / *Che cos'è una nazione? e altri saggi*. Roma: Donzelli, 2004.

RENNER, K. *Die Rechtsinstitute des Privatrechts und ihre soziale Funktion*. Wien: Wiener Volksbuch, 1965 (1929).

RESCIGNO, P. *Persona e comunità. Saggi di diritto privato*. Padova: Cedam, 1987.

RESTA, E. *Conflitti sociali e giustizia*. Bari: De Donato, 1977.

RESTA, E. *Diritto fraterno*. Roma-Bari: Laterza, 2002.

RESTA, E. *Diritto vivente*. Roma-Bari: Laterza, 2008.

ROCHA, Leonel Severo. Observações sobre a observação luhmanniana. *In*: ROCHA, L. S.; SCHWARTZ, G.; KING, M. *A verdade sobre a autopoiese no direito*. Porto Alegre: Livraria do Advogado, 2009.

RODOTÀ, S. *Tecnologie e diritti*. Bologna: Il Mulino, 1995.

RODOTÀ, S. *Il diritto di avere diritti*. Roma-Bari: Laterza, 2012.

RÖHL, K. F. *Das Dilemma der Rechtstatsachenforschung*. Tübingen: Mohr, 1974.

RÖHL, K. F. *Rechtssoziologie. Ein Lehrbuch*. Köln: Heymanns, 1987.

ROMANO, B. *Filosofia e diritto dopo Luhmann. Il tragico del moderno.* Roma: Bulzoni, 1996.

ROMANO, S. *L'ordinamento giuridico.* Firenze: Sansoni, 1918.

RONFANI, P. *I diritti del minore. Cultura giuridica e rappresentazioni sociali.* 2. ed. Milano: Guerini, 2001.

ROSELLI, O. (org.). *Osservatorio sulla formazione giuridica 2006.* Napoli: Edizioni Scientifiche Italiane, 2007.

ROSTEK, H. *Der rechtlich unverbindliche Befehl. Ein Beitrag zur Effektivitätskontrolle des Rechts.* Berlin: Duncker & Humblot, 1971.

ROTTLEUTHNER, H. *Richterliches Handeln. Zur Kritik der juristischen Dogmatik.* Frankfurt a.M.: Athenäum Verlag. 1973.

ROTTLEUTHNER, H. *Rechtstheorie und Rechtssoziologie.* Freiburg-München: Alber, 1981.

ROTTLEUTHNER, H. *Einführung in die Rechtssoziologie.* Darmstadt: Wissenschaftliche Buchgesellschaft, 1987.

RUFINO, A. *Nascita e difesa della società. Foucault dopo Foucault.* Napoli: La Città del Sole, 1996.

RUFINO, A.; TEUBNER, G. *Il diritto possibile. Funzioni e prospettive del medium giuridico.* Milano: Guerini, 2005.

RYFFEL, H. *Grundprobleme der Rechts und Staatsphilosophie. Philosophische Anthropologie des Politischen.* Neuwied-Berlin: Luchterhand, 1969.

RYFFEL, H. *Rechtssoziologie. Eine systematische Orientierung.* Neuwied-Berlin: Luchter Hand, 1974.

SACCO, R. *Introduzione al diritto comparato.* 3. ed. Torino: Giappichelli, 1989.

SADURSKI, W. (org.). *Constitutional Justice, East and West. Democratic Legitimacy and Constitutional Courts in Post-communist Europe in a Comparative Perspective.* Den Haag-London-New York: Kluwer Law International, 2002.

SANTOS DE SOUSA, B. *Toward a New Legal Common Sense. Law, Globalization and Emancipation.* London: Butterworth, 2002.

SANTOS DE SOUSA, B. *Sociología jurídica crítica. Para un nuevo sentido común en el derecho.* Madrid: Trotta, 2009.

SARZOTTI, C. *Cultura giuridica e culture della pena. I discorsi inaugurali dell'anno giudiziario dei procuratori generali.* Torino: L'Harmattan Italia, 2006.

SASSEN, S. *A Sociology of Globalization.* New York: Norton, 2007.

SAVIGNY, F. C. von. Vom Beruf unsrer Zeit für Gesetzgebung und Rechtswissenschaft. Heidelberg: Mohr und Zimmer, rist. anast., 1814. In: *Thibaut und Savigny. Ihre programmatischen Schriften.* Introd. de H. Hattenhauer. München: Vahlen, 1973.

SAVONA, E. U. *Diritto e discriminazione razziale. La legislazione inglese come fattore di mutamento sociale tra gli anni sessanta e gli anni ottanta.* Milano: Angeli, 1980.

SAVONA, E. U.; MEZZANOTTE, L. *La corruzione in Europa.* Roma: Carocci, 1998.

SCARPELLI, U. *Cos'è il positivismo giuridico.* Milano: Edizioni di Comunità, 1965.

SCHELSKY, H. *Zur Theorie der Institution.* Düsseldorf: Bertelsmann, 1970a.

SCHELSKY, H. Systemfunktionaler, anthropologischer und personfunktionaler Ansatz der Rechtssoziologie. *Jahrbuch für Rechtssoziologie und Rechtstheorie*, I, 1970b, pp. 37-89.

SCHIAVONE, A. *Nascita della giurisprudenza. Cultura aristocratica e pensiero giuridico nella Roma tardo-repubblicana.* Roma-Bari: Laterza, 1976.

SCHLUCHTER, W. *Die Entwicklung des okzidentalen Rationalismus.* Tübingen: Mohr, 1979.

SCHMITT, C. *Legalität und Legitimität.* München-Leipzig: Duncker & Humblot, 1932.

SCHMITT, C. *Le categorie del politico. Saggi di teoria politica.* Org. de G. Miglio e P. Schiera. Bologna: Il Mulino, 1972.

Schubert, G. (org.). *Judicial Decision-making*. New York: The Free Press of Glencoe, 1963.

Schubert, G. (org.). *Judicial Behavior. A Reader in Theory and Research*. Chicago, Ill.: Rand McNally, 1964.

Schubert, G.; Danelski, D. J. (org.). *Comparative Judicial Behavior. Crosscultural Studies of Political Decision-making in the East and West*. New York: Oxford University Press, 1969.

Schultz, U.; Shaw, G. (org.). *Women in the Legal Profession. An International Study*. Oxford: Hart, 2003.

Schwartz, Germano. *As Constituições estão mortas?* Rio de Janeiro: Lumen Juris: 2018.

Searle, J. R. How to derive "Ought" from "Is". *The Philosophical Review*, LXXIII, 1964, pp. 43-58.

Semon, R. *Die Mneme als erhaltendes Prinzip im Wechsel des organischen Geschehens*. 3. ed. Leipzig: Engelmann, 1911.

Skinner, B. F. *Contigencies of Reinforcement. A Theoretical Analysis*. New York: Meredith, 1969.

Smart, B. *Michel Foucault*. London: Tavistock, 1985.

Smelser, N. J. *Theory of Collective Behavior*. New York: Macmillan, 1963.

Spina, F. *Sociologia dei Nimby. I conflitti di localizzazione tra movimenti e istituzioni*. Nardò: Besa, 2009.

Spittler, G. *Norm und Sanktion.Untersuchungen zum Sanktionsmechanismus*. Olten: Walter, 1967.

Stammler, R. *Wirtschaft und Recht nach der materialischen Geschichtsauffassung. Eine sozialphilosophische Untersuchung*. 2. ed. Leipzig: Veit & Comp, 1906.

Strazzeri, M. *Il Giano bifronte. Giuridicità e socialità della norma*. Bari: Palomar, 1996.

Strazzeri, M. (org.). *Potere, strategie discorsive, controllo sociale. Percorsi foucaultiani*. Lecce: Manni, 2003.

STRAZZERI, M. (org.). *Il teatro della legge. L'enunciabile e il visibile.* Bari: Palomar, 2007.

SUMNER, W. G. *Folkways. A Study of the Sociological Importance of Usages, Manners, Customs, Mores, and Morals.* Boston, Mass.: Ginn & Co., 1906.

SUPIOT, A. Le jeu de miroirs du droit et des médias. *Droit et Société*, XVI, 1990, pp. 289-98.

TAFURI, M. *Storia dell'architettura italiana, 1944-1985.* Torino: Einaudi, 2002.

TAFURI, M. *Progetto e utopia. Architettura e sviluppo capitalistico.* Introd. de F. Purini. Roma-Bari: Laterza, 2007.

TANZI, A. *Renato Treves. Dalla filosofia alla sociologia del diritto.* Napoli: Edizioni Scientifiche Italiane, 1988.

TARELLO, G. *Il realismo giuridico americano.* Milano: Giuffrè, 1962.

TEUBNER, G. Substantive and Reflexive Elements in Modern Law. *Law & Society Review*, XVII, 1983, pp. 239 ss.

TEUBNER, G. After Legal Instrumentalism? Strategic Models of Post--regulatory Law. *In: Dilemmas of Law in the Welfare State.* Berlin: De Gruyter, 1985, pp. 299-325.

TEUBNER, G. Il trilemma regolativo. A proposito della polemica sui modelli giuridici post-strumentali. *Politica del Diritto*, XVIII, 1, 1987, pp. 85-118.

TEUBNER, G. *Recht als autopoietisches System.* Frankfurt a.M.: Surhkamp, 1989.

TEUBNER, G. (org.). *Global Law without a State.* Aldershot: Ashgate, 1997.

TEUBNER, G. *La cultura del diritto nell'epoca della globalizzazione. L'emergere delle costituzioni civili.* Org. de R. Prandini. Roma: Armando, 2005.

TEUBNER, G. Selbstsubversive Gerechtigkeit: Kontingenz Oder Transzendenzformel des Rechts? *Zeitschrift für Rechtssoziologie*, XIX, 1, 2008, pp. 9-36.

TEUBNER, G. *Nuovi conflitti costituzionali*. Milano: Bruno Mondadori, 2012.

TEUBNER, G.; FEBBRAJO, A. State, Law and Economy as autopoietic Systems. Regulation and Autonomy in a New Perspective. *European Yearbook in the Sociology of Law*. Milano: Giuffrè, 1992.

TEUBNER, G.; WILLKE, H. Kontext und Autonomie. Gesellschaftliche Selbststeuerung durch reflexives Recht. *Zeitschrift für Rechtssoziologie*, V, 1, 1984, pp. 4-35.

THIBAUT, A. F. J. Über die Nothwendigkeit eines allgemeinen bürgerlichen Rechts für Deutschland. Heidelberg: Mohr und Zimmer, rist. anast., 1814. In: *Thibaut und Savigny. Ihre programmatischen Schriften*. Introd. de H. Hattenhauer. München: Vahlen, 1973.

THOMAS, T. *Sex Crime. Sex Offending and Society*. Portland, Or.: Willan, 2000.

THORNHILL, C. *A Sociology of Constitutions. Constitutions and State Legitimacy in Historical-Sociological Perspective*. Cambridge: Cambridge University Press, 2011.

TIEMEYER, J. *Zur Methodenfrage der Rechtssoziologie. Über die wissenschaftstheoretische Möglichkeit die Rechtssoziologie wie eine Naturwissenschaft zu betreiben*. Berlin: Duncker & Humblot, 1969.

TIMASHEFF, N. S. *Sociological Theory. Its Nature and Growth*. Garden City, N.Y.: Doubleday & Co., 1955.

TOMEO, V. *Il giudice sullo schermo. Magistratura e polizia nel cinema italiano*. Roma-Bari: Laterza, 1973.

TOMEO, V. Teoria, ricerca e giudizi di valore. *Sociologia del Diritto*, I, 1, 1974, pp. 285 ss.

TOMEO, V. *Il diritto come struttura del conflitto*. Milano: Angeli, 1981.

TOMEO, V.; CERUTTI, P. G.; BIANCARDI, R. Giustizia, norma e sanzione. Una ricerca pilota sull'atteggiamento degli adolescenti. *Sociologia del Diritto*, II, 1, 1975, pp. 117-41.

TÖNNIES, F. *Gemeinschaft und Gesellschaft*. Leipzig: Reislad, 1887.

TOSCANO, M. A. *Evoluzione e crisi del mondo normativo. Durkheim e Weber.* Roma-Bari: Laterza, 1975.

TREVES, R. (org.). *La sociologia del diritto. Problemi e ricerche.* Milano: Edizioni di Comunità, 1966.

TREVES, R. (org.). *Nuovi sviluppi della sociologia del diritto.* Milano: Edizioni di Comunità, 1968.

TREVES, R. (org.). *Giustizia e giudici nella società italiana. Problemi e ricerche di sociologia del diritto.* Bari: Laterza, 1972.

TREVES, R. (org.). Sociologia del diritto e sociologia dell'idea di giustizia in Hans Kelsen. *Sociologia del Diritto*, VIII, 3, 1981.

TREVES, R. (org.). Sociologia del diritto. *Cinquanta anni di esperienza giuridica in Italia*, Messina-Taormina, 3-8 nov. 1981, Milano: Giuffrè, 1982.

TREVES, R. (org.). *Sociologia del diritto. Origini, ricerche, problemi.* Torino: Einaudi, 1988.

TROTHA, T. von. *Recht und Kriminalität.* Tübingen: Mohr, 1982.

UNGER, R. M. *Knowledge and Politics.* New York: The Free Press, 1975.

UNGER, R. M. *Law in Modern Society. Toward a Criticism of Social Theory.* New York-London: The Free Press/Macmillan, 1976.

VAGO, S. *Law and Society.* 2. ed. Englewood Cliffs, N.J.: Prentice Hall, 1988.

VERSCHAEGEN, G. Systems Theory and the Paradox of Human Rights. *In*: KING, M.; THORNHILL, C. (org.). *Luhmann on Law and Politics.* Oxford: Hart, 2006.

VESTING, Thomas. *Teoria do direito*: uma introdução. São Paulo: Saraiva, 2015.

VIEHWEG, T. *Topik und Jurisprudenz.* München: Beck, 1953.

VILLAS BÔAS FILHO, Orlando. *O direito na teoria dos sistemas de Niklas Luhmann.* São Paulo: Max Limonad, 2006.

WALKER, N. (org.). *Sovereignty in Transition.* Oxford: Hart, 2006.

WARD, I. *Law and Literature*: Possibilities and Perspectives. Cambridge: Cambridge University Press, 1995.

WEBER, M. R. A proposito di «Economia e diritto» di Rudolf Stammler. *In*: EHRLICH, E.; KELSEN, H.; WEBER, M. *Verso un concetto sociologico di diritto.* Org. de A. Febbrajo. Milano: Giuffrè, 2010, pp. 89-165.

WEBER, M. R. *Wirtschaft und Gesellschaft.* Tübingen: Mohr, 1922.

WEBER, M. R. *Zur Geschichte der Handelsgesellschaften im Mittelalter.* Tübingen: Mohr, 1924.

WEINBERGER, O. *Recht, Institution und Rechtspolitik. Grundprobleme der Rechtstheorie und Sozialphilosophie.* Stuttgart: Steiner, 1987.

WIETHÖLTER, R. *Rechtswissenschaft.* Frankfurt a.M.: Fischer, 1968.

ZACCARIA, G. *L'arte dell'interpretazione. Saggi sull'ermeneutica giuridica contemporanea.* Padova: Cedam, 1990.

ZAGREBELSKY, G. *Il diritto mite.* Torino: Einaudi, 1992.

ZAGREBELSKY, G.; PORTINARO, P. P.; LUTHER, J. (org.). *Il futuro della costituzione.* Torino: Einaudi, 1996.

ZIEGERT, K. A. *Zur Effektivität der Rechtssoziologie. Die Rekonstruktion der Gesellschaft durch Recht.* Stuttgart: Enke, 1975.

ZUMBANSEN, P. Transnational Law, York, Osgoode Hall Law School. *In*: COMPARATIVE RESEARCH IN LAW AND POLITICAL ECONOMY (CLPE). *Research Paper* n. 9, 2008.

GRÁFICA PAYM
Tel. [11] 4392-3344
paym@graficapaym.com.br